宁波文献研究集刊

第二辑

宁波图书馆 编

天津大学出版社
TIANJIN UNIVERSITY PRESS

图书在版编目(CIP)数据

宁波文献研究集刊. 第二辑 / 宁波图书馆编. -- 天津 : 天津大学出版社, 2023.5
ISBN 978-7-5618-7447-9

Ⅰ. ①宁… Ⅱ. ①宁… Ⅲ. ①地方文献—研究—宁波—丛刊 Ⅳ. ①K295.53-55

中国国家版本馆CIP数据核字(2023)第064477号

NINGBO WENXIAN YANJIU JIKAN(DI-ER JI)

出版发行	天津大学出版社
地　　址	天津市卫津路92号天津大学内（邮编:300072）
电　　话	发行部:022-27403647
网　　址	www.tjupress.com.cn
印　　刷	北京盛通印刷股份有限公司
经　　销	全国各地新华书店
开　　本	710mm×1010mm　1/16
印　　张	17.75
字　　数	281千
版　　次	2023年5月第1版
印　　次	2023年5月第1次
定　　价	85.00元

前言：略谈“四明文献”的前世今生

“文献”是个古老的词，最早出现在《论语·八佾》篇。汉、宋时期的学者一般解释为：文者，典籍也；献者，贤也。元代以后，文献内容有所缩小，并与经籍同义。“文献”是个万能的词，经常成为各学科的基础课程，历史学有历史文献，文学有古典文献、艺术学有艺术文献、中医有中医文献、法学有法律文献、哲学有哲学文献、地理学有地理文献。“古典文献”依据四部分类法划分为经部、史部、子部、集部文献。如果按照文献内容的地域属性划分，又可以得到上至国家、下至村社的各类文献，统称地方文献，是记录地域知识的一切载体，古代又称乡邦文献。它具有重要的资政、存史、育人的价值，孔子曾专门论述：“夏礼吾能言之，杞不足征也；殷礼吾能言之，宋不足征也；文献不足故也。足，则吾能征之矣。”

宁波历史悠久能征之，实乃文献足故也。追溯起源，探究旧貌，须臾不离文献。从《吴越春秋》载“县有赤堇山，故加邑为鄞”可知“鄞”邑名称由来。虽只言片语，无可质疑。从《越绝书·宝剑篇》载“赤堇之山，破而出锡”，从《隋书·地理志》载“川泽沃衍，风俗澄清，海陆珍异所聚，人杂五方，俗类京口”，可知“鄞”邑物产资源。从《国语·越语上》载“广百里，东至于鄞”可知“鄞”邑地理位置。晋朝陆士龙《答车茂安书》曰：“辄为足下具说鄮县土地之快，非徒浮言华艳而已，皆有实征也。县去郡治，不出三日，直东而出，水陆并通。西有大湖，广纵千顷；北有名山；南有林泽；东临巨海，往往无涯，泛船长驱，一举千里。…… 官无逋滞之谷，民无饥乏之虑，衣食常充，仓库恒实。荣辱既明，礼节甚备。为君甚简，为民亦易。”这篇散文描摹陆士龙的外甥石季甫所任职的鄮县风物之美，反映西晋时期宁波的经济发展和人民生活的状况，补方志之阙遗。

宁波旧时别称“甬上”“四明”，文教昌盛，人才辈出，著述充栋。东汉至唐，四明文人雅士崭露头角，留下名篇佳作。东汉会稽郡句章人任奕的《任子》、唐代慈溪鸣鹤人虞世南的《虞秘监集》、唐代“四明狂客”贺知章的《贺秘监遗书》、晚唐孙郃《孙拾遗文纂》流传至今。

入宋以来，经济重心南移，尤其是南宋迁都杭州，作为政治中心的东部屏障，“控扼海道”的宁波逐渐成为重要的区域经济、政治中心。四明地区吸纳消化中原文化的过程中形成独树一帜的区域文化。北宋以杨适、杜醇、王致、王说、楼郁为代表的“庆历五先生”，南宋以杨简、舒璘、沈焕、袁燮为代表的“淳熙四先生”，承陆九渊心学，兼蓄各家，形成四明地区的学术派别“四明学派”。王应麟述到：“百年文献益盛以大，五先生之功也。”思想与学术灿烂的时代造就文献生产的高峰时刻。孙沔《孙沔集》、王致《鄞江集》、王说《奏议书疏诗文》、王该《遗稿》、楼郁《正议集》、舒亶《嬾堂诗文集》、周锷《周锷文集》、周铢《周铢文集》、夏承《夏承遗文》、王庭秀《磨衲集》、薛朋龟《彦益先生文集》、王伯庠《历安集》、赵敦临《赵敦临文稿》、魏杞《山房集》、汪大猷《适斋文集》、严羲民《草堂诗集》、杨简《杨氏易传》、丰稷《丰清敏公遗书》、吴文英《梦窗稿》、黄震《古今纪要逸编》、高似孙《史略》、史浩《鄮峰真隐漫录》、孙梦观《雪窗先生文集》、袁燮《絜斋集》等典籍就是文献高峰时刻的代表。它们虽多湮没历史长河，留下的点点星光也足以照亮后辈前行的思想道路。宋代的四明人已有整理与保存乡邦文献的意识与行动。咸淳九年（1273），左圭编修丛书《百川学海》，收书一百多种，包含高似孙《子略》《骚略》、戴植《鼠璞》、郑清之《安晚堂诗集》等乡邦文献，分十集，实现“由众说之流派，溯学海之渊源”的初衷，奠定中国综合性丛书的规模，享有“丛书之祖”美誉。

迨至元代，四明学者传播朱学和陆学，延续宋代余韵，沉淀不少文献，如袁桷《清容居士集》、程端礼《畏斋集》、程端学《积斋集》、岑安卿《栲栳山人诗集》、陈著《本堂集》、戴表元《剡源文集》、戴良《九灵山房集》、张仲深《子渊诗集》、赵偕《赵宝峰集》、丁鹤年《丁鹤年诗集》、舒岳祥《阆风集》、黄玠《弁山小隐吟录》。除了文集，方志也是元代四明文献体系的一大特色。据《中国地方志联合目录》记载，全国现存元代方志十种，宁波所修大德《昌国州图志》、延祐《四明志》、至正《四明续志》占其三成。四明学人因生于斯长于斯，资料占有充分，学术涵养高，占据天时地利人和优势，故而编出的郡志，历来评价很高。

明朝建立，人才更盛，尚文立言的风气浓厚，士人著述更多。文集的繁盛成为明代文献发展史上的一个重要特征，四明地区也不例外，迎来了一个文献激增的良好局面。以王守仁为代表，集心学之大成，开创“姚江学派”，遂产生一派文献，流传至今。同时，印刷技术的迅猛变革，极大促进文献刊刻活动，官刻、坊刻、私刻齐头并进。经过几代人耕耘不辍，四明文献聚沙成塔、集腋成裘，终于构建成为一个种类繁复、内容庞杂、数量巨大的乡邦文献体系，傲立两浙。宁波学人在梳理体系过程深刻意识到一个问题，宋元文献有名无物者大有人在，求而不得，寻而不到。正如明清之际浙江藏书家曹溶在《流通古书约》中感叹，存世文献都是“渺渺千百岁中，崎岖兵攘劫夺之余，仅而获免，可称至幸”。文献传承中不断自然老化，时而遭火焚水溺，时而受人毁虫噬，损毁现象较为普遍。如不加以抢救，现存乡邦文献也面临失传风险，四明地区学术思想也面临湮没风险，文人乡贤纷纷开始行动起来，或誊抄，或辑录，或刊刻，或翻印，或整理，或收藏，前赴后继，形成一个传薪续典、表彰乡邦文献的优良传统，甚至将乡献表章当作个人与家族义不容辞的神圣使命，倾注毕生精力，耗尽万贯财资。张寿镛在《剡源文钞序》云：“乡之文献，仅有存者，不重赖乡之人乎?”

元末明初乡人郑真就是这个群体的突出代表。郑真(1332—1389后)，字千之，自号荥阳外史，鄞县人。洪武四年(1371)举人，官至广信府教授。全祖望称：“谢山荥阳外史题词曰：‘郑氏自德仲、求斋以来，一门以文献世其家。其与深宁之孙遂初，砥砺最切。先生兄弟并能文，而先生之文益昌。’”其祖父郑芳叔重文献表章，遍游宋遗老之门，搜辑故事，日录记闻，“有一词之善，必手录之”，成《乡先生词翰》，开四明文献汇编先例。郑真继先辈崇尚深宁派之风，又师事王厚孙与王宁孙，既出于“吾四明文献，冠东南诸郡”迫切需要，又出于王氏文献的便捷获得，采摭乡先生言行文辞，萃为一编《四明文献》，树四明文献编纂之范。永乐年间，李本主纂《宁波府志》，惧乡献散佚，又成《四明文献录》。成化丙戌年，黄润玉又辑《四明文献录》，“以四明文献分为二类，一曰乡先生，自汉夏里黄公以下三十五人，皆四明产也；一曰乡大夫，自周文仲以下九人，皆官于四明者也。人各有传，并系以赞。据卷末其孙溥跋，盖原本尚有诸人小像。”嘉靖初年，李堂接李本之续，编成《四明文献志》十卷，并对“四明文献”提出独到见解，称“凡生乎吾土与吏焉者，其言论足以励世，词章足以阐道，是谓之文；德足以润身，行足以范俗，功业足以利民生，是谓之献”。嘉靖间，戴鲸“惧文献之失征，爰取郡中诸文人学士所著篇什，积岁月而诠次之”，成《四明文献录》，可惜今已失传。明初至嘉靖时期是四明文献发展的高峰，隆庆、万历之后，“讲堂渐替，而人物亦骤衰”，导致文献事业裹足不前。

有清一代，四明地区哲学、经学、史学、文学学者群星璀璨，以黄宗羲、朱舜水、万斯同、万斯大、全祖望、邵晋涵、姜炳璋为代表人物的浙东学派崛起，仅宋慈抱《两浙著述考》记载经学著者人数达一百四十一人，各类著作更比比皆是。该派继承深宁学派以来的学人传统，非常重视四明文献的搜集、整理、保护，秉承光大浙东学术思想的传统。“一代文献宗师”全祖望应该说是宁波历史上第一位系统留意乡邦文献的学者，目的在于“四明累世之文献，愿言其概，更增贤哲，光我枌榆”，所以《鲒埼亭集》相当多的篇幅是关于乡邦研究文章。全祖望广搜乡贤遗著，摘抄结集。雍正七年（1729），他从甬上万氏后裔万经处抄得万斯大经学著作《春秋辑传》《礼记辑注》。乾隆元年，全祖望在京师时有幸读到《永乐大典》，又从中抄录大量民间已失传的乡贤著作，如《二袁先生文钞》《春秋义宗》。乾隆三年（1738），他登上天一阁钞读，幸得李孝谦未定稿《四明文献录》，抄得史浩《鄮峰真隐漫录》，又校定《黄南山先生传家集》，更定《广平类稿》。此外，全祖望以黄宗羲《宋元学案》为基础，勾勒浙东学术源流；以李邺嗣《甬上耆旧诗》为先例，辑成《续甬上耆旧诗》八十卷、《国朝甬上耆旧诗》四十卷；以表彰南明人物为己任，搜集与整理南明浙东抗清志士与遗民文献。徐时栋也是一位建设乡邦文献事业的佼佼者。他访求宁波宋元方志善本六种，专心校勘，成为古方志整理刻印的经典之举，又辑成《四明旧志诗文抄》，著成《四明六志校勘记》，主修《鄞县志》，集藏书、校勘、刻印、编纂、著录活动于一体。

提及清代四明文献保护传承的力量，宁波藏书家是不可忽视的群体，他们所建藏书楼是绕不开的话题。如果没有藏书家的借阅、抄书、刻书的传播活动，大量古籍会是有名无物。黄宗羲的续钞堂、李邺嗣的东皋草堂、胡德迈的宝墨斋、张宗瀚的瞿瞿堂、张天因的西郊草堂、万斯同的寒松斋、郑性的二老阁、董道权的之缶堂、钱光绣的归来阁、全祖望的双韭山房、姚燮的大梅山馆、卢址的抱经楼、徐时栋的烟屿楼、黄澄量的五桂楼收藏四明珍本秘笈，传承至今，成为重要的文化遗产。郑氏二老阁以庋藏黄宗羲的续钞堂遗书、郑氏家传文献称著于世，总量共计五万余卷。自乾隆六年（1741）起，郑性及族人整理和勘误黄氏遗书，刻印《明儒学案》六十二卷、《南溪偶刊》四卷、《寒村集》三十卷等数十种，世称“二老阁丛书”。全祖望撰文表彰其功绩，曰：“先生于黄氏之学，表章不遗余力，南雷一水一火之后，卷籍散乱佚失，乃理而出之。故城贾氏颠倒《明儒学案》之次第，正其误而重刊之。”

民国时期，浙东学派遗风犹存，乡邦文献的整理呈现新气象，涌现出张寿镛、陈汉章、马衡、冯贞群、陈训正等一批“考文献而爱旧邦”的藏书家、文献学家。其中，张寿镛以保存和整理四明文献而最负盛名。他平时留心乡邦文献，搜采甚勤，藏书达四万余册，其中，鄞县古今先贤人物著作总集二百余种。1931年，他在旅沪宁波同乡会设立四明文献征求社，为编辑《四明丛书》搜求文献。抗日战争时期，张寿镛又秘密组织“文献保存同志会”，在上海以私人身份为国家收购珍本古籍。他主编的《四明丛书》是宁波历史上第一部大型的地方性文献丛书，共计收录文献178种1177卷，保存大量“濒危”史料，使众多“绝版之书、失迹之稿”得以重传人间，如丰稷等十六人的文集、蒋学镛的《鄞志稿》、陈康祺的《乡谚证古》、王梓材与冯云濠合编的《宋元学案补遗》。诚如他自述："若再十年无人收拾，将蠹鱼食料矣!"

中华人民共和国成立后，宁波文献事业进入一个新的发展时期，呈现以下几个方面的时代特征。

一是乡邦文献实现所有权转移，古籍善本从私人藏书楼转入国家公共图书馆、博物馆、文保所，张寿镛、冯贞群、秦润卿、马廉、朱赞卿、张季言、杨容林等捐出全部藏书。

二是文献保护工作更加全面系统、科学合理，保存环境明显改善，制度措施更加完备，管理人员更加专业，修复工艺更加先进。1981年，市政府拨款在天一阁原来藏书楼的西北面建造九百多平方米具有古代建筑特色和较好保护设施的新书库，用以庋藏古籍。1988年，宁波市图书馆建成专门保存古籍的古籍库房，设置古籍管理专岗，从事古籍保护与研究。2010年，天一阁的三千四百平方米古籍库房建成，库房内设安全技防系统、气体消防灭火系统和恒温恒湿、VRF空调系统，集防盗、防火、监听、监视、通讯等功能于一体。2018年，宁波图书馆恒温恒湿古籍书库投入使用，六万余册古籍的馆藏条件达到国家标准。

三是四明文献目录提要的编纂达到新高度，古代私藏文献目录、公藏现存普查目录，地方文献联合目录、专题文献目录先后出版。《天一阁书目天一阁碑目》《新编天一阁书目》《伏跗室藏书目录》《清防阁蜗寄庐樵斋藏书目录》《宁波市图书馆藏古籍善本图录》《宁波市图书馆古籍普查登记目录》《宁波市天一阁博物馆古籍普查登记目》《余姚市文物保护管理所古籍普查登记目录》《鄞邑现存家谱总目提要》《奉化现存宗谱辑录》《慈溪余姚家谱提要》《增订四明经籍志》十余种已正式出版，《宁波家谱总目》《宁波人物年谱总目提要》等正处编纂之中，《大梅山馆藏书目》《醉经阁书目》《姚江黄氏五桂楼书目》等亟待整理之中。

四是政府主导、专家主修、学界聚力的四明文献整理框架建立，各项目有序推进。2007年，宁波市社科联主导的宁波文化研究工程启动，设置专门史、地域特色文化、历史名人、历史文献整理四个大项，分门别类，每年向社会公开组织申报，已出版专著百余种。2011年，市政府地方志办公室开始以影印方式出版《宁波历史文献丛书》，以历代方志为主，完成《明代宁波府志》《清代宁波府志》《宁波历代专志选刊》《四明丛书未刊稿》等九辑。2021年，宁波有史以来规模最大的地方文献出版工程《四明文库》正式启动，涉及不同时代、类型、层级的文献，其中，甲编拟收录文献八百余种，集部文献规模远超《四明丛书》。同年，宁波图书馆结合六批国家珍贵古籍名录和文献收藏机构目录，搜罗孤本、抄本、稿本、残本，着手编纂《稀见宁波文献丛刊》，每两年点校出版一种文献，目前已完成《一笑堂诗集》《六书本义》二种。

五是新时代宁波地方文献资源体系和共建共享机制日趋完善，社会效益与辐射力显著增强。新时代地方文献资源类型更为丰富，从传统图书的单一类型向报纸、期刊、多媒体、照片、手稿等多类型扩散，从传统纸质载体向数字载体延伸。全市十一家公共图书馆设立地方文献库、室，宁波图书馆馆藏地方文献图书两万余种、五万余册，每年在以二千种的规模递增。宁波家谱全文数据库、宁波老报纸数据库、《申报》宁波史料数据库、《四明丛书》数据库、天一阁古籍数字化平台、梨洲文献馆古籍资源库、宁波历史文献数据库建成并投入使用，方便读者远程访问和全文检索。

当我们的目光从历史长河顺流而下来到文献事业发展的新时代，会发现面临的问题更多、产生的疑问更深、要做的事情更难。四明文献总量是多少？著书立说的宁波人物是多少？没有深入研究，没有长期深入研究，没有大家长期深入研究，绝对回答不了。《宁波文献研究集刊》秉持“赓续浙东学派之遗风，繁荣四明文献之事业”的办刊宗旨，立足学术前沿，凝聚学者真知，筑就学术阵地，助力书香之城建设。

目　录

邹守益广德版《阳明先生文录》复原及其版本学价值

文 | 邹建锋（宁波大学哲学和国学中心）

【摘　要】学术界历来对散佚的嘉靖六年邹守益刊刻于广德的四卷本《阳明先生文录》具体目录和内容缺乏深入研究。通过综合中国人民大学图书馆藏三卷本《阳明先生文录》与日本九州大学藏四卷本《阳明先生文录》两个稀见珍本，有助于复原邹守益广德本《阳明先生文录》。而复原后的广德本《阳明先生文录》具有重要的版本学价值，有助于理清嘉靖早期《阳明先生文录》版本源流，对阳明心学的深入研究提供重要的文献支撑。

【关键词】阳明先生文录；广德本；版本价值

三卷本《阳明先生文录》，最早由中国人民大学图书馆公开出版，才为学术界所熟知。近年来，此版本的影印本出版，屡见不鲜。但苦于孤证，学术界一直缺乏对嘉靖六年（1527）邹守益刊刻于广德的四卷本《阳明先生文录》进行复原研究。幸运的是，大约是2020年，蒙成都采薇阁书院院长王强老师的努力，从日本九州大学图书馆复制馆藏孤本文献即四卷本《阳明先生文录》。两种孤本文献合璧，使复原邹守益广德本《阳明先生文录》成为可能。

一、嘉靖十八年王世隆贵州重刊《阳明先生文录》

王世隆贵州重刊三卷本《阳明先生文录》，据贵州著名阳明文献专家张新民考证，当在嘉靖十八年(1539)。三卷目录具体如下。

王世隆贵州重刊本《阳明先生文录》卷一目录					
1	答徐成之书(辛未)	16	书石川卷(甲戌)	31	见斋说(乙亥)
2	林以吉归省(辛未)	17	与傅生凤(甲戌)	32	矫亭说(乙亥)
3	寄宗贤原忠(辛未)	18	书王天宇卷(甲戌)	33	谨斋说(乙亥)
4	答汪石潭书(辛未)	19	书王嘉秀请益卷(甲戌)	34	紫阳书院集序(乙亥)
5	书梁仲用默斋卷(辛未)	20	约斋说(甲戌)	35	山东乡试录序(甲子)
6	送大宗伯乔白岩序(辛未)	21	答王纯甫书(甲戌)	36	乞宥言官疏(丙寅)
7	别王纯甫(壬申、癸酉间)	22	又与王纯甫书(甲戌)	37	别三子序(丁卯)
8	与蔡希颜书(壬申、癸酉间)	23	周莹归省(乙亥)	38	徐昌国墓志(辛未)
9	与王晋叔(壬申、癸酉间)	24	林典卿归省(乙亥)	39	赠翰林院编修湛公墓表(壬申)
10	与王纯甫(壬申、癸酉间)	25	陆清伯归省(乙亥)	40	应天府重修儒学记(甲戌)
11	别湛甘泉序(壬申、癸酉间)	26	周以善归省(乙亥)	41	赠汤云谷(甲戌)
12	答蔡希颜书(壬申、癸酉间)	27	郭善甫归省(乙亥)	42	祭郑朝朔文(甲戌)
13	书汪汝成格物论卷(壬申、癸酉间)	28	郑德夫归(乙亥)	43	白说字贞夫说(乙亥)
14	答王天宇书(甲戌)	29	书孟源卷(乙亥)	44	刘氏三子字说(乙亥)
15	又答王天宇书(甲戌)	30	书谦默卷(乙亥)	45	重修六合县学记(乙亥)
				46	金坛县志序(乙亥)

王世隆贵州重刊本《阳明先生文录》卷二目录					
1	与陆元静书（丁丑）	11	礼记撰言序（庚辰）	21	答舒国用（癸未）
2	与仕德尚谦书（丁丑）	12	象山文集序（庚辰）	22	观德亭记（戊寅）
3	与陆元静书（戊寅）	13	答伦彦式书（辛巳）	23	重修文山祠记（戊寅）
4	别梁日孚（戊寅）	14	答湛甘泉书（辛巳）	24	祭浰头山神文（戊寅）
5	寄诸弟（戊寅）	15	答方叔贤书（辛巳）	25	祭徐曰仁文（戊寅）
6	与唐虞佐书（庚辰）	16	与杨仕鸣（辛巳）	26	乞恩休致疏（戊寅）
7	复唐虞佐书（庚辰）	17	与夏敦夫（辛巳）	27	水灾自劾疏（庚辰）
8	与顾惟贤（庚辰）	18	与朱守忠书（辛巳）	28	四乞休疏（庚辰）
9	与陆元静（庚辰）	19	与席元山书（辛巳）	29	辩冀惟乾咨（庚辰）
10	别陈世杰（庚辰）	20	与陆元静书（癸未）	30	书佛郎机遗事（庚辰）

王世隆贵州重刊本《阳明先生文录》卷三目录					
1	书壁勉诸生（乙酉）	9	博约说（乙酉）	17	辞爵疏（壬午）
2	答尚谦书（乙酉）	10	答刘内重书（乙酉）	18	又祭曰仁文（甲申）
3	书朱守乾书（乙酉）	11	与魏师孟（乙酉）	19	书梦槎奇游诗卷（乙酉）
4	书正宪扇（乙酉）	12	答南元善书（丙戌）	20	重修浙江贡院记（乙酉）
5	亲民堂记（乙酉）	13	答季明德书（丙戌）	21	从吾道人记（乙酉）
6	万松书院记（乙酉）	14	答邹谦之书（丙戌）	22	浚河记（乙酉）
7	稽山书院尊经阁记（乙酉）	15	又答邹谦之书（丙戌）	23	送南侯入覲序（乙酉）
8	重修山阴县学记（乙酉）	16	答魏师说书（丁亥）	24	明赠礼部主事节庵方公墓表（乙酉）
				25	祭杨仕鸣文（丙戌）

上述为嘉靖十八年贵州重刊广德本，是王世隆邀请同门叶梧、陈文学二人共同编辑并打乱广德本四卷本《阳明先生文录》目录次序。贵州本文录将原广德本四卷合并成三卷，依照时间顺序排列，试图改进王阳明本人亲自编订的四卷本次序。据钱德洪在其不同版本的《刻〈文录〉叙说》[1]回忆，见下文。

嘉靖丁亥四月，时邹谦之谪广德，以所录先生文稿请刻[2]。先生止之曰："不可。吾党学问，幸得头脑，须鞭辟近里【着己】，务求实得，一切繁文靡好[3]，传之恐眩人耳目，不录可也。"谦之复请不已[4]。先生乃取近稿三之一，标揭年月，命德洪编次。复遗书曰："所录以年月为次[5]，不复分别体类者，盖专以讲学明道为事，不在文辞体制【之】间也。"明日，德洪掇拾所遗复请刻。先生曰："此爱惜文辞之心也。昔者孔子删述六经[6]，若以文辞为心，如唐、虞、三代，自典、谟而下，岂止数篇【而已耶】？正惟一以明道为志，故所述可以垂教万世【而无弊】。吾党志在明道，复以爱惜文字为心[7]，便不可入尧、舜之道矣[8]。"德洪复请不已。乃许数篇，次为附录，以遗谦之[9]，今之广德板是也。

由此可见，广德本文录为四卷，前三卷为正录，每卷论文按时间为顺序；第四卷为附录，每篇论文亦以时间为顺序。今按钱德洪自序，并剔除王世隆增刻的卷一第9篇"私货"《与王晋叔》，并比对日本九州大学所藏四卷本《阳明先生文录》，试图复原广德本《阳明先生文录》。

二、嘉靖六年邹守益广德刊《阳明先生文录》复原

据前文，应该指出的是，邹守益"以所录先生文稿请刻"，说明他自己已经有了一个独特的《阳明先生文录》版本。但阳明并未同意邹守益定稿的《阳明先生文录》版本，而是"取近稿三之

一，标揭年月，命德洪编次”，得三卷，并应钱德洪的再三请求，增加附录一卷，总计四卷。今复原之。

邹守益广德刊本《阳明先生文录》卷一目录			
1	答徐成之书（辛未）	18	书王嘉秀请益卷（甲戌）
2	林以吉归省（辛未）	19	约斋说（甲戌）
3	寄宗贤原忠（辛未）	20	答王纯甫书（甲戌）
4	答汪石潭书（辛未）	21	又与王纯甫书（甲戌）
5	书梁仲用默斋卷（辛未）	22	周莹归省（乙亥）
6	送大宗伯乔白岩序（辛未）	23	林典卿归省（乙亥）
7	别王纯甫（壬申、癸酉间）	24	陆清伯归省（乙亥）
8	与蔡希颜书（壬申、癸酉间）	25	周以善归省（乙亥）
9	与王纯甫（壬申、癸酉间）	26	郭善甫归省（乙亥）
10	别湛甘泉序（壬申、癸酉间）	27	郑德夫归（乙亥）
11	答蔡希颜书（壬申、癸酉间）	28	书孟源卷（乙亥）
12	书汪汝成格物论卷（壬申、癸酉间）	29	书谦默卷（乙亥）
13	答王天宇书（甲戌）	30	见斋说（乙亥）
14	又答王天宇书（甲戌）	31	矫亭说（乙亥）
15	书石川卷（甲戌）	32	谨斋说（乙亥）
16	与傅生凤（甲戌）	33	紫阳书院集序（乙亥）
17	书王天宇卷（甲戌）		

邹守益广德刊本《阳明先生文录》卷二目录					
1	与陆元静书（丁丑）	8	与顾惟贤（庚辰）	15	答方叔贤书（辛巳）
2	与仕德尚谦书（丁丑）	9	与陆元静（庚辰）	16	与杨仕鸣（辛巳）
3	与陆元静书（戊寅）	10	别陈世杰（庚辰）	17	与夏敦夫（辛巳）
4	别梁日孚（戊寅）	11	礼记撰言序（庚辰）	18	与朱守忠书（辛巳）
5	寄诸弟（戊寅）	12	象山文集序（庚辰）	19	与席元山书（辛巳）
6	与唐虞佐书（庚辰）	13	答伦彦式书（辛巳）	20	与陆元静书（癸未）
7	复唐虞佐书（庚辰）	14	答湛甘泉书（辛巳）	21	答舒国用（癸未）

邹守益广德刊本《阳明先生文录》卷三目录			
1	书壁勉诸生（乙酉）	9	博约说（乙酉）
2	答尚谦书（乙酉）	10	答刘内重书（乙酉）
3	书朱守乾书（乙酉）	11	与魏师孟（乙酉）
4	书正宪扇（乙酉）	12	答南元善书（丙戌）
5	亲民堂记（乙酉）	13	答季明德书（丙戌）
6	万松书院记（乙酉）	14	答邹谦之书（丙戌）
7	稽山书院尊经阁记（乙酉）	15	又答邹谦之书（丙戌）
8	重修山阴县学记（乙酉）	16	答魏师说书（丁亥）

邹守益广德刊本《阳明先生文录》卷四目录			
1	山东乡试录序（甲子）	16	祭徐曰仁文（戊寅）
2	乞宥言官疏（丙寅）	17	乞恩休致疏（戊寅）
3	别三子序（丁卯）	18	水灾自劾疏（庚辰）
4	徐昌国墓志（辛未）	19	四乞休疏（庚辰）
5	赠翰林院编修湛公墓表（壬申）	20	辩冀惟乾咨（庚辰）
6	应天府重修儒学记（甲戌）	21	书佛郎机遗事（庚辰）
7	赠汤云谷（甲戌）	22	辞爵疏（壬午）
8	祭郑朝朔文（甲戌）	23	又祭曰仁文（甲申）
9	白说字贞夫说（乙亥）	24	书梦槎奇游诗卷（乙酉）
10	刘氏三子字说（乙亥）	25	重修浙江贡院记（乙酉）
11	重修六合县学记（乙亥）	26	从吾道人记（乙酉）
12	金坛县志序（乙亥）	27	浚河记（乙酉）
13	观德亭记（戊寅）	28	送南侯入觐序（乙酉）
14	重修文山祠记（戊寅）	29	明赠礼部主事节庵方公墓表（乙酉）
15	祭浰头山神文（戊寅）	30	祭杨仕鸣文（丙戌）

经过复原研究，邹守益广德本《阳明先生文录》，卷一文33篇，卷二文21篇，卷三文16篇，卷四附录文30篇，总计收录阳明

文章90篇。

三、约嘉靖九年余姚重刊《阳明先生文录》

复原邹守益广德本文录，检视嘉靖初期余姚重刊《阳明先生文录》目录，比较三个版本的版本价值。

余姚重刊本《阳明先生文录》卷一目录			
1	答徐成之书（辛未）	20	答王纯甫书（甲戌）
2	林以吉归省（辛未）	21	又与王纯甫书（甲戌）
3	寄宗贤原忠（辛未）	22	周莹归省（乙亥）
4	答汪石潭书（辛未）	23	林典卿归省（乙亥）
5	书梁仲用默斋卷（辛未）	24	陆清伯归省（乙亥）
6	送大宗伯乔白岩序（辛未）	25	周以善归省（乙亥）
7	别王纯甫（壬申）	26	郭善甫归省（乙亥）
8	与蔡希颜（壬申）	27	郑德夫归（乙亥）
9	与王纯甫书（缺）	28	书孟源卷（乙亥）
10	别湛甘泉序（壬申）	29	书谦默卷（乙亥）
11	答蔡希颜书（癸酉）	30	见斋说（乙亥）
12	书汪汝成格物论卷（缺）	31	矫亭说（乙亥）
13	答王天宇书（甲戌）	32	谨斋说（乙亥）
14	又答王天宇书（甲戌）	33	紫阳书院集序（乙亥）
15	书石川卷（甲戌）	34	与陆元静书（丁丑）原广德本卷2.1
16	与傅生凤（甲戌）	35	与仕德尚谦书（丁丑） 原广德本卷2.2
17	书王天宇卷（甲戌）	36	与陆元静书（戊寅）原广德本卷2.3
18	书王嘉秀请益卷（甲戌）	37	答陆元静书（以下旧本无 未发之中即良知也……非是转法华矣）原广德本缺
19	约斋说（甲戌）	38	示弟立志说 原广德本缺

比较广德本与余姚本，可知，余姚本将原广德本卷二的前三封书信提前至卷一，同时增加广德本缺少的《答陆元静书》《示弟立志说》，这两篇文章均见于嘉靖三年的南大吉版《传习录》。

余姚重刊本《阳明先生文录》卷二目录			
1	书壁勉诸生（乙酉）	12	答南元善书（丙戌）
2	答尚谦书（乙酉）	13	答季明德书（丙戌）
3	书朱守乾书（乙酉）	14	答邹谦之书（丙戌）
4	书正宪扇（乙酉）	15	又答邹谦之书（丙戌）
5	亲民堂记（乙酉）	16	答魏师说书（丁亥）
6	万松书院记（乙酉）	17	与朱守忠书（辛巳）
7	稽山书院尊经阁记（乙酉）	18	与席元山书（辛巳）
8	重修山阴县学记（乙酉）	19	与陆元静书（癸未）
9	博约说（乙酉）	20	答舒国用（癸未）
10	答刘内重书（乙酉）	21	答徐成之书（旧本无 承以主陆异同）
11	与魏师孟（乙酉）	22	与薛子修书（甲申）

从《书壁勉诸生》到《答魏师说书》的16封书信，余姚重刊本《阳明先生文录》卷二在刊刻时错误地将原广德本卷三的内容全部收录，时间从乙酉到丁亥，犯了重大的刊刻错误，令人遗憾。同时，在卷二后却又接续原广德本卷二第18到第21封书信，分别为阳明《与朱守忠书（辛巳）》《与席元山书（辛巳）》《与陆元静书（癸未）》《答舒国用（癸未）》。最后，与卷一相同，增刻《传习录》书信一通，即阳明《答徐成之书（二）》，并增刻《与薛子修书（甲申）》，这是典型的明代学人刊刻书籍“夹带私货”行为，也说明余姚本的捐资人为薛侃家族。由此，可以确定，余姚版大约刊刻于嘉靖九年。

余姚重刊本《阳明先生文录》卷三目录			
1	山东乡试录序（弘治甲子附录）	14	观德亭记（戊寅）
2	乞宥言官疏（丙寅）	15	重修文山祠记（戊寅）
3	别三子序（丁卯）	16	祭浰头山神文（戊寅）
4	徐昌国墓志（辛未）	17	祭徐曰仁文（戊寅）
5	赠翰林院编修湛公墓表（壬申）	18	乞恩休致疏（戊寅）
6	应天府重修儒学记（甲戌）	19	水灾自劾疏（庚辰）
7	赠汤云谷（甲戌）	20	四乞休疏（庚辰）
8	祭郑朝朔文（甲戌）	21	辩冀惟乾咨（庚辰）
9	白说字贞夫说（乙亥）	22	答陆元静书（见《传习录》圣人致知之功……不待于问辩者）
10	刘氏三子字说（乙亥）	23	辞爵疏（壬午）
11	重修六合县学记（乙亥）	24	又祭曰仁文（甲申）
12	金坛县志序（乙亥）	25	祭薛尚节文
13	大学古本序（戊寅） 旧本无	26	与尚谦尚迁子修书

与卷二误刻一样，从《山东乡试录序（弘治甲子附录）》到《又祭曰仁文（甲申）》的24封书信，余姚重刊本《阳明先生文录》卷三在刊刻时错误地把原广德本附录卷四的内容全部收录，又犯了重大的刊刻错误，更令人遗憾。当时捐资刊刻人薛侃利用自身的编辑权力，不仅增加比较重要的阳明论文，如《大学古本序（戊寅）》、《答陆元静书》（圣人致知之功……不待于问辩者），还增加自己家族与阳明交往的两篇文章《祭薛尚节文》《与尚谦尚迁子修书》，于公于私，都得以两全。相比于广德本、贵州重刻本，余姚本阳明文录，增加不少重要资料，有利于阳明学的传播。

余姚重刊本《阳明先生文录》卷四目录			
1	象山文集序（庚辰）	14	书佛郎机遗事（庚辰）
2	答伦彦式书（辛巳）	15	别梁日孚（戊寅）
3	答湛甘泉书（辛巳）	16	寄诸弟（戊寅）
4	答方叔贤书（辛巳）	17	与唐虞佐书（庚辰）
5	与杨仕鸣（辛巳）	18	复唐虞佐书（庚辰）
6	与夏敦夫（辛巳）	19	与顾惟贤（庚辰）
7	书梦槎奇游诗卷（乙酉）	20	与陆元静（庚辰）
8	重修浙江贡院记（乙酉）	21	别陈世杰（庚辰）
9	从吾道人记（乙酉）	22	礼记撰言序（庚辰）
10	浚河记（乙酉）	23	答人论学书（见《传习录》旧本无）
11	送南元善入觐序（乙酉）	24	答陆原静书（旧本无 理无动静者……体用一源者）
12	明赠礼部主事节庵方公墓表（乙酉）	25	诗三十九首
13	祭杨仕鸣文（丙戌）		

余姚重刊本《阳明先生文录》卷四编辑比较混乱，毫无章法可言，大体上为广德本卷二、卷四部分内容合并而成。余姚本增刻《传习录》中《答人论学书》，并增刻《答陆原静书》（旧本无理无动静者……体用一源者），尤其是增刻诗三十九首，具有重要的学术价值。

四、嘉靖早期广德本系列《阳明先生文录》三种单刻本版本文献价值

嘉靖早期广德本系列《阳明先生文录》三种单刻本版本具有重要文献价值，不仅保存嘉靖十八年以前王阳明相关稀见珍本文献，而且对于校勘嘉靖十二年之后28卷本《阳明先生文录》、24卷本《阳明先生文录》都具有重要的版本价值。

（一）嘉靖十八年贵州刊本《阳明先生文录》卷一增刻王阳明与其亲传弟子王世隆主要书信三通，这三封书信既不见于28卷本《阳

明先生文录》系列，也不见于24卷本《阳明先生文录》，更不见于通行本。《与王晋叔》书信的新发现，对于填补王阳明与湖南籍亲传弟子王世隆的交游，具有重要的文献史料价值和重大学术史意义。

与王晋叔[10]

昨见晋叔，已概其外。乃今又得其心也，吾非晋叔之徒，与而谁与？晋叔，夫何疑乎？当今之时，苟志于斯道者，虽在庸下，亦空谷之足音，吾犹欣然而喜也。况晋叔豪杰之士，无文王犹兴者乎？吾非晋叔之徒，与而谁与？晋叔，又何疑乎？属有客，不及详悉。得暇，过此闲话。守仁顿首。

二

所惠文字，见晋叔笔力甚简健。异时，充养渊粹到古人，不难也。中间稍有过当处，却因守仁前在寺中说得太疏略所致。今写一通去，从旁略下脚注，盖毫厘之差耳，晋叔更详之。得便，别寄一纸为佳。诸友诗，亦有欠稳者，意向却不碌碌。凡作诗，三百篇后，须从汉、晋求之，庶几近古。唐诗李、杜之外，如王维、高适诸作，有可取者，要在不凡俗耳，闲及之。守仁顿首。

三

刘易仲来，备道诸友相念之厚。甚愧！甚愧！薄德亦何所取，皆诸友爱望之过也。古人有言，“他山之石，可以攻玉。”诸友则诚美璞矣，然非他山之石，则无以砥砺磨砻而发其莹然之光。诸友之取于区区者，当以是也。甚愧！甚愧！道不远人，人之为道而远人，不可以为道。诸友用功何如？路远无由面扣，易仲去，略致鄙怀。所欲告于诸友者，易仲当亦能道其大约，不尽！不尽！惟心亮之而已。九月望，守仁顿首。

（二）嘉靖十八年贵州刊本《阳明先生文录》所录书信、论文保存阳明手稿的早期痕迹，有助于弥补28卷本《阳明先生文录》系列、24卷本《阳明先生文录》、通行本等诸多版本删除文字，具有重要的参校价值。

答徐成之[11]　辛未

延禧先生，吾乡之善人长者，先达中极为难得。同处客乡，亦为成之之一乐也。行次草率，不奉状，相见望道倩。

答蔡希颜书[12]　癸酉

言不能尽，守忠行匆匆，余惟心照。

山东乡试录序[13]　弘治甲子

刑部云南清吏司主事王守仁谨序。

乞宥言官疏[14]　正德丙寅

谨具本亲斋奏闻，伏侯敕旨。

与仕德、尚谦书[15]

寓龙南某白。

与陆元静书[16]　戊寅

训导便，草草临纸，惘然不尽。

别梁日孚[17]　戊寅

时正德戊寅六月十八日，阳明山人书于虔之静观亭。

与唐虞佐书　庚辰[18]

【守仁再拜侍御大人虞佐、乡兄道契执事。七月五日，寓广信县余。】[19]

复唐虞佐书[20]　庚辰

伏枕草草，略布谢私，不一一。

与陆元静[21]　庚辰

区区省亲本，□部中已准覆。但得旨，即当长遁山泽。不久，朝廷且大赉，则元静推封，亦有日。果能访我于阳明之麓，当然为能元静决此大疑也。不一一。

礼记纂言序　庚辰

非方圆无以见规矩之用，非节文则亦无从而睹所谓“礼”矣。然方圆者，规矩之所出。[22]

正德庚辰冬至后学余姚王某序。[23]

象山文集序[24]　庚辰

正德辛巳七月朔，阳明山人王守仁书。

与席元山书[25]　辛巳

冗次，兼暑毒，莫罄所怀，伏惟尊照。

乞休致疏[26]　戊寅

奏为父病待罪乞恩休致事。

为此具本，顺差亲斋。谨具奏闻，伏候敕旨。

水灾自劾疏[27]　庚辰

题为非常水灾自劾不职罢黜归田以弭天变事。

缘系非常水灾，自劾不职，罢黜归田以弭天变事，为此具本。顺差舍人郎升亲斋谨题请旨。正德十五年五月十五日。

四乞归休疏[28]　庚辰

奏为四乞天恩归省父疾。回籍待罪事。

顺差舍人亲斋谨具奏闻。

辩冀惟乾咨[29]　庚辰

宸濠素所同谋之人如李士实、刘养正、王春之流，【殆未可枚举，】宸濠曾不一及。

辞爵疏[30]　壬午

南京兵部尚书臣王守仁谨奏为恳辞封爵晋恩赏以彰国典事。

谨具本奏闻。

从吾道人记[31] 乙酉

阳明山人王某书于第十一洞天之碧霞池上。

祭阳明先师文 王世隆[32]

嘉靖已丑三月戊辰，阳明夫子卒于官，讣闻至辰，门人王世隆等为位设主，哭于崇正书院之堂。复具香、币往奠之，曰：“呜呼！道丧千载，圣学梦梦。良知之谕，首开群蒙。宸濠倡乱，天下汹汹。南昌之捷，忠义攸同。斯二者，皆天下之功也。而好事之徒，乃为之云云不已。虽士大夫犹有为之主张其说者，予不知其何谓也？

天启皇圣，公谕始明。高管大爵，以答殊勋。人谓夫子，且将入赞帝猷，从容论思以相皇极而建太平。而数年之间，经营四方，卒死穷荒。使夫子弗得为皋夔稷契，伊傅周召者，予又不知其何说也？呜呼！天耶！人耶！孰谓夫子而遽死耶？

曩夫子之在先朝也，以危言批逆鳞，一柣几死。已而谪龙场，改庐陵，起诠曹，官留都，总师江湖，艰危万途。虽老兵退卒，蛮蜑贩夫，莫不饮其化而安其居。而今其死也，天下之人，无贤不肖，识与不识，莫不咨嗟叹息以悼夫子之死，而追咎于云云者之未能亮夫子之心，以尽夫子之用者，又皆为之涕泗而欷歔。

呜呼！古今者，在天地间犹旦暮耳。人事之得丧，物理之兴废，议论之异同，万起万灭，此何异盎瓮之间，百千蚊蚋之聚散，而正人君子之名，乃卒与天地共敝，日月并明，衣被后世而有余。而好事者不悟，宁为彼而不为此者，抑又何也？

隆辈生长西南，实荷夫子之教，窃尝抱此磊魂，既不能深造力行以光昭夫子之训于生前，而芜词累语想与……泪哀号于既死者，又何足以慰夫子之魂于九原？而使沉郁侘傺者，将于此乎发摅也耶？

呜呼哀哉！尚飨！

门人陈文学、叶梧重校

注释:

[1] 通行本《刻〈文录〉叙说》,见于云南省图书馆(简称云图)藏增刻甲库本、国家图书馆(简称国图)藏手写邹守益序本、胡宗宪刻本、董聪刻本。其中,云图藏增刻甲库本、国图藏手写邹守益序本、胡宗宪刻本与通行本内容一致,而上述四个版本,与董聪本差别较大。【 】内文字,为董聪本增刻;[ ]内文字,为董聪本缺,通行本增刻。

[2] "嘉靖丁亥四月,时邹谦之谪广德,以所录先生文稿请刻。"董聪本作"邹守益谪判德,以所录先生文稿请刻。"

[3] "靡好",董聪本作"枝辞,不过一时应酬之作"。

[4] "谦之复请不已",董聪本作"守益请复不已"。

[5] "次",董聪本作"先后"。

[6] "六经",董聪本作"诗书"。

[7] "字",董聪本作"辞"。

[8] "尧、舜",董聪本作"圣人"。

[9] "谦之",董聪本作"守益"。

[10]《与王晋叔》,参见黄振萍:《王阳明文献集成》,第8册,广陵书社,2019,中国人民大学图书馆藏《阳明先生文录》,第201-202页。此三封书信为孤本文献,姑苏本、甲库本、通行本,均缺。

[11] 中国人民大学图书馆藏《阳明先生文录》,卷一,第176页。

[12] 中国人民大学图书馆藏《阳明先生文录》,卷一,第210页。

[13] 中国人民大学图书馆藏《阳明先生文录》,卷一,第278页。

[14] 中国人民大学图书馆藏《阳明先生文录》,卷一,第282页。

[15] 中国人民大学图书馆藏《阳明先生文录》,卷二,第334页。甲库本作"与杨仕德薛尚谦",下标注时间为"丁丑"。

[16] 中国人民大学图书馆藏《阳明先生文录》,卷二,第336页。

[17] 中国人民大学图书馆藏《阳明先生文录》,卷二,第342页。甲库本作"别梁日孚序"。苏州本作"复唐虞佐"。

[18] 中国人民大学图书馆藏《阳明先生文录》,卷二,第348页。甲库本作"与唐虞佐侍御",下标注时间为"辛巳"。

[19]【 】内容为贵州王世隆重刊本缺,见于王阳明原稿,见《上海图书馆藏明清名家手稿》,上海古籍出版社,2006。

[20] 中国人民大学图书馆藏《阳明先生文录》,卷二,第350页。甲库本作"复唐虞佐"。

[21] 中国人民大学图书馆藏《阳明先生文录》,卷二,第357页。

[22] 此句,通行本作"非方圆无以见规矩之所出"。中国人民大学图书馆藏《阳明先生文录》,卷二,第363页。

[23] 中国人民大学图书馆藏《阳明先生文录》,卷二,第364页。

[24] 中国人民大学图书馆藏《阳明先生文录》,卷二,第369页。

[25] 中国人民大学图书馆藏《阳明先生文录》,卷二,第386页。甲库本作"与席元山"。

[26] 中国人民大学图书馆藏《阳明先生文录》,卷二,第412页。姑苏本有"正德十三年三月初四日"字。

[27] 中国人民大学图书馆藏《阳明先生文录》,卷二,第415页。姑苏本后有"十五年五月十五日"字。

[28] 中国人民大学图书馆藏《阳明先生文录》,卷二,第421页。姑苏本题作"四乞省葬疏十五年闰八月二十日"。

[29] 中国人民大学图书馆藏《阳明先生文录》,卷二,第431页。姑苏本题作"咨六部伸理冀元亨"。

[30] 中国人民大学图书馆藏《阳明先生文录》,卷三,第517页。姑苏本作"再辞封爵普恩赏以彰国典疏",下有"嘉靖元年"字。

[31] 中国人民大学图书馆藏《阳明先生文录》,卷三,第543页。

[32] 中国人民大学图书馆藏《阳明先生文录》,卷三,第567页。

清代慈溪董景沛辑《孝水珠光》残本述略

文 | 张如安（宁波大学人文与传媒学院）

【摘　要】《孝水珠光》是董景沛所辑清代慈溪董氏家族的诗歌汇集，现据甬上蜗寄庐原藏残本，共收录董氏13家诗147首。董景沛本着传播本家族诗人诗作的理念，着重选录有关家庭宗族的作品，对于保存诗稿及家族文化建设可谓大事一件。经过进一步比较，发现《孝水珠光》残本具有一定文献价值，可作校勘之用，补《四明清诗略》之不足。亦可借以探研董氏家族的创作，丰富浙东地方文献宝库。

【关键词】董景沛；孝水珠光；价值

近代甬上蜗寄庐原藏写本一册，书高25.5cm，宽约18cm，纸捻毛装，封面脱落后夹于书内，墨书“孝水珠光”四字，与书的内容相合。正文字芯高18cm，宽13.2cm，半叶11行，行22字，书写工整，个别地方文字尚有缺漏和涂改。共32叶，夹杂一些空白页，可备随时添加相关内容。孝水即慈溪，系董氏之乡籍，珠光即诗歌，此书乃清代慈溪董氏家族的诗歌汇集，收录董鳞、董承濂、董熙、董仁澄、董云、董荣、董仁溥、董曾、董蘅、董承谟、董明伦、董秉忠、董日炌13家诗147首，作者名下皆注明其字号。其中董日炌出现了两次，前一次录其《雁字诗》3首，《落花》诗2首，其中

《雁字诗》3首即后一次录其《雁字诗》30首组诗之前3首，而所谓《落花》诗2首，亦见于董秉忠名下。因此，前一所谓董日炌应为误录，但书中未做出删除的标记。

该书未题编纂者姓名，亦无任何印章，前有董景沛序云："我宗著作之目，代有闻人，今所传者盖寡，其以全集传者尤寡。无论元明而上，迭经兵燹，百不得一。国初至今未久也，如函葵公暨曾伯祖毅庭公，当世所指名者，今仅存诗草，余尽丧回禄。此其子若孙皆龎知爱护者尚如此，其他零落散失，又何可胜道。沛每念此，未尝不引为文献之恨也。辛酉春，与修族谱，博访诸父老，苟有遗稿，罔不缮录，其有补宗族者登诸艺文，次则选列《余芬集》，谱例谨严，难遍及也。…… 谨辑明以来族先正诗古文，下逮今兹，凡若干卷，颜其集曰《孝水珠光》，非敢谓吾宗之诗文尽萃是也，非敢谓诗文足以尽厥生平也，惟读之而仿佛其人，则文献亦庶有足征者。览斯集者，谅其寡见而为之补，且鉴其苦衷，而为之续，斯幸甚矣。嘉庆七年岁在壬戌仲春之吉，雨香董景沛序。"据此，此书乃董景沛所辑，起于嘉庆六年辛酉（1801）之春，成书于嘉庆七年（1802）。

一、编辑者董景沛的生平

编辑者董景沛，慈溪人。其父董华镗既是商人，又是孝子，事迹见钱大昕《潜研堂文集》卷四十九《赠儒林郎董君墓表》。钱传有云："安人生三子，长景润，候选州同；次景澄，国学生；次景沛，廪膳生，以读书砥行闻于乡邦。"嘉庆六年（1801）三月，董景沛持父亲事状，访钱大昕于吴门紫阳书院，请求钱氏为作墓表。董景沛为嘉庆十九年（1814）岁贡生，但屡考不中，绝意功名，以授徒教学为生。董沛《四明清诗略》卷十八录董景沛诗2首，传云：

"字汝霖，号雨香，慈溪人。嘉庆甲戌岁贡。著有《春辉堂诗稿》。"光绪《慈溪县志》卷四十九《艺文》著录董景沛《春辉堂诗稿》（今天一阁藏本作《春晖堂诗稿》），前有王信序云："予与雨香董君交，始于丁未肄业慈湖书院，一堂讲贯，文章行谊倾倒非常，惜才抱经纶，不获乘时展布，盛年挟策傲游，旧雨亦因之疏阔。今齿发俱衰，杜门息辙，复得叙杯酌于故园。"丁未即乾隆五十二年（1787），时王信与董景沛皆肄业于慈湖书院，故王信对董景沛较为了解，从王信的简要叙述中可窥董氏生平的一鳞半爪。再考天一阁博物院藏《慈溪董氏宗谱》卷二十，有柯振岳《雨香公传》云："公讳景沛，字汝霖，号雨香，梦庄其晚号也，敕赠儒林郎讳华镗公三子。幼即颖异，闻师训辄能领悟。弱冠游庠，食廪饩。尝游学虎林，姚苇舫、莫宝斋诸名士乐与订交，声振一时。四膺荐秋闱，而数奇不售。岁甲戌，贡成均，不就职，遂绝意进取，以甄陶后学为己任。公至孝性成，父华镗公有痰疾，每作，朝夕抚摩，衣不解带。比殁，丧葬如礼。事母叶安人亦如之。公伯仲二兄，先公而殁，侄辈营葬，公为之相阴阳，度土宜，殚精敝神，务求安吉而后已。公以雁行早折，顾影自怜，每逢佳节，凄然泪下，其友于之笃如此。公既居乡，廑念宗族间事，修谱两次，以联族谊。有因前人已举而踵而成之者，如孝祖纯德征君累朝俱有记载题咏，族平一公考校详明，汇为一编，名《纯德汇编》，公为之募赀刊行于世。有因前人未举而创而始之者，如族内节妇穷檐苦守，无力请旌，累致湮没不彰，公请族人书捐，建节孝祠于宗祠之西，春秋两祭，俎豆煌煌，其为维持风华者不浅。族有寒素之士无力应试，公又劝族弟秉忠、秉愚助繁露书田，按其生息，以给应试之赀。凡举一事，往往力排众议，浅识者无从置喙，或退有后言，而公则曰：'士不能为天下树勋业，即当为祖宗不可少之人。既欲为祖宗

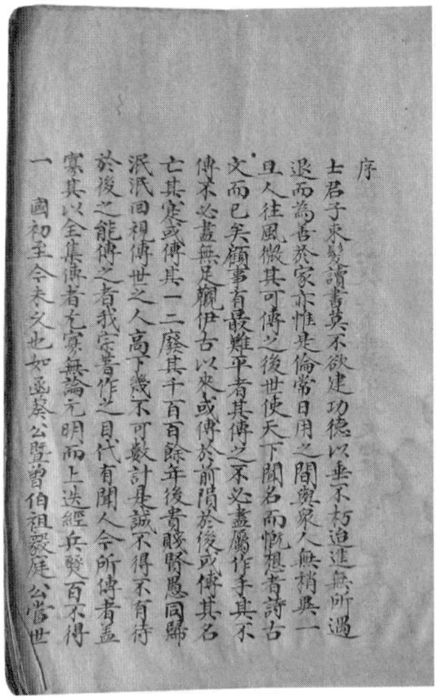
序
士君子束髮讀書莫不欲建功德以垂不朽迨進無所遇
退而為善於家亦惟是倫常日用之間與衆人無稍異一
旦人往風微其可傳之後世使天下聞名而慨想者詩古
文而已矣顧事有最難平者其傳之不必盡屬作手其不
傳不必盡無足觀伊古以來或傳於前湮於後或傳其名
亡其実或傳其一二廢其千百百餘年後貴賤賢愚同歸
泯泯回視傳世之人高下幾不可數計是誠不得不有待
於後之能傳之者我宗書作之目代有聞人今所傳者盖
寡其以全集傳者亡家無論元明而上迭經兵燹百不得
一國初至今未之也如函葵公暨曾伯祖叡庭公當世

《孝水珠光》卷首书影

不可少之人，则事之有益于族者，当奋身为之维，劳与怨又何辞焉。’他如亲族不能葬者十余丧，公一一终其事业。师李钝斋先生乏嗣，公约同人置田归李氏，祭扫无缺。其余善举，详见于行状者，兹不赘。公寿终八十有五，著有诗文集六卷，俟刊。”这是笔者目前仅见的董景沛的一篇传记。惜乎天一阁藏本《慈溪董氏宗谱》为残本，否则当可检得更多的编者信息。

光绪《慈溪县志》卷四十九除著录董景沛《春辉堂诗稿》外，又据《采访册》著录董景沛的另一部作品《孝水珠光集》。今据发现的甬上蜗寄庐原藏本，书名无“集”字。检《中国古籍总目》等书志，皆未著录是书。今据董景沛序，原辑起自明代，终于当世，有诗有文，分为若干卷。今董氏原辑未见，不知是否尚存天壤间。甬上蜗寄庐原藏《孝水珠光》不分卷，有诗无文，皆为同时代人之作，内容明显不全，实为一残本，恐亦为传世之孤本。此书书写字迹工稳齐整，鲜有涂改，但中多阙字，且在残本之前即冠有序言，故当系后人选抄之本，而非原稿本。

辑录者董景沛虽然在科场铩羽而归，却不甘心默默无闻，有强烈的以诗文传世的理念。他在《孝水珠光》序中这样阐发自己的诗文传播观："诗文虽小道，精神之所贯注，历千载而常新，人已传者，得诗文而益光，人未传者，得诗文而乃显。子荆寒雨之章，王胄春风之句，彼亦偶寄其兴耳，迄今重其诗者过于重其人。至如'枫落吴江冷'，则全首未称而已传，'满城风雨近重阳'，则诗未成章而亦传。传不传岂作者能自主哉耳。如唐之昌黎诗古文称极盛，然必得欧阳子，然后天下非韩不学，又必得李汉为之收拾，然后欧阳子得振拔于易世之后。同时樊绍述，昌黎叹其诗文之多为古未有，今篇目具韩文，其存者几何哉？然则有其传之，单辞不没，无其传之，百卷立尽，后之人又乌容听其自为绝续而漠不动念乎？"在他看来，诗文乃不朽之盛事，历千载而常新。从传播的角度看，"人已传者，得诗文而益光，人未传者，得诗文而乃显。"因此，诗文作品对于个人能否传世的意义极为重要。但某人的作品是否能传世，作者往往不能自主，而必须靠他人的揄扬，"有其传之，单辞不没，无其传之，百卷立尽"。董景沛强烈渴望能借诗文扬名传世，又认识到将各家诗文集中编辑成书，是诗人诗作得以传播的重要途径。董景沛正是本着传播本家族诗人诗作的理念，编辑了这部《孝水珠光》。

二、《孝水珠光》残本内容评介

自宋以来，宁波地区先后崛起了不少衣冠蝉联的文化大家族，家族文人层出不穷，至明清尤为兴盛，这为宁波学者汇编宗族类诗歌总集奠定了文献基础。慈溪董氏家族虽然诗人辈出，但传世之作不多，且“元明而上，迭经兵燹，百不得一”。即便是入清以后，诗人的诗稿亦保存维艰。由董景沛序可知，董日炌诗稿已经焚毁，辑者据其草稿收录《雁字诗》，但已不甚完整，故缺字较多。董景沛千方百计将本家族诗人的作品汇为一编，也可算是董氏家族文化建设的一件大事。遗世的《孝水珠光》残本对研究清代中叶慈溪董氏家族的诗歌创作有一定的参考价值。

从《孝水珠光》残本看，董景沛收辑的家族诗人的诗歌题材比较狭窄，多为咏物、抒怀、次韵之作，缺乏反映社会现实的作品。其中咏物诗最多，仅董日炌一人就收了30首《雁字》诗，不免有一些无聊凑合之作。但有些咏物诗还是颇有寄托的，如董荣《次盆梅和讷斋夫子韵》云：“霜雪虽严气自伸，任拈一节见精神。纵教屈向盆中寄，傲骨依然占断春。”歌颂梅花即便寄生于盆中，依然保持其傲骨。董云《秋扇次少溪先生韵》云：“无端秋节变黄昏，纨扇诗成感泪痕。记否行藏怀袖里，当时惟尔独承恩。”这诗有点反讽的意味。董荣《新秋》第一首云：“梧桐叶落寂寥滨，夜静偏惊无褐人。素月流天三伏尽，清风扫地一凉新。闲看远戍林烟薄，忽听荒村砧杵频。莫讶飘零从此始，岁寒特立有松筠。”最后一联托物言志，借秋风落叶反衬松竹的坚贞节操。第二首云：“壮士本来憎附热，骚人奚事动悲秋。”亦不失为警句。也有的咏物诗刻画物象比较生动，如董仁澄《春柳》云：“江北江南景色饶，迎风剪出柳条条。轻柔拂翠舒青眼，袅娜逢春舞瘦腰。不待有花偏作艳，纵令飞絮尚含娇。试听百啭莺儿巧，归去王孙恨也消。”运用拟人等手法，春柳娇媚之态跃然纸上。董仁澄、董荣皆有《秋柳》《新秋》诗，似为唱和诗题。至于董熙《咏盆梅和讷斋夫子韵》《红梅和讷斋夫子韵》《见新燕和王东崖韵》《柳絮和讷斋夫子韵》《人影和讷斋夫子韵》等诗题，更是明白昭示了慈邑文人以咏物诗

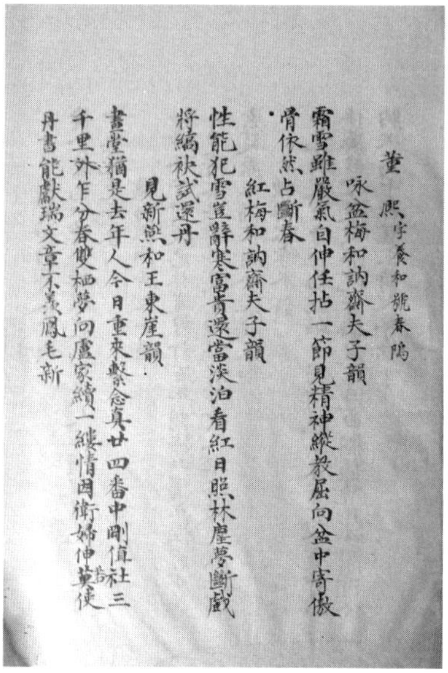

《孝水珠光》正文书影

相互唱和的风气。

董景沛尤重家族文化建设，故本册着重选录有关家庭宗族的作品，多少具有保存家族史的性质。如董明伦诗有《挽族孙维桂》《读汝霖侄哭子诗后》《人影和柯讷斋韵》《有感》《自挽》《寿数亭侄六十》，从中即可觇知董景沛选录的倾向。董氏家族内部唱和风气甚盛，这对于维系家族文化至关重要，本册收录的不少诗歌都反映这一点。如董承濂有《次竺云春日漫与"兴"元韵并柬雨香第三弟》《和雨香种竹》，董熙有《种梅次孝水韵》，董仁溥有《种梅次伯兄孝水韵》，董秉忠有《雨香三兄种竹诗倡和皆七律，余独和以七古，聊备一格》，此处的"雨香"即编者董景沛，"孝水"即董仁澄。董氏家族还致力于为本家族培养读书人，董秉忠有《生儿不读书》二首，鲜明地反映了董氏家教：

生儿不读书，何如彼木偶。父母何以慈，何论夫与妇。君臣何以敬，何论亲与友。大义既未明，蚩蚩安所守。往古都不知，论今复何有。是非一茫然，无舌徒具口。止晓渴与饥，何如彼木偶。

生儿不读书，无儿去几何。读书贵立身，不在第与科。立身在何许，道义日相摩。处细淡无痕，临大耿不磨。润物滋膏雨，卫道荷雕戈。秋气肃以清，春风霭以和。但计一身荣，无儿去几何。

这两首诗阐述了读书的意义、目的。作者指出生儿不读书，就等于不晓人伦是非，不懂古今知识。不读书的儿子只晓得生理上的饥渴，跟木偶没有什么两样，跟无儿区别不大。作者还指出读书的目的在于立身，在于担当和捍卫道义，而不是为了科第和荣华。读书之儿如果只计较一身之荣，这跟无儿区别不大。这样的读书观，对董氏家风的形成有着至关重要的意义。

《孝水珠光》残本还保存不少董氏诗人与同邑友人如王约（西屿）、柯振岳（讷斋）等的唱和之作。柯振岳曾为董家的塾师。《慈溪董氏宗谱》卷二十《对三公传》云："敬礼塾师如翁瞻云、柯讷斋诸先生，修脯独丰。"《孝水珠光》中仅次柯振岳《人影》诗韵者就有11家。如董秉忠有《人影和讷斋先生韵》《盆梅和讷斋先生韵》《王西屿过访即席作对酒当歌诗属和》《西屿过访，流连数日，别后赋诗纪事，却寄》诸诗，皆见董家与柯振岳的密切关系。

《孝水珠光》残本还收录不少佳作。董秉忠所作绝句颇有情韵，其《柳枝词》写道："剪剪黄芽未著烟，舞腰轻摆养花天。悬知十里苏堤上，一树游骢一画船。"从眼前之柳想象杭州苏堤之柳，以堤上柳树所系游骢与画船，暗示游人交织的盛况。又如《陪谢莪莽先生散步至松含堂小憩》之三云："无多亭榭贮芳春，竹径松阴净俗尘。踏遍幽廊人不见，一栏红药自相亲。"踏遍幽廊，赏识竹径松阴，心情愈发宁静，俗虑皆无，突然间在廊庑一角出现"一栏红药"，恰如柳暗花明，这心境还能保持原先的宁静吗？作者在青翠的底色上，涂抹了一角如火如荼的红色，通过强烈的色彩对比，不仅将“贮芳春”具象化，而且暗中也传递出主人心境的变化。董云《拟田家送春词》写道：“桑歌袅袅遍邻家，记取光阴欲种麻。堪笑蝶魂犹未醒，绿蓑堆里逐飞花。”悠扬动听的桑歌唱遍邻家，渲染出浓郁的春末江南的农桑风情。

《孝水珠光》残本收录的作品，风格清丽者为数不少，其中董鳞《采莲曲》堪作代表：

银塘十里斗芳妍，雁齿桥通鸭嘴船。双桨每从花下歇，半开最是耐人怜。

谁家楼阁枕晴湖，高柳蝉声夕照初。几曲画栏红映水，好花开近美人居。

人与名花一样妆，绿阴深处泊轻航。阿侬犹向花前妒，人说莲花似六郎。

红衣翠扇望参差，柳外风轻蹙浪迟。郎自采花侬采子，个中滋味教郎知。

江村伏日赛江神，雾鬓风鬟满水滨。答罢愿香归去晚，小舟多载看花人。

个侬生小荡舟能，每向花前拨刺频。采采不须愁日暮，多情明月解留人。

此组诗摹绘江南水乡风情，宛转清丽，颇有民歌风味，可视作竹枝体的佳作。

三、《孝水珠光》残本的文献校勘价值

董景沛辑《孝水珠光》残本共收录13家慈溪董氏作品，后鄞人董沛辑《四明清诗略》，没有收录的仅有董蘅、董承谟、董日炌3家，若将两书核对，可以发现《四明清诗略》的编者没有参考过

《孝水珠光》，其选录的慈溪董氏诗人之作当别有来源。经进一步比较后，发现《孝水珠光》一书可补《四明清诗略》之不足。

一、可纠字号之误。《孝水珠光》董熙传云："字养和，号春隖。"《四明清诗略》卷十八董熙传云："字春坞。"《孝水珠光》董荣传云："字泮香，号毅轩。"《四明清诗略》卷二十董荣传云："字毅轩。"又《孝水珠光》董云传云："字望云，号若水。"《四明清诗略》卷二十董云传云："字若水。"《孝水珠光》中董仁澄传云："号孝水。"《四明清诗略》卷二十五作"号练波。"

二、可资诗歌校勘之用。《孝水珠光》选录董熙诗《见新燕和王东崖韵》，《四明清诗略》卷十八改题为《和王东崖新燕》，且第二句中"系念"作"结契"。两书皆选董云《拟田家送春词》，《四明清诗略》本"光阴"作"时光"，"绿蓑"作"绿红"。《孝水珠光》收录董曾《人影和柯讷斋先生韵》云："醉忘尔我太憨憨，相对休教负此男。我守一灯欣得耦，尔逢二仲喜参三。争先不惮挥毫疾，得意偏从抵掌谙。朗朗玉山行处并，莫将酒债乞人担。"《四明清诗略》卷二十改题为《和柯讷斋人影韵》，且第二联作"灯下读书欣得偶，酒边邀月喜参三。"最后一句作"可将诗债乞君担"。《孝水珠光》选录董鳞《春日漫兴柬族叔雨香先生，时授经先生蒙泉草堂》共四首，《四明清诗略》卷二十四选录其中的第二、三首，其中第二首"尊前愁见柳依依"下，董鳞自注云："先生将往吴门。"但《四明清诗略》无此注，以至读者对此句难以理解。又第五句"花示灵山索笑微"，《四明清诗略》中"示"作"落"，细玩诗味，以作"示"更为合理。又第七句"忘夜永"，《四明清诗略》作"常命酒"。又第三首第七句，"邱壑志"，《四明清诗略》作"邱壑老"。两书皆选录的董仁澄《十月朔扫墓过竺峰……》一诗也有个别文字差异。《孝水珠光》收录董秉忠《新燕和王东崖韵》云："孰是从前旧主人，诉来别绪听难真。全家寄食三千路，双剪忙裁一半春。欲啄香泥神未定，得依广厦志方伸。画楼莫遣珠帘隔，号订相知觌面新。”《四明清诗略》卷二十一题作《新燕和王东崖“兆雷”韵》，诗云：“莫谩殷勤觅主人，诉来别绪听难真。全家寄食三千路，双剪轻裁一半春。此后巢成心独苦，他时雏长志应伸。画楼十二珠帘卷，唤起王郎彩笔新。”两者文字差异甚大。

总之，新发现的《孝水珠光》残本有一定的价值，或可采其华章，赏其佳作，或可借以探研董氏家族的创作，或可纠《四明清诗略》之误，作校勘之用，亦能丰富浙东地方文献宝库。

《四明它山水利备览》之版本源流考

文 | 水 银

【摘　要】《四明它山水利备览》作为它山堰史研究中最重要的文献依据之一，以晚清乡哲徐时栋的考证最为详尽，文章依照他的《宋元四明六志校勘记》单行本，通过对方志中的《备览》、明清时代的抄本与刻本进行文本分析，总结现代学者研究、解读《备览》及文献整理的成果，并以表格形式梳理《备览》诸本之间的源流关系。

【关键词】四明它山水利备览；版本源流；徐时栋

一、方志中的《备览》溯源

关于《四明它山水利备览》（下称《备览》）的研究，以晚清乡哲徐时栋的考证最为详尽，集中于他的《宋元四明六志校勘记》（下称《校勘记》）中。

《宋元四明六志校勘记》实有两个版本，一是《宋元四明六志》所附《校勘记》九卷：卷一至四《佚文》，卷五至六《杂录》，卷七至八《作者》，卷九《余考》；二是单行本的《校勘记》三十一卷：《札记》二十卷，《札记补遗》两卷，《佚文》四卷，《杂录》两卷，《作者》两卷，《余考》一卷。九卷本《校勘记》实为三十一卷本的部分移用，即单行本的《佚文》《杂录》《作者》《余考》重新编次为卷一至九，只是对三十一卷本的板片在版心的卷次部分作了挖改补刻。单行本《校勘记》开雕于咸丰四至七年间（1854—1857），据说有十二册[1]。九卷本《校勘记》补刻于光绪五年（1879）。本文引用均采自于三十一卷单行本《校勘记》。

现见《备览》各版本的魏岘自序："又考图志所载及前哲记文，粗知兴造增修之由，参以己见，编为一帙，目曰《四明它山水利备览》。"此序署南宋淳祐二年（1242）上元节（正月十五），又记云"州家尝属以任……造闸之责"。而回沙闸建成于二年十月，故可断此序撰于三年（1243）初。《备览》正文中又记有三年"回沙闸外淘沙"事。故可知至少淳祐三年九月初八淘沙完成前，《备览》尚处于编撰状态；即使在淘沙完成后，《备览》实际上仍未封笔。因淳祐二年下半年建回沙闸时辅佐魏岘的安刘，于淳祐四年（1244）才进士及第，但书中《建回沙闸》节和林元晋《回沙闸记》却说是"正奏名安刘""新进士安君刘"，可见"正奏名""新进士"是魏岘增补进去的。今见《备览》恐怕是一个尚未完成的未定稿，因为章节次序的编排显得凌乱，如果曾经细加斟酌，应该会更有条理些。另外，漏收郑清之和陈垲的两首长诗[2]，也没有说得过去的理由。由以上推断，《备览》在魏岘生前并未刊印成书。

张寿镛认为魏岘淳祐九年（1249）著《备览》，这是因为《备览》中两次提到"自唐逮今四百十有六年"所推导出来的结论。

清徐时栋在《校勘记》中引清高宇泰《敬止录》，提到："至正续志言，自兰浦堰以下，载之魏岘《水利备览》。今里中所刻岘书未有。始知尚未全也。"这里的"今里中所刻岘书"指明崇祯年间陈朝辅刊本，并非宋元刻本。

元至正《四明续志》卷四记载："以上，自栏浦堰至此[3]，载之魏岘《水利备览》。凡溪江相通去处并在它山堰东。盖皆防蓄水源渗泄去处，时加修筑以备旱涝，农事之急务也。"意思是说，从栏浦堰至郑家食利堰共33堰，该志编纂者是照录《备览》内容，但是高宇泰撰《敬止录》时所见的明崇祯刻本《备览》中，这份名录不见了。

（一）宝庆《四明志》（简称宝庆志）

该志成书于宝庆年间，但现存该志记事却累次增补迁延至咸淳八年（1272）。为示区别，前者称之为初刊本，后者称之为咸淳增补本。现国图所藏该志，实为初刊本、增补本之合集。初刊本与增补本的区别，内容体现上郡守题名、史事纪年不同，且增补集中在庆元府和鄞县。

该志记载二则魏岘事迹，一则嘉定十四年（1221）请得祠牒修乌金碶等，载自初刊本之卷四、卷十二；一则淳祐二年（1242）受制守陈垲委托主持兴建回沙闸，载自咸淳增补本之卷十二。但宝庆志并未提及魏岘编撰《备览》。

宝庆志没提及它山堰有“三七分水”功能之说[4]；卷十一至十二收录有唐亮阁黎所作律诗一首；而在《备览》中律诗收于卷下，却署“前人”。

（二）开庆《四明续志》（简称开庆志）

该志成书于开庆元年（1259），是接续宝庆志而作。该书记载“淳祐间尝立石塘以障，已而水穴其傍，堤溃如昔”，虽然提及淳祐三年洪水湾堤塘修筑之事，却未谈及魏岘，更未有《备览》踪影。

（三）延祐《四明志》（简称延祐志）

该志修于延祐七年（1320），共二十卷，卷九至卷十一已佚，仅存十七卷。卷十、十一为河渠考，魏岘之事当载入此两卷之中。因该志残缺河渠，现存延祐志无魏岘事及著述，也是合理。

元至正《四明续志》在“回沙闸”记载“…… 姑存三说，以俟来者。林元晋记见前志。”前志正是指延祐志。但延祐志专录诗文的卷十九、卷二十，并未见林记。由此可推断，林元晋《回沙闸记》应附录于已佚的河渠考卷中。石岙庙在南宋淳祐六年（1246）由魏岘倡议重修，并撰有碑记。但延祐志在“石岙庙”中对魏岘只字未提。

（四）至正《四明续志》（简称至正志）

该志修于至正二年（1342），共十二卷。卷四山川记载自栏浦堰至郑家食利堰共33堰时提及魏岘事及其《备览》，该卷在“鄞县西乡”的“它山水源”“它山堰”“洪水湾”“古小溪港”“北山下古港”等条目中已大段引用“魏岘《水利备览》”的同名章节及“置堰”“堰规制作”“淘沙”等。它山堰“三七分水”的说法，首次载入方志，且与《备览》一字不差。如《堰规制作》和至正志卷四均记载：“侯之为堰也，规其高下之宜，涝则七分水入于江、三分入溪，以泄暴流；旱则七分入溪、三分入江，以供灌溉。”

至正志抄录《备览》“它山水源”的后部，却将原文“自唐逮今四百十有六年”改为“自唐逮今五百有余载”。《备览》卷上：“自唐逮今四百十有六年。民食之所资，官赋之所出，家饮清泉，舟通物货，公私所赖，为利无穷。”至正志卷四：“自唐逮今五百有余载。民食所资，官赋所出，人足饮用，舟通货物，公私所赖，为利无穷。”对比两文，存在较大删改。至于林元晋记，既然说“见前志”，则按“续志”之例，就不再全录，所以林记在该志不载。

至正志卷十二著录僧元亮《它山歌诗》。据张如安考证，唐代僧元亮此诗，为魏岘首次载入《备览》卷下[5]。魏岘在《备览》的《它山歌诗跋》载：“咨询耆老有年，于兹近划得墨刻读之，甚喜。”因此，《它山歌诗》也源自《备览》。郑清之和陈垲的两首诗不载于《安晚集》，而首见至正志，应当也出自《备览》。

综上所述，至正志修纂者引用《备览》，但是所见《备览》是稿本还是刊本，却不能确定。

（五）天顺《宁波府简要志》

该志由明鄞县黄润玉纂，其子黄溥续纂，成书于天顺年间。该志编“回沙闸”条目，仅缀“它山堰左”。卷四人物志载“陈垲，长乐人，淳祐初沿海制置使，兴学好士，建回沙闸。”“亮阇黎，号月庵，开元寺僧，善写山水”。艺文志“文词”条目收入林元晋《回沙闸记》，“诗歌”条目无僧元亮诗。

（六）成化《四明郡志》

该志刊于刻明成化四年（1468），共十卷。卷三“它山堰”条目载“三七分水”，并收录杨蒙文、舒亶诗。因此，其资料来自宋元前志。卷六“石呑庙”条目载：“县西南四十里蒋山北呑，有灵鳗，能与（兴）云雨。宋嘉定间摄守程覃祷雨有应，奏赐庙额曰‘诚应’。”却没有提及魏岘修庙之事。

该志卷三“回沙闸”条目收入林元晋记，为今存方志首次载入，《备览》中“堨”均改为“碶”。该志录文“长官距今四百十有六年始有继其志者”，前述指出“416年”是淳祐八年（1248），而不是林元晋撰记时的淳祐二年（1242），这一错误可能是魏岘家人在匆忙间准备将《备览》付梓时修改；而林记如果刻诸碑版的话，此语极可能是“长官距今四百有十年始有继其志者”。所以，该志的林记来源可能有三，一是当时尚属完帙的延祐志，二是洪武府志或永乐府志或永乐县志，三是《备览》的宋元稿抄本。

综上所述，该志编纂者未必读过《备览》，即使读过，恐怕也是不以为然。否则，他可对林记的416年之误，或采至正志之法而改掉，或采嘉靖志之法而删掉。

（七）嘉靖《宁波府志》

该志修于明嘉靖三十八年（1559），次年刊刻，共四十二卷。

该志卷五山川收录《林元晋记》，但缺少原文“长官距今四百十有六年始有继其志者”。该卷在林记后又“附岘之言曰”，节录《备览》的《淘沙》。

卷十五坛庙“诚应庙”条目未提及魏岘修庙之事。卷二十一艺文条目未见魏岘《备览》。卷二十三河渠书载：“淳祐间守陈垲咨于乡人庐陵守魏岘。岘作《水利备览》，其略曰……”，其下文字源自宝庆志的回沙闸条目，而不是录自《备览》。

该志是继至正志后第二次涉及魏岘《备览》，只是仍不能从中得知《备览》是稿本还是刊本。蒋学镛在《鄞志稿》卷二十“水利考”提出“似于《水利备览》亦未及一阅者”，认为成化、嘉靖志的水利部分“绝无足观”，编纂者似乎没看过《备览》。

（八）《敬止录》

该志为现存最早的私修鄞县志，高宇泰编修于1672年前后至1674年10月间，成书后一直未付印。现有两种点校本[6]，共四十卷。

《敬止录》卷九“山川考六”：

郑家食利堰。《至正续志》载：“在南城门外，与郑十八郎堰并列。”《至正续志》言，自兰浦堰以下，载之魏岘《水利备览》。今里中所刻岘书未有，始知尚未全也。

“《至正续志》言，……”这一段文字系高宇泰的按语。《备览》有刻本的说法第一次见于方志。但此刻本并非宋刻本。

该志卷八几乎全录《备览》，其来源为高氏前已述及的“今里中所刻岘书”，即明崇祯十四年（1641）陈朝辅刊本。时距该本印行三十余年。《备览》书名，此前多称《水利备览》，《敬止录》则称为《它山水利备览》。

《宋元四明六志校勘记》几次提及《蒋山龙潭庙记》，都说来自高宇泰《敬止录》。但《敬止录》中今未见记载，因为流传的《敬止录》并没有见到高氏提及的《祠庙（卷）》[7]。

（九）《鄞县志》（简称闻志）

闻性道编纂，清康熙二十六年（1687）刊印，共二十四卷。

该志卷七利济考“蒋山龙潭”记载：“县西南四十里蒋山之北岙。宋嘉定七年夏旱，投放铁符，当午得大雨。忽有龟自雷坛而下取没南池。故又名灵龟井。提刑摄守程覃申请额曰‘诚应’，有赐额敕黄及魏岘碑记。载诚应庙下。”卷七“回沙闸”基本上源自宝庆志；卷七“它山堰”则节录自《备览》，还收入《备览》卷下僧元亮、楼钥诗。

卷九敬仰考“诚应庙”首次收录魏岘的碑记（即徐时栋所称《蒋山龙潭庙记》），但既未录题额，又未录魏岘结衔落款。卷二十修辞考“魏岘”中首次在地方志将《备览》书名称为《四明它山水利备览》，“魏岘，官庐陵守，寓隐鄞之小溪。著《四明它山水利备览》”。

二、《备览》版本流播与考释

宋元时期的《备览》原本均已佚。宋代可能存在魏岘稿本（1243）或魏岘定稿、魏家付梓前誊写本（1248）。到了元代，则可能有一种抄本。“七乡之注”或批于宋本之上。元代抄本则可能产生于延祐、至正两志编纂前后。但没有史料显示，《备览》在宋元之际曾经雕版印行。因此，宋本、元本可以统称宋元稿抄本。入明后再未见宋元稿抄本的踪影。今见宋元乡邦文献，如宋王应麟《四明文献集》、明郑真《四明文献集》、明李孝谦《四明文献考》[8]、清袁钧《四明文征》等均未见《备览》。

《四库全书提要》就《备览》曾言：“此书在地方志中颇为近

古，宋四明郡志尝采其说。然传本颇稀。”因宋刊本久佚，今传播最广的版本是明崇祯十四年（1641）鄞县陈朝辅刊本，清咸丰四年（1854）由县学者徐时栋录出，并附入烟屿楼雕刊的《宋元四明六志》之中。笔者以明至民国《备览》流播版本加以研究，考释各版本关系。

1. **成化抄本**。陈朝辅撰《备览》序中载：“钟潭旧家藏，此抄本亦成化间物也”。徐时栋在《校勘记》卷二十“札记”载：“明崇祯间，杨高唐得成化抄本于它山朱氏，以付诸梓”。杨高唐即杨德周，因曾为“山东东昌府高唐州知州”而以官称。成化抄本是谁人抄的，所据者何，均不详；且该本于入清后，亦不知所踪。

2. **崇祯刻本**。崇祯刻本即杨德周、陈朝辅刻本，系如今见知《备览》最早的刻本。署名大宋魏岘编辑，皇明陈朝辅燮五录传、杨德周齐庄订正。陈朝辅撰序，岁在明崇祯辛巳（十四年，1641）七月既望，落款“前柱下史郡人陈朝辅燮五氏”。其所据，即成化抄本。

崇祯刻本既明言为“杨德周齐庄订正”，颇疑其中的节末附注，被后来诸本搀入正文，令人以为是魏岘所加之注。比如《它山水源》节末附注：“内‘沵’字即‘流’字。‘乇’字即‘此’，从原抄，后做‘此’云，这显然不可能是魏岘稿本中之语，故烟屿楼校本删掉；但《置堰》末注“七乡曰通远、光同、桃源、句章、清道、武康、东安”云，也不像是魏岘语气，而诸本却保留。至于《造堰协谋之人》文末，崇祯刻本注有“今俗称悬慈法师”云，一时难判此究为宋魏岘原注抑或明陈杨所添之注。从闻志首录“唐僧元亮以修筑它山堰，结憩于此，地有葑曰悬慈，故名”的“悬慈庵”之说，经全祖望所撰《志悬磁葑庙缘起》，到首录“悬镃庙”入清咸丰《鄞县志》卷九，可见后世臆说的演绎脉络。不难判断“悬慈法师”，实为杨得周新添之注。

“四库提要”对崇祯刻本交代最为详尽。不过，“四库提要”也有“两个版本”[9]。

《钦定四库全书》之《备览》提要载：四明它山水利备览·地理类四【河渠之属】提要。……此书在地志之中颇为近古，宋四明郡志尝采其说。然传本颇稀，几于泯没。明崇祯辛巳，郡人陈朝辅始得旧帙梓行，版亦散佚。首有岘及朝辅二序，而末以四明志序附之。今宝庆四明志尚有传本，已别著录，毋庸复缀，故删去不复录入云。乾隆四十四年四月恭校上。

《四库提要著录丛书》之《备览》提要载：四明它山水利备览二卷【浙江吴玉墀家藏本】……此书在地志之中颇为近古，宋四明郡志尝采其说。然传本颇稀，几于泯没而无可考。明崇祯辛巳，郡人陈朝辅始得旧帙梓行，版亦散佚。首有岘及朝辅二序，而末以四明志序附焉，盖即从陈本录出者也。

2011年北京出版社影印出版的《四库提要著录丛书》史部第五九册有《备览》崇祯刻本的影印本（居然缺魏序），只说是“浙江吴玉墀家藏本”，并无写本、刻本之别。除了扉页背面下方有“右明学宠遇及”六字楷书外，两卷全本内再无点墨；全书内除了“北京图书馆藏”章盖在上卷序、下卷终两处外，另仅在陈序下钤有“知不足斋主人所贻”“张燕昌印”各一。对照吴玉墀家进奉的其他典籍，如《困学斋杂录》，书中有“玉墀”“兰林”等印，《青藤山人路史》有“绣谷”“纱谷”“吴兰林西斋书籍刻章”等印。今见崇祯刻本《备览》，全无曾在吴玉墀家藏的一鳞半爪旧迹，特别是少了魏岘序，况且所谓“末以四明志序附之”，在下卷终处，亦不见续貂。

所以，《四库提要著录丛书》的《备览》与国图官网展示的《备览》相同，并不是吴玉墀进奉四库的本子，极可能是从别的渠道所得的张燕昌旧藏。这从张氏藏本无魏序的痕迹这点上也很容易判断。张燕昌，字文鱼，号芑堂，又号金粟山人，浙江海盐县人。善鉴赏，富收藏，书法金石大家，曾至天一阁，摹石鼓文，筑石鼓亭，勒石于家。张燕昌得此本，或如钤印所示，系“知不足斋主人所贻”。

清代以来崇祯刻本的收藏者仅三人。一是张燕昌，二是吴玉墀，三是张寿镛。而今仅见其一，即国图官网公布的张燕昌藏本；而吴玉墀、张宗祥藏本却不知所踪[10]。由全国古籍普查登记基本数据库看，崇祯刻本在国内仅存此一，或为孤本。

3. **高宇泰录本**。高宇泰《敬止录》几乎抄录《备览》全本，但在《历志考》中却未提及魏岘。高氏所据崇祯刻本。沈建国点校《敬止录》以国图本为底本，诸本为校本。从点校脚注看，载于《敬止录》国图本《备览》的高宇泰录本中极多崇祯刻本原貌，如“春行(碶)”,“沿流皆下”“极目如山海”“堰身中定”“独共输灌”“于季夏”，等等。高宇泰对《备览》并未作过校勘。

4. **全祖望抄本**。全祖望在《〈它山水利备览〉跋》载：“《它山水利备览》一卷，予钞之故太仆陈朝辅家，然非足本也”。所谓“非足本”意同《敬止录》，是指崇祯刻本较之元至正志所见，不全；而非指其所据以抄录的“陈朝辅家”之《备览》为残卷。

5. **钟嘉秀抄本**。钟嘉秀于乾隆十六年（1751）六月抄录。后入它山朱氏，归徐时栋妻兄朱祺所有。约在道光年间，朱祺赠予徐时栋。《校勘记》卷二十“札记”载：

十余年前，妻兄朱祺绛山以此本诒余。此本为乾隆十六年六月钟嘉秀字蕴芳者所手抄。钟与绛山，皆它山里人。始明崇祯间，杨高唐得成化抄本于它山朱氏，以付诸梓。及乾隆间，钟氏复由明刻本传抄，后入朱氏，归吾家，以得重雕，附六志之末，亦见它山之代有人焉。

原抄本每叶十八行，每行二十六字，错误脱阙，不一而足。……此本前有陈太仆序，又前有蕴芳所作《魏泉使传说》。

钟嘉秀抄本的底本系崇祯刻本，并非原藏“它山朱氏”的“成化抄本”。

6.姚燮借阅抄本。姚燮所借抄本，原属于朱祺家藏。朱祺，或即朱立淇，字竹泉，号绛山，监生。《校勘记》卷二十“札记”载：

绛山云，别有一善本，在姚燮复庄处。会复庄出游未归，不得与此本一相校雠。然曩以所作《它山图经》示余，得其中征引此书，纰缪略等，则亦与此本伯仲而已。

上文的“此本”，指钟嘉秀抄本。姚燮所借“别有一善本”，徐时栋实际上是没见过的。从徐时栋说姚燮的《四明它山图经》征引该本“纰缪略等，则亦与此本伯仲而已”情形来看，姚燮所借抄本，要么抄自崇祯刻本，要么抄自钟嘉秀抄本，而且后者的可能性更大；但基本可以肯定不是“它山朱氏”的“成化抄本”。

今见姚燮《四明它山图经》[11]来看，该书提到“魏吉州”3次，却未提及《备览》一次，更不见原文引用，似乎姚燮对《备览》颇为不屑。因姚燮有“读魏吉州书，证之宋元明七家之志，复参之以隐学、东石、南雷、檠泉、谢山、樗庵诸先生[12]之言，辄不禁掩卷而疑，掷卷而起也”之慨的原因。

7.吴玉墀家藏本。《备览》四库本，原藏浙江吴玉墀家，两卷一册。《浙江方志考》[13]载《备览》“宋刊本久佚，《四库全书》据浙江吴玉墀家藏钞本著录”。吴玉墀（1737—1817），字兰陵、兰林，号纱谷，又号二雨，钱塘人。乾隆三十五年（1770）顺天乡试举人，曾任太平教谕。四库开馆征书，吴玉墀出其父吴焯所创之绣谷亭、瓶花斋所藏书共305种，其中有《备览》二卷，尤其是相较于张燕昌本，它是一个有魏序的全本，故成为四库本《备览》的底本。

尤其令人疑惑的是“末以四明志序附之（焉）”。从“四库提要”来看，今见《备览》并非吴玉墀家藏的遗存。按照《钦定四库全书提要》，馆臣们认定该序实为“宝庆四明志”之序，“尚有传本，已别著录，毋庸复缀，故删去不复录入云”；而按照《四库提要著录丛书》判断，该序是“从陈本录出者也”，意味着“四明志序”究竟指宝庆志还是指元明时代的四明志，不详；该序“从陈本录出”，系陈朝辅或杨德周所撰。徐时栋也注意到令人费解的“四明志序”，并非从“四库提要”中获知，在《校勘记》卷二十七杂录上记载：

乾隆《象山志》引杨南仲、陈夑五所作“宝庆四明志序”谓：钱唐与程徐合疏谏孟子罢配享云云。按吾家所有者，仅杨高唐、陈太仆诗集，其文则均未之有也。俟得见再当补此。

又按：序宝庆志而下及明洪武时事，颇不可晓。或论前志体例，偶然旁及；又不应两人各为一序而并语此事也。宝庆二字疑象山志，未必无误。

清乾隆《象山县志》修于二十三年（1758），十二卷。其列传有钱唐，传后附邑人俞士吉《赞》、鄞人黄润玉《钱丈奇勋诗》和鄞人全祖望《辨》，又继之以修志者的按语。卷之九按语末曰：

杨南仲、陈夑五作“宝庆四明志序”谓：谏配享，钱与程合疏，斯则人皆知其诬，可无待于辨者。

钱唐与程徐各自上疏谏的是朱元璋的“天下不必通祀孔子”，时在明洪武二年（1369）；罢孟子配享，时在五年（1372），而程徐已卒，上疏死谏的是钱唐[14]。

总之，这个“宝庆四明志序”的确曾存于世，人物（杨、陈）、时间（乾隆）、题名（宝庆志序）都对上了，说明乾隆《象山县志》的编纂者们曾经得到过“末以四明志序附之（焉）”的《备览》。当时象山县学训导为余杭人吴条，曾为乾隆《象山县志》“参阅”。

又查康熙三十七年（1698）补编的《象山县志》，卷十四名臣《钱唐传》下未录俞、黄、全的诗文，也无按语。由此可见，乾隆《象山县志》该部分为新增。

从高宇泰到全祖望，再到徐时栋所见钟嘉秀的三个抄本，均以崇祯刻本为底本，张寿镛也收藏过崇祯刻本，但没有人提到“末以四明志序附之（焉）”。故而推设，“四明志序”很可能是在下卷终之后手书的。另外，“版亦散佚”四字，与“从陈本录出”云云，也显示吴玉墀家进奉的底本，可能有某人手写的批注或说明。总之，吴玉墀家藏本应该是一个崇祯刻本的批注本，来自象山。只是至今未见其本尊，不知是否还存于世。

8.**清四库本**。据浙江吴玉墀家藏本著录，乾隆四十四年（1779）四月四库馆臣校定。《备览》今有台北商务印书馆的清文渊阁《四库全书》影印本，载第576册。

《四库全书》当年誊缮七部，分藏于紫禁城内的文渊阁、盛京宫内的文溯阁、北京圆明园的文源阁、河北承德避暑山庄的文津阁、扬州的文汇阁、镇江的文宗阁、杭州的文澜阁。今多用文渊阁本。

《备览》的四库本，笔者除文渊阁本外，仅见到文澜阁本（第585册）和文津阁本（第191册）。粗略对比发现：文渊阁本，首魏序而次陈序；文澜阁本，首陈序而次魏序；文津阁本则无陈序。文渊阁本的抄录错误有匪夷所思者，如竟将“二千五百贯文十七界”“四千四十九贯五百文十七界”，抄为“二千五百贯零十七个”“四千四十九贯零五百十七文”；而文澜阁本与文津阁本同一处，未见异样。又，文澜阁本将“洪水湾”节题，错录为“洪家湾”。但据说抄自文澜阁的守山阁本，此节题名却仍为“洪水湾”，令人百思不得其解。也许，这是今存《备览》文澜阁本系太平天国后丁申、丁丙兄弟所抄补而存的佐证之一。

9.守山阁本。清道光年间，金山（今上海金山区）钱熙祚得《墨海金壶》残版，又从文澜阁《四库全书》中录出流传较少之书，增补删汰，于十二至二十一年间（1832—1841）编辑刊印堪称大部头的《守山阁丛书》。

《备览》的守山阁本前，录有“四库全书提要”（同文澜阁本；而非文渊阁、文津阁本之提要），故可推知原《墨海金壶》残版中，并无《备览》。今见守山阁本为光绪十五年（1889）上海鸿文书局据钱氏本影印本，据《宋元浙江方志集成》第10册之《备览》后记还有民国十一年（1922）上海博古斋据清钱氏本影印本。

10.浙图清抄本。浙江图书馆藏有《备览》清抄本两卷。从文中将“寧”讳作“寕”来看，当为清道光后咸丰四年（1854）前的抄本，因为该年（1854）之后，“寕”又讳作“甯”，其抄录的底本为崇祯刻本。

该抄本正文上卷首页，钤有阳文“伏跗室藏书印”方章。推测该抄本原为烟屿楼旧物，系徐时栋编撰、校勘宋元六志时的史料储备之一，后散出入藏冯孟颛伏跗室。

11.烟屿楼校本。该本《备览》附入徐时栋编纂、校勘之《宋元四明六志》，烟屿楼雕版，牌记作“咸丰甲寅岁（1854）甬上烟屿楼徐氏开雕”。烟屿楼校本实为《备览》在民国之前的无尚善本。《校勘记》卷二十八杂录下载：

吉州此书虽见采于至正、嘉靖二志，而专本不易覯，赖成化间钟潭人缮钞一帙，先辈据以付雕。传入圣代，用以备无禄石渠之储

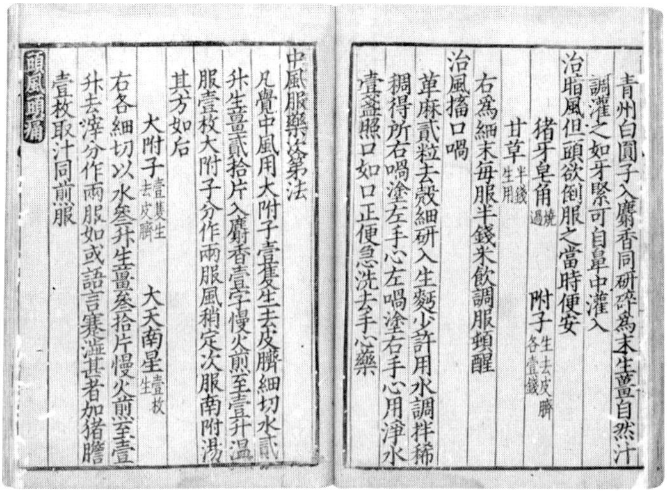

青州白圓子入麝香同研碎爲末生薑自然汁
調灌之如牙緊可自鼻中灌入
治脑風但頭欲倒服之當時便安
猪牙皂角燒過　附子生去皮臍各壹錢
甘草半錢生用
右爲細末每服半錢米飲調服頓醒
治風搐口喎
萆麻貳粒去殼細研入生麪少許用水調拌稀
稠得所右喎塗左手心左喎塗右手心用淨水
壹盏照口如口正便急洗去手心藥

中風服藥次第法
凡覺中風用大附子壹隻生去皮臍細切水貳
升生薑貳拾片入麝香壹字慢火煎至壹升温
服壹枚大附子分作兩服風稍定次服南附湯
其方如后
大附子壹隻生去皮臍　大天南星壹枚生
右各細切以水叁升生薑叁拾片慢火煎至壹
升去滓分作兩服如或語言蹇澁甚者加猪膽
壹枚取汁同前服
頭風頭痛

日本官内厅图书寮藏宋版《魏氏家藏方》书影

藏。而嘉秀复手录此本于乾隆辛未，辗转归余，得以附刻六志之后，则嘉秀之功不可没也。故为节其稍可观览者，以存其人。嘉秀，字蕴芳，亦钟潭人。

余家所蓄本，即从杨本录出者。

上文可知，烟屿楼校本的底本为钟嘉秀抄本，校本为高宇泰《敬止录》。烟屿楼校本多用明代异体字。经与崇祯刻本比对，其之“一以贯之”的情形更甚。徐时栋在《备览》前，删除陈朝辅序而增《释文》，他认为异体字反映了宋稿本的真实面貌，即所谓“吉州原书多古文假借字，明人以意更改”，因此烟屿楼校本恢复异体字，在于复原宋本旧貌。从今保存在日本的魏岘付梓刊刻《魏氏家藏方》和《庄子音义》来看，魏氏对异体字的使用并没有什么特别的喜好。

如前所述，崇祯刻本在《它山水源》末附说明“沶”即“流”、“乇”即“此”。对比崇祯刻本及浙图清抄本，其异体字数量少于烟屿楼校本，比如两个本子上的“广德湖”，没有像烟屿楼校本写成“广悳湖”。由此可知，这些异体字大多来自成化抄本、崇祯刻本，也有相当部分系徐时栋所添。比如“芃”作“楙”（古文），烟屿楼本的六志中，“茂”均作“芃”，到了《备览》作“楙”，又到《校勘记》作“懋”，其实都是徐时栋为避乃父徐桂林（初字太茂）名讳之举[15]。

《备览》诸本中高频出现的“堨”字。“堨”的本义，更近于堰；而由“三堨”“乌金堨”“石堨”“食喉堨”等名称看，“堨”对应的却是“碶”；宝庆《四明志》、开庆《四明续志》、乾道《四明图经》、至正《四明续志》中不见“堨”字；至正志及《敬止录》所引三十三堰，被公认为《备览》佚文，其中有“风伯碶”“行春碶”，并未写成“风伯堨”“行春堨”；明成化《四明郡志》首录的林元晋撰《回沙闸记》中，也没有“堨”字，且其录《备览》文，凡“堨”字，均作“碶”。此可断这个“堨”字，当非魏岘所用，而极可能是成化抄本、崇祯刻本所新添的明代印记，却被徐时栋当成宋代遗风，因而在《释文》中并未将“堨”列为应予解释的异体字。

《备览》的烟屿楼校本，除了以钟嘉秀抄本、高宇泰录本为主要校本外，也参考过姚燮借阅抄本和守山阁本。倒是今藏浙图的清抄本，在徐时栋的旧新二校中似未见踪迹。但实际上，这些抄本的母本只有崇祯刻本。徐时栋始终没见过崇祯刻本，实在令人扼腕浩叹。

经反复研读《备览》烟屿楼校本和两种《校勘记》，发现《备览》附于《宋元四明六志》而在咸丰四年（1854）刊刻后，徐时栋没有停止对《备览》的校勘订正。两种《校勘记》单行本，“宁”均作“甯”，而非如《备览》之“寕”，可见《校勘记》单行本刊于咸丰四年（1854）后。七年（1857），徐时栋为《六志》和《校勘记》，

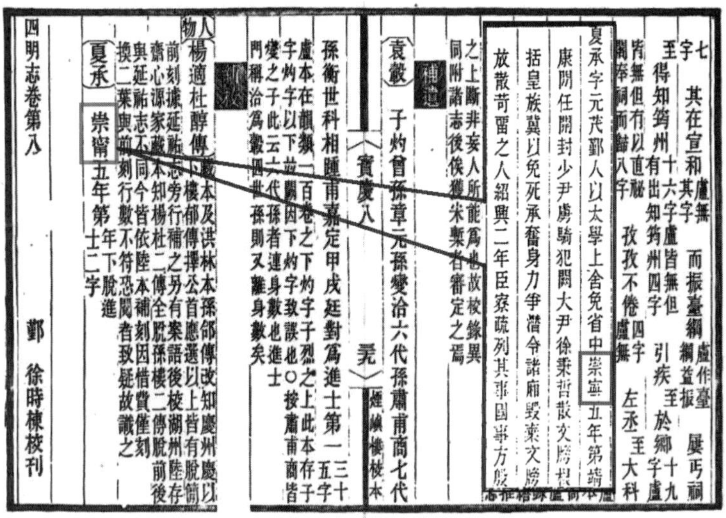
七字 其在宣和盧無其字 而振臺綱盧作臺綱盖振 屢丐祠
至 得知筠州十六字盧皆無但有出知筠州四字 引疾 至 於鄉十九字盧
肯無但有以直祕閣奉祠而歸八字 孜孜不倦四字盧無 左丞 至 大科
夏承字元茂鄞人以太學上舍免省中崇寧五年第靖
康閒任開封少尹虜騎犯闕大尹徐秉哲散文牓根
括皇族冀以免死承奮身力爭潛令諸廂毀棄文牓
放散苟留之人紹興二年臣寮疏列其事國事方殷
之上斷非妄人所能爲也故校錄異
同附諸志後俟獲朱槧各審定之焉
補遺
袁轂 子灼曾孫章元孫變洽六代孫肅甫商七代
寶慶八 兲 煙嶼樓校本
孫衡世科相踵甫嘉定甲戌廷對爲進士第一 三十五字
盧本在韻類一百卷之下灼字子烈之上此本存子字灼字以下並闕因下灼字致誤也○按肅甫商皆
變之子此云六代孫者連身數也進士
門稱洽爲轂四世孫則又離身數矣
人物 楊適杜醇傳 盧本及洪林本孫郃傳改知慶州慶以下樓郁傳擇公首應選以上皆有脫簡
前刻據延祐志旁行補之另有案語後校湖州陸存
齋心源家藏本知楊杜二傳全脫孫樓二傳脫前後
與延祐志不同今皆依陸本補刻因惜費僅刻
換二葉與前刻行數不符恐閱者致疑故識之
夏承 崇甯五年第 年下脫進士二字
四明志卷第八 鄞 徐時棟校刊

《丛书集成三编》所载影印烟屿楼校本宝庆志书影

曾向朱绪曾去函分别索序：

四明志刻成既二年矣，以尚未复校，故未印行。欲嘱人代校，则恐其疏忽；自校又无暇，迁延至今，常系于心。今校定当了此一大愿。先生许为作序，何以未到？今将所刻体例，零纸录奉。

又附刻鄮著校勘记三十一卷，亦望零作一序，其体例亦附来。

由上文可知，《校勘记》三十一卷本至少在咸丰七年前已经刻竣。在《校勘记》中，徐时栋称咸丰四年校定的《备览》为“旧校”，最明显的是《四明重修乌金碶记》之“少卿余公建”，《备览》未改，而《校勘记》出校，订正“余建”实为“俞建”；《备览》咸丰四年校定本作“霖雨四海，泽及万世”，但《校勘记》卷二十作“霖雨四海，□□万世”。然而，这些校勘订正成果，似乎再没有以“新校本”呈现于世人面前。

但上面所说的“没有”新校本，只是限于《备览》。现见所谓咸丰甲寅年（1854）开雕的六志烟屿楼校刊本，如乾道志、宝庆志等，不时于某卷末可见增刻的“新校”，其中的“甯”字，曝露“新校”实增刻于同光年间的踪迹。

总之，徐时栋校勘《备览》有两个版本，一是“旧校《备览》”，印行于咸丰四年，即《备览》的烟屿楼校本，其旧校成果以“按曰”穿插于各节，以“刊误”附于上下各卷之末；一是“新校《备览》”，主要见于三十一卷本的《校勘记》卷二十、二十二。但陈励于光绪五年重刊重印《宋元四明六志》（包括《备览》）时，并未充分利用三十一卷本《校勘记》，《备览》上下卷末，全无“新校”的补刻，与上述宝庆志的情形不同。比如前面提到的“余建”订正为“俞建”，理应是出现在下卷末的“新校”项下的。

在徐时栋旧校里，其所据钟嘉秀抄本被称为“今本”“原写本”“原本”；到了新校，才统一称之为“原本”，而《敬止录》中的《备览》部分，亦才统一称为“高本”。

12.丁丙跋抄本。1926年第13卷第18期《河海周报》刊登《河海藏书提要：四明它山水利备览二卷，宋魏岘撰，絜漪园精钞本》，文中称“本校据江南图书馆精抄本抄录”。

《中国古籍善本书目·史部》（1993）著录有《备览》的两种版本，一是崇祯刻本，一是有丁丙跋的清抄本。推测丁丙跋的抄本，即为江南图书馆所藏之精抄本，原属“四积堂王氏”。丁丙《善本书室藏书志》卷十二载：

《四明它山水利备览二卷》，旧钞本，大宋魏岘编辑。

岘，鄞人，官朝奉郎提举福建路市舶。它山水在鄞县，灌溉七乡，惟为江潮所冲，不利耕作。唐时筑堰捍潮，遂为永利。岁久废坏，岘请于府重修，因作是书。上卷记源流、规制及修筑始末，下卷为碑记与题咏。前有淳祐二年岘自序。明陈朝辅得成化间钞本重刻，尚有一序，此则无之。有“四积堂王氏珍藏”印。

由此可知，该抄本的底本为崇祯刻本，亦如烟屿楼校本一样，删去了陈序。《浙江方志考》说“南图藏有旧钞本一部”，当指该本。

13. **絜漪园精抄本**。絜漪园于1924年归河海大学。由《河海藏书提要：四明它山水利备览二卷，宋魏岘撰，絜漪园精钞本》可知，絜漪园旧藏中原来并没有《备览》，而是该园易主后，河海大学由江南图书馆精抄而补入的新藏。其所抄之底本，应为丁丙跋抄本。

14. **约园本**。张寿镛于1935年将《备览》辑入《四明丛书》第三集。约园本的底本来源有二，一是得自“张冷僧”即浙图馆长张宗祥的崇祯刻本，二是烟屿楼校本。张寿镛据此两本作“参校重刻”。

约园本实以烟屿楼旧校《备览》为底本，其所附所谓“《四明它山水利备览校勘记》一卷”由5部分组成，一是烟屿楼本《备览》卷首的“释文”，二是原穿插于各节的“按曰”及上下各卷卷末的“刊误”，三、四、五则是九卷本校勘记中与《备览》有关的41条“佚文”、17条“杂录”和“(作者)传略”。张寿镛对徐时栋的三十一卷本《校勘记》不知。所以，20世纪初的三个现代本没有留意《备览》的烟屿楼本实有旧校、新校之别，实属令人遗憾。

15. **商务本**。商务印书馆于1936年将《吴中水利书》《四明它山水利备览》《三吴水利论》合为一辑，以铅活字竖排印行，并加以句读，列入《丛书集成初编》一辑。蓝本系守山阁本。

三、《备览》的现代整理与研究

20世纪中叶，《备览》曾引起英国的科技史学家李约瑟[16]的注意。80年代开始，《备览》因它山堰的发掘而受到社会关注，成为它山堰研究最重要的文献依据。中国水利水电科学研究院水利史研究室朱更翎于1981年10月提出将《备览》列入需要在“近期”整理编印的古籍专著之一[17]。1996年8月，中国水利学会水利史研究会与鄞县人民政府在宁波召开它山堰暨浙东水利史学术讨论会，在论文集里姚汉源发表《〈四明它山水利备览〉集释初稿》[18]（下称《集释初稿》），成为研究《备览》开先河之作。

《集释初稿》汇集宋元方志、明清诗歌，更多全祖望之说。姚汉源先生在笺注中发现的问题（即所谓“千年之谜”），如它山水系，小江湖，鄮县、句章县治的位置，王元玮与王君照是否为一人，广德湖之废而及楼异的毁誉，因它山、仲夏二堰两年内并修而仲夏堰被废之谜，“长官距今四百十有六年”问题，等等。这些疑问其实围绕着它山堰，《集释初稿》花费大量的篇幅来揭示宁波水利史乃至地方史研究上几个无法绕开的问题，至今依然振聋发聩。可惜《集释初稿》对于回沙闸，却草草略过，仅着数十字而已。

姚汉源、朱更翎二先生据以校注的底本，实为上述商务本，即守山阁丛书本的民国排印、句读本。这一底本的选择，使得《集释初稿》错过烟屿楼本的校勘、研究成果，徒然增加一些无效劳动，如“沼（沿）流”“堰身中定（空）”“或囚（因）木植”，等等。后来，姚汉源再也没有增删修改《集释初稿》，令人惋惜[19]。

在文献的整理方面，周时奋、戴松岳点校的《备览》上卷，刊载于1989年《鄞县史志》第二期，为最早的现代点校本。

2001年，俞福海、方平点注《备览》[20]，或以烟屿楼校本为底本，但去掉徐时栋在正文前的《释文》，将烟屿楼校本的异体字恢复为通用字，删减很多徐时栋所作按语。点注本尽管存在校对不严、错别字等问题，注释分布不太均匀，但对于《备览》文本的普及，推进它山堰研究，还是起到积极作用。

2001年春，《备览》收入《宋元浙江方志集成》，以现代排版方式于2009年6月由金儒宗点校出版。该本以烟屿楼校本(去《释文》改通用字)为底本，改用简体字加以现代标点。可惜在辨字及简化中，出现几个错字，如“安晚”作“安晏”,“魏洽”作“魏冾”;至于将“应”作“应由”，不免失慎。总的来说，该本瑕不掩瑜，是一个很好的读本。

2009年11月，宁波市鄞州区地方志编纂委员会编辑出版《鄞州山水志选辑》(全三册)，龚烈沸点校，第1册收录《备览》。周时奋在前言高度评价《备览》，代表着当时地方学界对《备览》的总体把握与宏观认识：

《四库提要》说“此书在地志之中颇为近古”，实际上非但“近古”，而且在水利志著作上当是创举。中国的筑堰截流工程最早可溯至建于公元前256年的都江堰，浙江的水利工程也可上溯至东汉顺帝永和五年(140)的鉴湖水利，但是都没有留下关于工程的相关记载。作为水利工程的专著,《四明它山水利备览》在中国是第一部。因为是“备览”，作者写得很轻松，基本上是笔记的体裁。全书分上下两卷，约二万字。上卷27小节是对它山堰的记录，下卷是文献，收录了6篇有关碑记和16首诗歌。但是全书所涉的内容，从鄞地水利特点、主要任务、水源、水系、流量、筑堰史、维修史、工程规制、原理、工程配套、水利环境变迁史、治沙要点、工程实施经验、水政管理、经济核算直至有关的历史文献，都一应俱全，还包含不少魏岘自己在治水中的心得体会，表现了作者资治致用的指导思想。中国的古代治水往往注重实践而忽视理论，所传治水经验也常常只是经过再三提炼后的几个字的要诀。《备览》的出现，可以看作中国系统水利理论出现的第一个信号。从这个意义上说,《备览》是中国系统水利理论的滥觞。因其体例功能近乎地志，故后人也将其列入“志”的行列。

《鄞州山水志选辑》的《备览》是一个点校本，汇集徐时栋对《备览》的研究、校勘成果，附有《备览》烟屿楼校本的影印书影，方便读者对照原文阅读。近十余年来，这个点校本促进了宁波水利志乃至宁波地方史研究。但该本仍然没有注意到徐时栋的新校成果，令人遗憾。

2019年12月，沈建国点校的《敬止录》出版，除了征引《敬止录》本身的各种版本校勘，还旁及宝庆志、至正志和《四明宋元六志校勘记》，用力甚深。尽管高宇泰录本并非完帙，但这个点校本的《备览》部分的校勘，无疑是完美的。

综合上述，周时奋将《备览》归入笔记体裁，而体例功能近乎地方志的观点是准确的。笔记体裁贯穿始终，有节而无章，使得地方志素材没能受到一个清晰的逻辑主线统驭而呈现条理与层次。所以,《备览》为地理志或山水志，只是从内容上来说的；以体例形式来衡量，它还算不上志书，因此徐时栋编纂《宋元四明六志》虽将《备览》收入，但宋元方志丛刊命名并未因此而改作《宋元四明七志》。

从文本校勘程度上看，各点校本都做到有异必校。但从研究的着力点上看，则明显存在重前轻后的倾向，尤其对于回沙闸，只是笼统地说它有创新，有辅助它山堰的功能，而对于回沙闸究竟是丁字坝式的，还是一字坝式的，都避而不谈；对魏岘叙山述水和亲历史事记载中的诸多小地名也关注不够。这使得我们对南宋时期它山堰周边的地形地貌没能建立起一种宏观的动态图景，以为南宋至今的地理变迁可以忽略不计，从而使得对于它山堰功能的认识也陷于僵化，以为王元暐的它山堰自始便有三七分水的神效。

总之，虽然迄今以来对《备览》的解读、研究的确卓有成效，但仍不能说已大功告成。

表一：《备览》诸本的源流关系

版本全称	简称	底本及主要校本							备注
宋本	魏								祖本。佚
元本	元								底本宋。佚
成化抄本	成								底本宋元稿抄。佚
崇祯刻本	崇	成							
高宇泰录本	高		崇						
全祖望抄本	全		崇						佚
钟嘉秀抄本	钟		崇						佚
姚燮借阅抄本	姚			钟					佚
吴玉墀家藏本	吴		崇						或佚
四库全书本	库		崇						多为文渊阁本
守山阁丛书本	守				库				四库文澜阁本
浙图清抄本	浙		崇						
烟屿楼校本	徐	高		钟			守	姚	旧校
丁丙跋抄本	丁		崇						
絜漪园精抄本	河								底本“丁”
约园本	张		崇		库	徐			
商务本	商						守		
2001 点注本	俞					徐			旧校
2009 标点本	金					徐			旧校
鄞州点校本	龚					徐			旧校
《敬止录》点校本	沈	高				徐			

本文特别鸣谢：陈英浩先生、励聘操先生、李开升博士。

注释：

[1] 参张寿镛编，曹亮增订：《增订四明经籍志》卷二十一，编号 1465 条，宁波出版社 2017 年版。案：该条所志，语焉不详，说是“清咸丰四年甬上徐氏烟屿楼刻本十二册”。但这两种校勘记，“宁”均作“甯”，非如《备览》作“寕”。此可断两种校勘记，均非咸丰四年所刊。

[2] 案：郑清之两首和诗，首见于元至正《四明续志》卷十二，后录入《甬上耆旧诗》卷二，高宇泰《敬止录》收其一。

[3] 案：指郑家食利堰，在南城门外。

[4] 案：此说似首见于舒亶的《西湖引水记》，即所谓“率三入江，七裒于河”云。乾道志只是录

舒文（见卷十）。志文并未加以阐说。

[5] 张如安：《唐释宗亮诗辑存》，《宁波师院学报（社会科学版）》1986 年第 1 期。案：张如安辑录的释宗亮诗四首，后为《全唐诗补编》收录。

[6]（明）高宇泰著，沈建国点校：《敬止录》，宁波出版社 2015 年版。

[7] 案：现见《敬止录》有《坛庙考》（卷二十五），但似乎不全，连奉祀王元暐的遗德庙未著录。

[8] 钱茂伟：《国图藏〈四明文献考〉作者即李孝谦考》，《文献》2012 年第 1 期。

[9] 案：笔者所见《备览》四库本仅三，一是如今流布甚广的文渊阁本（数据库），二是文澜阁本（杭州出版社影印本 2015 年 5 月版。宁海县图书馆藏），三是文津阁本（商务印书馆影印本 2007 年版。奉化区图书馆藏）。《备览》四库提要，文津阁同文渊阁，唯落款年次晚于后者五年（乾隆四十九年四月）。文澜阁本的提要，文同《四库提要著录丛书》，无落款年次，但文澜阁本提要并未注明“浙江吴玉墀家藏本”字样。

[10] 案：据天一阁博物院李开升博士赐告，国图藏崇祯刻本，系蔡瑛（张寿镛夫人）捐赠的约园藏书，则张燕昌本即曾经张宗祥之手，清代以来的崇祯刻本的原主，实仅二而已。

[11] 案：此系冯孟颛民国三年手抄的三卷本，载宁波市鄞州区地方志编纂委员会编：《鄞州山水志选辑》，宁波出版社 2009 年。据赵杏根《姚燮著述考》，姚氏此著，实有十二卷，参见《中华文史论丛》总第 34 辑，1985 年第 2 辑。《四明文库》的《甲编 · 史部 · 地理类》（第一辑）第 25 册影印出版十二卷《四明它山图经》写本，宁波出版社 2022 年。

[12] 案：“宋元明七家之志”指南宋乾道志、宝庆志、开庆志，元延祐志、至正志，明成化志、嘉靖志。“隐学”指高宇泰，“东石”指戴鬒，“南雷”指黄宗羲，“檗泉”指闻性道，“谢山”指全祖望，“樗庵”指蒋学镛，都是明清时期对吾乡山川水利、地方历史有研究的大家。

[13] 洪焕椿：《浙江方志考》，浙江人民出版社 1984 年 6 月版。

[14] 水银：《程徐考论》，《鄞州文史》，2021 年第 31 辑。

[15] 案：到了徐时栋主持编纂的同治《鄞县志》里，六志和备览烟屿楼校本里的“芃”及由此而改的“楙”“懋”，均改回“茂”。此为私著与公修（方志）之别。

[16] 李约瑟：《中国之科学与文明》第十册，台北商务印书馆 1977 年版。

[17] 朱更翎：《水利史研究溯源》，2008 年自印本。

[18] 本书编委会：《它山堰暨浙东水利史学术讨论会论文集》，中国科学出版社 1997 年版。

[19] 案：《初稿》载《水的历史审视：姚汉源先生水利史研究论文集》，中国书籍出版社 2016 年版。

[20] 俞福海、方平：《明州系年录 四明它山水利备览》，当代中国出版社 2001 年版。

《雪交亭正气录》现存版本及收录人物述略

文 | 朱盼盼（宁波图书馆）

【摘　要】明遗民高宇泰为明季死难诸烈作传，集成《雪交亭正气录》十二卷，以殉节者死难时间为序，分年为纪，自甲申纪至癸巳纪，流亡奔走者列入《特纪》，晦而复明者列入《附纪》，共十二卷。《雪交亭正气录》的版本分为以下四种：一为清抄本，清徐时栋跋；二为清抄本，清咸丰元年（1851）何树仑跋；三为1935年四明张寿镛约园刊本；四为台湾出版的整理本。本文就高宇泰生平、《雪交亭正气录》的版本流传情况，以及《雪交亭正气录》所记之人物进行简要阐述。

【关键词】高宇泰；生平；版本

一、高宇泰的生平简介

高宇泰（1614—1678），初字元发，改字隐学，晚年自署宫山，后又署蘗庵，汉中巡抚兼制川北副都御史高斗枢长子，浙江宁波鄞县（今宁波市区）人。高宇泰"少负志节"，曾散尽家财，资助钱肃乐起兵抗清，监国鲁王授职兵部武选司员外郎。早年参加复社、弃繻社，与华夏[1]、王家勤[2]等交往密切。作为明朝遗民，高宇泰一生都在为挽救明朝而奔走，明亡后又与清廷相抗争而经受多次牢狱之灾。自顺治三年（1646）至康熙三年（1664）期间，高宇泰先后五次被捕入狱：顺治三年（1646），因鲁王发来的文书被清廷截获而被捕；顺治五年（1648），华夏、王家勤发动联合舟山、收复宁波的秘密起义，消息泄露，高宇泰参与其中，被捕；顺治八年（1651），受牵连再次被捕；康熙元年（1662），明遗军入浙东事发，随后诗祸又起，高宇泰牵涉其中，被捕；康熙三年（1664），高宇泰刚出狱又被捕，其父高斗枢被囚禁、其子高奕宣被捕入狱。然“先生在狱中弹琴、赋诗、说经，不改其素”[3]，且在狱中编纂了《礼贯》一书（今已不传），可见其风骨卓然。经历了五次牢狱之灾、亲友长辈陆续离世后，高宇泰逐渐移情诗酒，不再轻易与人交往，仅与王玉书[4]、徐振奇[5]、林时跃[6]、周元初[7]、毛聚奎[8]交好。康熙十年（1671），“高宇泰仿汐社例，举南湖耆旧之会，慎选遗民，共得九人”[9]，集成南湖社。作为史学家与文学家，高宇泰著有《雪交亭正气录》《敬止录》《肘柳集》。《雪交亭正气录》与《敬止录》犹存，诗文集《肘柳集》已佚，全祖望《续甬上耆旧诗》中共收录了《肘柳集》248首诗。

二、《雪交亭正气录》的简介

《雪交亭正气录》是高宇泰为了歌颂抗清斗争中的忠义之士而编纂的，共十二卷：甲申纪、乙酉纪、丙戌纪、丁亥纪、戊子纪、己丑纪、庚寅纪、辛卯纪、壬辰纪、癸巳纪、特纪、附纪。“是书荟萃明末忠臣、义士、烈女，各立小传，详略不等；按年分纪，以殉节先后为序。始于甲申，迄于癸巳；又以流离尽瘁、赍志以殁者为《特纪》，初曾迎降、后仍效死者为《附纪》。并载诸人遗著、绝笔，而当时同志哀挽之作亦间及焉。”[10]高宇泰编撰《雪交亭正气录》的契机在于“浙东江上以迄舟山败后，在里屡罹困厄，卒毋堕明臣志节，晚辑南明死难诸烈小传，冠以‘雪交亭’之名”[11]。

雪交亭原为明代张肯堂在翁洲（今浙江舟山群岛）的住所。张肯堂，字载宁，号鲵渊，松江华亭（今上海松江）人。天启五年（1625）进士，崇祯十五年（1642）以右佥都御史巡抚福建。鲁王监国舟山时，张肯堂任吏部尚书，带兵留守舟山。清兵攻舟山，张肯堂坚守十日后，城破，全家殉难。明末的爱国之士都钦佩张肯堂的为人，所以纷纷效仿他在居处种植梅花与梨花，亦取名为雪交亭。“清全祖望《雪交亭集序》：‘雪交亭者，前阁部张公鲵渊之寓亭，在翁洲，其左为梅，其右为梨，每岁花开，连枝接叶如雪，阁部正命，亭亦圮，而浙东亡国大夫睠念不置。故姚江黄都御史梨洲以名其亭于姚之黄竹埔，武部以名其亭于鄞之万竹屿中。’此书为明末殉难者三百六十余人而作，各为之传，故名《正气录》。”[12] 高宇泰效仿张肯堂，以雪交亭命名其在鄞县万竹屿中的亭子，并以“雪交亭正气录”作为南明死难诸烈小传之名，其昭昭之心，可见一斑。

三、《雪交亭正气录》的版本概述

《雪交亭正气录》的版本情况较为复杂，现将众多文献中记载的《雪交亭正气录》版本情况整理如下：

1.《雪交亭集》十二卷，清高宇泰撰，清抄本，清徐时栋跋。（《善本书目》史部834。又见《古籍总目》集部·清别集）（中国科学院图书馆藏）[13]。

2.《雪交亭集》十二卷，明高宇泰撰，清咸丰元年（1851）何树仑抄本（存甲申纪、乙酉纪、丙戌纪、丁亥纪、戊子纪、己丑纪、庚寅纪、辛卯纪、癸巳纪、特纪、附纪，清何树仑跋），浙江藏；清光绪元年（1875）六一山房抄本（存甲申纪、乙酉纪、丙戌纪、丁亥纪、戊子纪、己丑纪、庚寅纪、辛卯纪、癸巳纪、特纪、附纪，清芾庐跋），北师大藏；清抄本（存甲申纪、乙酉纪，清徐时栋跋）浙江藏[14]。

笔者经查询后得知，浙江图书馆藏两种版本《雪交亭集》：一为《雪交亭集》八卷，清高宇泰撰，抄本4册，何树仑，清咸丰元年（1851）版；二为《雪交亭正气录》十二卷，明高宇泰撰，刻本4册，四明张寿镛约园刊本，民国二十四年（1935）版。北师大藏两种版本《雪交亭集》：一为《雪交亭集》十二卷，明高宇泰撰，抄本，线装2册，王德森校刊，民国元年（1912）版；二为《雪交亭集》十二卷，明高宇泰撰，清芾庐校并跋，抄本，线装4册，六一山房刊，清光绪年间（1875—1908）版。至于徐时栋跋，仅存甲申纪与乙酉纪的清抄本《雪交亭集》暂未查询到更为详细准确的信息，有待考证。

3.《雪交亭集》二卷，清高宇泰撰，抄本（清徐时栋跋），中科院藏；《雪交亭集》八卷，清高宇泰撰，清咸丰元年（1851）抄本（清何树仑校并跋），浙江藏[15]。

4.《雪交亭正气录》十二卷，明高宇泰撰，又署县后学何树仑附注，后学冯贞群、张寿镛补注。张寿镛序云："余既获何氏树仑写本，读而喜之，伪夺错简，触目即是，因与冯君孟颛共为雠校，补目于首，亟刊布之。"卷首有《雪交亭正气录》校例，谓"斯录贞群、寿镛一再校勘，又得李君续川、张君冷僧同为细斠"，"文字之伪，人名地名之误，凡可校正者，均一一纠正之，至其脱文缺简为原书不及补者均仍之，以存其真"[16]。

5.《雪交亭正气录》十二卷，抄本，藏于清同治间大兴人傅以礼藏书室长恩阁[17]。

6.《雪交亭正气录》十二卷，明高宇泰撰，南洋中学藏傅氏抄本校伏跗室本[18]。

7.《雪交亭正气录》十二卷,《四明丛书》本，上海南洋中学图书馆旧藏抄本作《雪交亭集》不分卷三册，今归上海图书馆。明鄞县高宇泰元发撰，县后学何树仑附注，冯贞群张寿镛补注[19]。

8.《雪交亭正气录》，高宇泰著，台湾银行出版社1970年出版，32开，2册(209页)。此书是舟山殉难者小传专书，著者是明末清初人，是当时人写当时史，故价值较高。全书前十卷自甲申至癸巳，按年分纪，后二卷为特纪、附纪。附录有序、跋等八则[20]。

9.《雪交亭正气录》，明高宇泰著，明文书局1986年出版[21]。

10.《雪交亭正气录》,高宇泰著,台湾大通书局1988年出版[22]。

11.《雪交亭正气录》，本书(二册二一〇面一二六〇〇〇字)凡十二卷，高宇泰撰。宇泰字元发，一字隐学，晚号蘖庵；浙江鄞县人。尝仕南明监国鲁王，官兵部武选司员外郎。浙东江上以迄舟山败后，在里屡罹困厄，卒毋堕明臣志节。晚辑南明死难诸烈小传，冠以“雪交亭”之名[23]。

以上文献资料中关于《雪交亭正气录》的名称有两种——《雪交亭集》与《雪交亭正气录》，这两者都是十二卷，内容都是记载南明死难者小传。关于这一疑问，张寿镛在四明约园刊本《雪交亭正气录序》中有所解答:“此本为隐学未定之稿，即其书名复不多同(《鲒埼亭文集》，何树仑本并题《雪交亭集》,《强敩簃钞》本，《明季纪事》，刘世瑗《微访明季遗书目》并题《雪交亭录》)。独《续甬上耆旧诗》作《雪交亭正气录》十六卷，谢山曾见手稿，故今从之。”[24]因全祖望曾见过手稿，故以《续甬上耆旧诗》中所记“雪交亭正气录”为名。

梳理以上文献记载中的《雪交亭正气录》版本信息可知,《雪交亭正气录》在清代多为抄本,“是书辑录明末死难诸烈小传，书中以南明年号纪年，称清军为‘虏’。清代未有刊刻,《中国古籍善本书目》收录十二卷本3种，均为清抄本”[25]，“涉及明末抗清斗争的著述，是有“违碍”内容的禁毁之书，得之实在不易，如高宗（宇）泰《雪交亭正气录》二百余年展转抄写，从无刊本”[26]。由于高宇泰是抗击清廷的明代遗民，《雪交亭正气录》中记载的均为抗清殉节的忠义之士，因此，该书在清朝属于禁书，得到刊刻的可能性并不大，这应当是其多为抄本的原因。到民国时期，此种禁忌已不存在，故出现了刊本。基于以上分析，可以大致将《雪交亭正气录》分为以下几种：

一为清抄本，清徐时栋跋；二为清抄本，清咸丰元年（1851）何树仑跋；三为1935年四明张寿镛约园刊本；四为台湾出版的整理本。

《丛书集成续编》（新文丰版）第252册和《丛书集成续编》第31册都收录了《雪交亭正气录》，均为四明张寿镛约园刊本。

《台湾文献史料丛刊》第6辑和《台湾文献丛刊》都收录了《雪交亭正气录》，为同一版本，是现代整理出版的竖排繁体本。《台湾文献丛刊·雪交亭正气录·弁言》：“原作因后人纷加按语、附注，本来面目已渐失其真。今删除他人所赘，尽取素材，列为《文丛》之一。全书前十卷子甲申至癸巳，按年分纪；后二卷别立《特纪》与《附纪》，不依年次。每纪前有作者《序文》（内《癸巳纪》缺），己丑、庚寅两纪原序佚，原刊本从《续甬上耆旧诗》录补；今仍存之（甲申、乙酉、丙戌诸纪《序文》与《续甬上耆旧诗》所见少有出入，原刊本两序并存；今则略其后者）。由于本书已删除他人所赘，原刊本所有序例除作者《自序》残文仍刊列卷首外，其余后人所加《序》《跋》《校例》及作者表传等著作均移作《附录》，俾供参考而已。”[27]

其中后移至《附录》的《校例》与约园刊本的《校例》完全一

致，所以此中所谓“原刊本”，正是四明张寿镛约园刊本，《台湾文献丛刊·雪交亭正气录》将约园刊本《雪交亭正气录》中的《张寿镛序》《校例》《全祖望序》都后移至《附录》中。由此可知，这一版本也是根据四明张寿镛约园刊本整理而成的。

1935年四明张寿镛约园刊本《雪交亭正气录》校例如下：

一、《续甬上耆旧诗》全谢山所撰《高武部传》曰：“晚年辑《雪交亭正气录》十六卷”；而《鲒埼亭外编》及各抄本、谢山序言均作《雪交亭集》十二卷。今十六卷本既不得，而名称仍定为《正气录》，以从其朔。

一、抄本均十二卷，不敢校补。惟岁纪之中序言，有抄本所无及所略而《续耆旧诗》所有及所详者，均为补之。

一、分卷均从抄本次第，卷九“壬辰纪”有目无书，今亦仍之。

一、文字之伪、人名地名之误，凡可校正者，均一一纠正之。至其脱文缺简为原书不及补者，均仍之，以存其真。

一、事之同异，传闻异辞，野史往往如此。今悉从原书；其有从他书校证者，均加按语，别注于下。

一、空行脱句，均仍旧贯，不敢缩夺。

一、原钞眉端所注，有陈咏桥征君语、有张洞石语，均一一照录；但易书楣小字为低一格大字注焉。

一、原钞何树仑附注，今仍其旧。

一、原抄本有增句者，以有关事迹，仍皆纳入。惟如原书均称“烈宗”而增句作“烈皇帝”或“毅宗”，仍改称“烈宗”；增句中有“崇祯某年某某进士”字样，仍将“崇祯某年”删去，以归一律。

一、原抄本有朱笔题书端者，当是何氏校他书者或后人校者，无从考查；统名“附注”，用小字注于各传事迹之下。

一、斯录贞群、寿镛一再校勘，又得李君续川、张君冷僧同为细斟；豫是有益，悉皆甄录。顾庐山面目，久已因后人之增改而失其真。武部原书，或且以为未完之稿；兹抱阙文之意，不敢为补亡之文，阅者亮之。

以上校例中提到“原钞何树仑附注，今仍其旧”，且《附录》中有《何树仑跋》：

是书首尾剥落不全，庋置书箧久矣。辛亥夏五，课徒之暇，谋改录之。偶阅全吉士《鲒埼亭集》，知是书曾经谢山先生手订；爰即将先生所撰原序并“墓志”录之，弁诸简首。厚不分卷次，分年为纪；惟壬辰无纪。其中鼠蚀蠹伤，浸漶模糊，几不可辨。仑学识谫陋，何敢擅加参订！惟仍依其原本录之，而阙其蠹蚀者；字画拙劣，深恐以鲁鱼亥豕见罪。爰跋数语，庶览斯集者可无伏猎弄獐之诮也已！咸丰辛亥岁皋月望后八日，甬上后学何树仑谨跋，并书。

“咸丰辛亥岁”即咸丰元年(1851)，又据《雪交亭正气录·张寿镛序》：“予既获何氏树仑写本，读而喜之”[27]可知，张寿镛所参照的写本就是何树仑所跋的抄本《雪交亭集》。

据《何跋》，全祖望曾修订过高宇泰的《雪交亭正气录》并为之作序，何树仑将其列于简首，张寿镛约园刊本亦从之。全祖望在《序》中提到：“《雪交亭集》手稿在陆先生春明家，虽高氏亦不知有是集也。雍正戊申，予求故国遗事，从陆氏得之，为之狂喜。其后奔走京、洛者十年，乾隆戊午，乃招武部之孙石华观之；石华肃拜手泽，摩挲百遍，潸然涕下。因请钞所有《肘柳集》见遗，以易钞此集；予曰：‘诺’。然石华年已八十，两手不仁；家贫甚，不能蓄写官。虽有此约，未及践也；而石华亦卒。其子以大故，无暇及此，又不肯出其书；将来《肘柳集》之传与否，尚未可定。则是集也，武部之婆心碧血所成，其可不广钞以传之哉！武部之大节，读是集者，如将遇之。顾所忌止于癸巳，其后如滇中死事诸公、海上从亡诸公尚多，武部卒于康熙初年，当必有《续集》，而今不可得见矣。”[28]

“陆先生春明”，即陆宇燝。陆宇燝（1619—1684），字春明，别署披云，性嗜异书，学者称明怀先生。明诸生，有《观日堂集》，抄本有《盛明五家诗》二十二卷。明亡后，游历山水，拒不入仕。雍正戊申年（1728），全祖望从陆氏处得到《雪交亭集》的手稿，甚至连高宇泰的后人都不知道这本集子的存在。乾隆戊午年（1738），全祖望让高宇泰的孙子高石华前来观看，高石华提出将《肘柳集》抄出后，用来交换抄此集，后因高石华年事已高又为家贫所困，直至去世，也没有完成《肘柳集》的抄本，这也许就是《肘柳集》亡佚的主要原因。同时，全祖望提出，根据高宇泰的卒年推断，现有《雪交亭正气录》并没有辑录滇中死事诸公、海上从亡诸公，所以是应当有《续集》的，但已不得见。

约园刊本《雪交亭正气录》的《附录》中还有光绪丁酉年（1897）傅以礼[29]和民国癸巳年（1913）张美翊[30]所作的跋记。

傅以礼在《跋》中提到：“此本乃鄞县黄氏家藏，今春从骏声太守假读，亟命侍史录副，用广流传。惜以钞帙仅存，从未墨版；二百年来辗转袭写，遂致断烂不全。…… 集末有咸丰辛未甬上何树仑跋，各卷亦间附识语。”[31]1897年，傅以礼从骏声太守处借得鄞县黄氏家藏本《雪交亭正气录》，并提出此本在两百年间辗转传抄，从未得到刊印，集末有何树仑所作之跋，当与何树仑所见抄本为同一版本。

张美翊称：“余见之先舅氏刘艺兰先生所，因劝妹夫汤鸿九农部出资借钞，分装四册，时为光绪壬午。今先舅氏藏书已归天上，农部殁亦十年矣；孤甥岘亭六月曝书，检以相示。余方搜访吾乡桑海掌故，谋为校刻；而海上二次革命，烽火惊闻。老眼摩挲，忧乱弥甚!”[32]光绪壬午年(1882),张美翊从刘凤章[33]处见到了《雪交亭正气录》,汤嗣衔[34]曾抄录一份,并分装四册。张美翊也曾想要校刻,但因时局纷乱,没有完成。基于刘凤章是徐时栋的学生,所以张美翊在刘凤章处所见的《雪交亭正气录》或为徐时栋所跋清抄本《雪交亭正气录》。

约园刊本《雪交亭正气录·校例》中只提到了何树仑抄本,虽附录之中录有傅以礼和张美翊的所作之跋,但不能因此断定其选用的抄本就是二人所见的《雪交亭正气录》,也不能推断出二人所见《雪交亭正气录》是否为同一版本。

所以,根据以上的文献资料可以大致梳理出1935年四明张寿镛约园刊本《雪交亭正气录》的版本由来情况:先是全祖望从陆宇爗后人处得到手稿本;其后手稿本经何人之手,是否有过校证不得而知,已知的是清代何树仑对全祖望的手订本进行了整理校证,形成抄本;最后张寿镛根据何树仑的抄本再进行整理校订,刊出了四明约园刊本;《台湾文献丛刊》与《台湾文献史料丛刊》对约园刊本进行删减归纳,形成了现代版的竖排繁体整理本。

至于徐时栋所跋清抄本《雪交亭正气录》,笔者未见,不知其与何树仑所跋清抄本《雪交亭正气录》是否为同一版本,以待学者考订。

四、《雪交亭正气录》所录人物姓名

《雪交亭正气录》共收录了三百多名殉节义士的生平小传,高宇泰以时间为纪,一一记录在册。由于手抄本《雪交亭正气录》辗转传抄,导致断烂不堪,高宇泰《自序》题于卷首,但序文首尾均有残缺。序文虽不全,但高宇泰编纂《雪交亭正气录》的缘由以及从中体现的史学观念,可以从文中了解一二:

（以上原阙）起兵。夫大臣世戚，义与位副，复何庸言！予正取夫可规避就而不规□□□而不计者，于冥顽域中，孤行一意。百人愚之，能无一人怜之乎！十人怜之，能无一人愧之乎！得怜且愧者十百于亿万人之中，人心所由而不泯。故曰："一脉张，不可谓绝；一目存，不可谓乱；一夫立志，不可谓土崩"，此之谓也。或又曰："欧阳公之于死事、死节也，斤斤焉别之；且有死而不之予也。今之死者，宁独无间乎？"虽然，死则有间矣，其为明而死则一也。曷不观夫背明而生者为何如？而乌得不亟予之哉！抑亦有不忘明而存者，尚得附于铉翁、所南之义；况乎以身殉之也！故所贵于王莽之世者，龚胜、刘崇之死是也。其赵明、霍鸿、马适求者流，行事不概见，班史标之以男子、紫阳予之为豪杰矣。文山当日僚将宾佐从死者，六十人；邓光荐所纪者，亦犹是也。予也，悉其事者详之，否则阙焉以俟补。然每叙一人，宁止触予故痛哉！呜呼，愧矣！

乙未春日，隘夫□□□钩辀阁。

"虽然，死则有间矣，其为明而死则一也。曷不观夫背明而生者为何如"，为明而死的义士是高宇泰传记人物的主体，他首先提出"背明而生者"的处境："抑亦有不忘明而存者，尚得附于铉翁、所南之义"，明遗民往往被称认为是具有像家铉翁、郑思肖等宋败亡后不肯事元的忠臣之义。既而，高宇泰提出"况乎以身殉之也"，认为为明亡而殉节的人更应当被记录，并以龚胜、刘崇在王莽篡汉时或起义兵败而死，或拒不应招绝食而死为例，阐述殉节者之高义。"其赵明、霍鸿、马适求者流，行事不概见，班史标之以男子、紫阳予之为豪杰矣。文山当日僚将宾佐从死者，六十人，邓光荐所纪者，亦犹是也。"高宇泰借班固彪炳赵明、霍鸿、马适求等因王莽篡位而起义的平民为豪杰，邓光荐为跟随文天祥殉节的多位将领幕僚立传，表明自己跟他们一样，为人立传，以笔记史，彪炳忠义，不泯良知。同时，表明自己立传的原则是“悉其事者详之，否则阙焉以俟补”，知之详之，不知阙之。《雪交亭正气录》中所记录的人物，大多是高宇泰所熟知的，所以他“每叙一人，宁止触予故痛哉”。正如高宇泰在《自序》中所述：“百人愚之，能无一人怜之乎！十人怜之，能无一人愧之乎！得怜且愧者十百于亿万人之中，人心所由而不泯。故曰：‘一脉张，不可谓绝；一目存，不可谓乱；一夫立志，不可谓土崩’，此之谓也。”将这些殉节义士记录在册，能引起亡明百姓的共鸣，人心不泯，这正是历史记录的意义。“于冥顽域中，孤行一意”，在历史不断推进更迭的洪流中，高宇泰孑立独行，虽满身疮痍而不悔，体现出一种孤独而宏大的故国情怀与历史捍卫感。

现将《雪交亭正气录》（四明张寿镛约园刊本）中记载的人物整理如下：

卷一 甲申纪	范景文	倪元璐	李邦华	施邦耀
	王家彦	孟兆祥	马世奇	刘理顺
	汪　伟	周凤翔	凌义渠	吴麟徵
	申佳胤	陈良谟	王　章	许　直
	陈纯德	吴甘来	成　德	金　铉
	李国桢	刘文炳	张庆臻	巩永固
	汤文琼	王德化	王之臣	俞志虞
	顾　鋐	徐有声	朱纯臣	顾肇迹
	薛　濂	徐锡登	郭培民	宋裕德
	邓文明	孙惟藩	杨崇猷	卫时春
	吴遵周	王先通	张光祖	方履泰
	李凤用	高时朋	褚宪章	方正化
	张国元	徐允祯	郑之俊	彭　琯
	刘养贞	宋天显	王钟彦	刘有澜
	施　溥	李若琏	高　寀	申湛然
	徐　熼	蔺之垣	李国贤	沈青藜

卷一 甲申纪	张世禧	通州童生	周童生	东江米巷画士夫妇
	武愫仆	魏学濂仆	孔　四	费　氏
	魏　氏	吴奎妻张氏	王　氏	余之瑶
	尹熙妻	张　氏	吴信妻王氏	金毓峒
	卫景瑗	朱之冯	徐　标	蔡懋德
	朱延焕	方文耀	彭士弘	周遇吉
	张罗彦	张罗俊	殷　渊	张履旋
	刘永昌	许　琰		
卷二 乙酉纪	凌　駉	左懋第	刘洪启	史可法
	吴尔壎	任民育	张伯鲸	许德博
	王士琇	高孝缵	饶　余	马纯仁
	谢一鲁	高　倬	张　捷	杨维垣
	黄端伯	王台辅	吴嘉胤	龚廷祥
	韩赞周	黄金玺	彭性述	吴可基
	潘履素	陈士达	徐　抟	汤士髓
	欧敬竹	石仲祥	陈用御	詹承祖
	吴应箕	邱德祖	麻三衡	金　声
	江天一	王世德	程子皮	方国焕
	洪二魁	项千里	温　璜	马　嘉
	垂髫和尚	僧景贤	黄　蜚	沈自駉
	吕忠宣	葛　麟	文　乘	吴福之
	鲁之玙	孙兆奎	侯峒曾	张锡眉
	黄惇耀	黄渊耀	夏云蛟	马权奇
	徐　汧	项志宁	顾所建	陆明永
	夏允彝	徐念祖	李待问	徐石麒
	朱大定	朱有镃	顾咸建	陆　培
	王道焜	俞元良	祝　渊	周宗彝
	张　坚	唐自彩	刘宗周	祁彪佳
	王毓耆	梁于埃	王　缵	王　绩
	李　澜	黎　增	张氏	扬州女子
	周　氏	钱氏女	汪氏女	戚　氏
	沈　氏	陈　氏	王　氏	杨　氏
	俞　氏	张烈女	颜　氏	金铎妻
	张　氏	潘　氏		

卷三 丙戌纪	袁继咸	张国维	朱大典	余　煌
	陈函辉	陈潜夫	王之仁	沈履祥
	李唐禧	张廷绶	张鹏翌	王景亮
	杨定国	王之栻	张起芬	徐起睿
	应腾蛟	方士衍	何弘仁	阮维新
	潘　集	高□□	邹钦克	赵景麟
	黄道周	吴士绣	毛玉洁	傅　冠
	曹学佺	杨文骢	郑为虹	黄大鹏
	欧养初	吴闻礼	周定礽	王士和
	王秉乾	陈鼎臣	蔡光璧	陈元纶
	曾□□	郑埙	杨文荐	庄以涖
	刘曰佺	马兴明	马　芝	黄尚宝
	胡梦泰	胡　缜	李　信	詹兆恒
	涂伯昌	刘同升		
卷四 丁亥纪	沈　迅	叶进晟	林垐	林汝翥
	黄毓祺	陈子龙	徐式谷	侯岐曾
	夏完淳	钱　旃	沈廷扬	吴　易
	杨廷枢	刘　曙	陈万良	陈子壮
	张家玉	叶天章	陈世亨	洪有文
	杜懋俊	杜兆茁	施　玠	林化熙
	林学舞			
卷五 戊子纪	华　夏	杨文琦	杨文瓒	屠献宸
	董德钦	王家勤	林　嵋	汤　菜
	王　祁	王恩及	朱继祚	郁廷谏
	鄢正畿	林逢经		
卷六 己丑纪	刘中藻	威虏侯二女	姜曰广	郑魁明
卷七 庚寅纪	瞿式耜	张同敞	冯京第	张　元
	张梦锡	沈之泰	汤□□	
卷八 辛卯纪	张肯堂	苏兆人	吴士俊	林志灿
	吴钟峦	朱万年	朱永祐	李向中
	刘世勋	林　瑛	林世英	董志宁
	李开国	郑遵俭	董　玄	顾宗尧
	江用楫	顾　玢	王　玺	刘　朝
	王朝相	阮　进	张弘谟	张名扬

卷八 辛卯纪	顾名楫	朱养时	戴仲明	鲁王元妃陈氏
	范　氏	陈　氏	王　翊	王　翃
	蒋士铨	明　朱	傅鼎铨	艾南英
	曾亨应	陈之凤	揭重熙	吴廷猷
	僧德宗			
卷九 壬辰纪	原阙			
卷十 癸巳纪	万曰吉	杨卓然	朱昇	余鷃鹏
卷十一 特纪	熊汝霖	郑遵谦	孙嘉绩	钱肃乐
	瞿　翚	马思理	顾锡畴	李长倩
	黄斌卿	王朝先	杨国柱	石　窿
卷十二 附纪	吴胜兆	金声桓	李　魁	李成栋
	王光恩	余鹍翔	万曰吉	蒋德璟

除以上人物外，一些小传后，还附上人物父母兄弟、妻妾儿女等相关人物的事迹介绍，诗文及哀挽之作亦附于后，这也是十分珍贵的文学史料。吕妙芬在《明清思想与文化》一书中曾提到："就笔者所知，在康熙中叶以前，最早提到夏允彝兄长的夏家故事书写者，应是宁波人高宇泰。"[35] 由此可见《雪交亭正气录》独特的史学价值。

注释：

[1] 华夏，字吉甫，一字默农，世为定海人，祖上迁至鄞县。明诸生，与王家勤齐名，同学于黄道周、刘宗周。明亡后，起义失败被捕入狱，1648年行刑于市。著有《对簿录》《泗水鼎》等。

[2] 王家勤，字卣一，别字石雁，鄞县人。福王称制使，以选贡入太学，后授大理评事。起义失败后被捕，在狱中受刑而死，门人私谥"忠洁"。

[3] 张寿镛辑：《四明丛书 · 雪交亭正气录》，广陵书社 2006 年版，第 3665 页。

[4] 王玉书，字水功，一字仙笈，学者称无界先生，鄞县人。明亡参与抗清，以明经授太常博士。著有《瑶光阁集》等。

[5] 徐振奇，字可贞，一字我庸，鄞县人。与钱肃乐较好，钱肃乐成进士，宰太仓，招之，不应。明亡后，遁入东钱湖青雷山，居二十余年乃返。

[6] 林时跃，字霞举，号荔堂，自称明山遗民，鄞县人。与弟时对、时象，时称"三林"。受学于刘宗周和黄宗羲，与华夏等结鹤山七子社。明亡后参与抗清，失败后隐居以终。著有《朋鹤草堂集》。

[7] 周元初，字自一，一字立之，复社成员，鄞县人。明亡后不仕，与遗民结社于甬上，晚年离群索居，年八十卒于家。

[8] 毛聚奎，字象来，一字文垣，自号呑月子，鄞

县人。与其弟聚璧，时称“西皋双凤”。辅佐钱肃乐起兵，授户部郎中。鲁王败后，逃亡山海，家道中落，晚年始归。著有《吞月子集》。

[9] 清戴枚修纂：《同治鄞县志》卷四十，浙江古籍出版社 2015 年版。

[10] 张寿镛辑：《四明丛书 · 雪交亭正气录》，广陵书社 2006 年版，第 3657 页。

[11]《台湾文献史料丛刊》（第一辑），《台湾文献史料丛刊 309 种提要（全）》，台湾大通书局 1984 年版，第 137 页。

[12] 赵传仁，鲍延毅，葛增福主编：《中国书名释义大辞典》，山东友谊出版社 2007 年版，第 987 页。

[13] 龚烈沸著：《徐时栋年谱》，宁波出版社 2016 年版，第 319 页。

[14] 中国古籍总目编纂委员会编：《中国古籍总目 · 史部 · 传记类 · 总传之属》2009 年版，第 608 页。

[15] 中国古籍总目编纂委员会编：《中国古籍总目 · 集部 · 别集类 · 清代之属 · 清前期》2012 年版，第 1067 页。

[16] 骆兆平著：《天一阁研究丛书 · 伏跗室书藏记》，宁波出版社 2012 年版，第 27 页。

[17] 详见瞿冕良编著：《中国古籍版刻辞典》，齐鲁书社 1999 年版，第 69 页。

[18] 董贻安主编：《浙东文化》，1998 年第 1 期，第 110 页。

[19] 明刘宗周著，吴光主编，吴光点校，钟彩钧审校：《刘宗周全集》第 10 册，浙江古籍出版社 2012 版，第 407 页。

[20] 中国科学院图书馆：《〈台湾文献丛刊〉书目摘要》，中国科学院图书馆 1981 年版，第 113 页。

[21] 详见沈一民著：《清南略考实》，黑龙江大学出版社 2010 年版，第 251 页。

[22] 详见王恩俊著：《复社与明末清初政治学术流变》，辽宁人民出版社 2013 年版，第 344 页。

[23]《台湾文献史料丛刊》（第一辑），台湾大通书局 1984 年版，第 137 页。

[24] 张寿镛辑：《四明丛书 · 雪交亭正气录》，广陵书社 2006 年版，第 3513 页。

[25] 张怡雯：《清代官修方志对抗清“殉”历史叙述的演变 —— 以江南五府为例（下）》，《国学茶座》2015 年第 1 期。

[26] 李春光：《古籍丛书论述》，辽沈书社 1991 年版，第 388 页。

[27] 高宁泰：《雪交亭正气录》《台湾文献史料丛刊》第 286 种，台湾银行经济研究室 1970 年版第 1 页。

[28] 张寿镛辑：《四明丛书 · 雪交亭正气录》，广陵书社 2006 年版，第 3513 页。

[29] 傅以礼，字节子，清同治年间生人，官于闽，寄籍山阴。博极群书，建有长恩阁藏书楼，喜收晚明史籍，有《残明大统历》《华诞年室题跋》《长恩阁书目》等。

[30] 张美翊（1856—1924），字让三，号蹇叟，鄞县人。早年随薛福成出使英、法、意、比利时四国。辛亥革命后，任宁波教育会会长，参与刻印《四明丛书》《续甬上耆旧诗》，编有《大清钱谱》等。

[31] 张寿镛辑：《四明丛书 · 雪交亭正气录》，广陵书社 2006 年版，第 3657 页。

[32] 张寿镛辑：《四明丛书 · 雪交亭正气录》，广陵书社 2006 年版，第 3658 页。

[33] 刘凤章（咸丰至光绪年间），字艺兰，鄞县人。光绪十一年（1885）举人，师从徐时栋，笃学嗜古，尤熟乡邦文献，编四明艺文志，作甬上方言考证，编修鄞县、慈城、镇海三志。建有藏书室友云居、友砚堂、青藜阁。

[34] 汤嗣衔，字鸿九，鄞县人，清光绪十五年（1889）举人。

[35] 吕妙芬：《明清思想与文化》，世界图书出版公司 2016 年版，第 84 页。

《国家珍贵古籍名录》中的宁波文献述略

文 | 干亦铃（宁波图书馆）

【摘　要】入选《国家珍贵古籍名录》的253部宁波地方古籍是宁波文献中的瑰宝，对它们的保护、整理和研究，有助于宁波优秀传统文化弘扬和发展。本文采用文献调查和分类统计的方法，系统地梳理了这部分文献，为今后它们得以以数字化形式回归、以整理点校，影印等方式传播打好基础。

【关键词】古籍；名录；宁波；文献

《国家珍贵古籍名录》是由文化部拟定并报国务院批准后公布的一份全国性珍贵古籍档案名录，主要收录范围是1912年以前书写或印刷的，以中国古典装帧形式存在，具有重要历史、思想和文化价值的珍贵古籍，以及少数民族文字古籍。2008—2021年，文化和旅游部共公布六批国家珍贵古籍名录，收录古籍13026部，逐步建立本地珍贵古籍名录评审制度，有力促进古籍分级分类保护，充分发挥中华古籍在传承和弘扬中华优秀传统文化方面的重要作用。馆藏古籍入选国家珍贵古籍名录是一份荣誉，也是一份责任，更受到各馆藏单位的重视，促使各方加强对入选古籍的保护、整理与研究。各省古籍保护中心从省级层面推出珍贵古籍名录，延伸国家古籍保护的触角，使一地一馆古籍保护与研究有了明确方向和内容。近年来,《国家珍贵古籍名录图录》《浙江图书馆藏国家珍贵古籍题跋图录》《贵州国家级珍贵民族古籍译注丛书》等一批依据名录编撰而成的大型珍贵古籍图录、丛书面世,不仅体现全国古籍保护工作所取得的重大阶段性成果,更为中华古籍版本、文献研究提供大量基础资料。

历史上,宁波与杭州、建阳、苏州的刻版印刷虽不能并驾齐驱,但经过学者梳理后发现,宋至清间著述、刊刻文献的数量与质量不可小觑,流传于世的宋元四明六志乃是学人研习宋、元两代须臾不离的史料。晚清民国间,乡贤张寿镛不遗余力整理与刊刻乡邦文集,上溯至唐,下迄至清,编印成《四明丛书》,蔚为大观,影响深远。笔者检视《国家珍贵古籍名录》,依据文献与宁波的相关性,将其中的宁波文献大体分为三类:第一类为历史上宁波境域内刊刻的古籍,第二类为宁波境域外刊刻的甬籍人士著述,第三类为宁波境域外宁波人刊刻的非甬籍人士著述。本文采用文献调查和分类统计方法,初步揭示《国家珍贵古籍名录》中宁波文献全貌,并选取其中八种加以叙录,以期这部分文献的价值能被读者再发现再认识。

一、入选宁波文献的特点

依据上述三类标准筛选《国家珍贵古籍名录》中宁波文献可得,第一批44部、第二批108部、第三批44部、第四批15部、第五批24部、第六批18部,合计253部,占名录总量的2%。入选名录的宁波文献具有部数多、版本多、珍本多、分布广等特点。

(一) 一书多部

以书名与卷数相同的古籍计为一种进行统计,共计125种,其中单种古籍甚至多达10余部,庋藏多馆。如王守仁《王文成公全书》三十八卷共有10部、王守仁《阳明先生文录》五卷《外集》九卷《别录》十卷共有9部、黄震《慈溪黄氏日抄分类》九十七卷《古今纪要》十九卷共计8部、方孝孺《逊志斋集》二十四卷《附录》一卷共计8 部、楼昉《新刊迂斋先生标注崇古文诀》三十五卷共计7部、王守仁《阳明先生文粹》十一卷共计4部。

(二) 一书多版

《慈溪黄氏日抄分类》有宋绍定二年(1229)积德堂刻元至元重修本、元刻递修本、明正德十四年(1519)书林龚氏明实堂刻本,《阳明先生文录》五卷《外集》九卷《别录》十卷有明嘉靖十四年(1535)闻人诠刻本、明嘉靖三十六年(1557)胡宗宪刻本,《阳明先生文录》五卷《外集》九卷《别录》十四卷有明嘉靖十二年(1533)刻本、明嘉靖二十九年(1550)闾东刻本,《逊志斋集》二十四卷《附录》一卷有明正德十五年(1520)顾璘刻本、明嘉靖四十年(1561)王可大刻本,《困学纪闻》二十卷有元泰定二年(1325)庆元路儒学刻本、明刻本、清乾隆三年(1738)马氏丛书楼刻本。

(三) 珍本多

据据名录统计,属于宁波文献的宋版古籍有8种、元版古籍有11种,共计66部之多。如宋绍定二年(1229)积德堂刻元至元重修本《慈溪黄氏日抄分类》、宋淳熙十年(1183)象山县学刻本《汉隽》、宋四明楼氏家刻本《攻媿先生文集》、宋内府抄本《仙源类谱》、宋刻本《庆元府雪窦明觉大师祖英集》《瀑泉集》《雪窦显和尚明觉大师颂古集》《雪窦和尚拈古》、宋绍兴二至三年(1132–1133)两浙东路茶盐司公使库刻宋元递修本《资治通鉴考异》、宋绍兴十六年(1146)两浙东路茶盐司刻本《事类赋》、宋乾道七年(1171)魏杞平江府学刻递修本《韦苏州集》、元天历至正间褒贤世家家塾岁寒堂刻本《范文正公集》、元刻本《棠阴比事》、元至正九年（1349）苏天爵刻明修本《两汉诏令》、元刻本《迂斋先生标注崇古文诀》、元刻本胡三省音注《资治通鉴》、元泰定四年（1327）刘君佐翠岩精舍刻本《韩鲁齐三家诗考》、元泰定二年（1325）庆元路儒学刻本《困学纪闻》、元后至元六年（1340）庆元路儒学刻本《玉海》《辞学指南》、元元统三年（1335）甬东家塾刻本《程氏家塾读书分年日程》、元刻本《通鉴释文辩误》、元至正十二年（1352）梅隐书堂刻本《魁本大字详音句读周易》。而且稿抄本入选较多。如有明范钦辑录的稿本《古歌谣残稿》《建安七子集》《明贡举录》3种，明丰坊的稿抄本《南禺书画目》《春秋世学》《古书世学》《古易世学》《南禺外史诗》5种6部，明屠隆的稿本《园居杂咏》1种，清黄以周的稿本《十翼后录》《五礼异义》《易释》3种，清黄宗羲的稿本《南雷杂著稿》1种，清全祖望的稿本《续甬上耆旧诗》1种，都是难得一见的古籍珍品。。

（四）分布广

馆就馆藏而言，这些宁波文献分布于70余个图书馆、博物馆，其中以国家图书馆、浙江图书馆、上海图书馆、天一阁博物院、南京图书馆、江西省图书馆、湖北省图书馆、北京大学图书馆珍藏为最多。文献刊刻地分布较广。如顾璘在台州刊刻《逊志斋集》，刘君佐在建阳刊刻《韩鲁齐三家诗考》，闾东在陕西刊刻《阳明王先生文集》。闾东在《重刻阳明先生文集序》说："阳明先生文录旧刻于姑苏，传习录刻于赣，继又有薛子者刻其则言，然相传不多得，同志者未得合并以观全书，每有余憾。"也证实阳明先生文集流传之广，刊刻地理分布之散。

二、入选宁波文献的选介

因篇幅原因，笔者从253部珍贵古籍选择八种加以叙录，再以列表形式予以刊载，见表一。

（一）稿本《古歌谣残稿》不分卷

现藏国家图书馆，入选第二批名录。该书高二十八厘米，宽二十二点八厘米，每半叶十二行，行二十字，无格。钤“东莞莫氏五十万卷劫后珠还之一”“东莞莫伯骥所藏经籍印”，曾经东莞莫氏收藏。该书为范钦从《史记》、《汉书》等古籍中辑录的明代之前各代的古歌谣、谚语，并按年代加以编次，附录前人及编者的注释。此外，书中也辑录少量明代歌谣、谚语。2016年中华书局以《国家图书馆藏〈古歌谣残稿〉》出版。

（二）稿本《南雷杂著稿》不分卷

现藏上海图书馆，入选第二批名录。系黄宗羲手稿，收文四十篇、诗二首。1987年，吴光点校整理该稿本的释文，浙江古籍出版社出版时书名为《黄宗羲南雷杂著稿真迹》。1993年10月浙江古籍出版社出版《黄宗羲全集》第11册《南雷诗文集》收录其中十四篇文，以手稿标注整理。

（三）稿本《疏影楼词》《疏影楼词续钞》

前者现藏天一阁博物院，入选第五批名录，该书分为二卷，卷上分为《疏影楼词》和《听雨词》，卷下题《上湖草堂诗余》，收《剪灯夜语》和《画边词》各卷的名称与编次与刻本不同，为姚燮的初稿本，不是定稿。后者现藏于国家图书馆，入选第四批名录，该书不分卷，尚无专文论述，也未出版，有待研究。此外，两种书的钞本较多，如《疏影楼词续钞》不分卷同治钞本藏于上海图书馆，《疏影楼续词》二卷钞本藏于中国社科院图书馆，《续疏影楼词》陆智衍校写本八卷原藏于李一氓处。1986年沈锡麟整理标点《疏影楼词》，浙江古籍出版社出版。

（四）钞本《春秋世学》三十三卷

现藏湖北省图书馆、天一阁博物馆，均为完本，分别入选第二批、第三批名录，系明鄞县丰氏万卷楼钞本。半叶九行，行二十二字，小字双行同。蓝格，无鱼尾，四周双边。

（五）宋刻本《文选》六十卷

现藏国家图书馆，入选第一批名录。存二十四卷，为宋绍兴明州刻递修本，半叶十行，行二十一字、二十二字不等，注文双行，行三十字、三十一字不等。白口，左右双边。卷末有明州参军卢钦题记："右《文选》板岁久漫灭殆甚，绍兴二十八年（1158）冬十月，直阁赵公来镇是邦。下车之初，以儒雅饰吏事，首加修正字画，为之一新，俾学者开卷免鲁鱼亥豕之讹，且欲垂斯文于无穷云。右迪功郎明州司法参军兼监卢钦敬书。"

（六）宋刻本《汉隽》十卷

现藏国家图书馆、辽宁省图书馆各一部，入选第一批名录。版本为宋淳熙十年（1183）象山县学刻本，半叶九行，白口，左右双边。版心下有刻工"陈真""孙济""王进"等名字，避讳"匡""殷""恒""慎"等字。书前题记云："象山县学《汉隽》每部二册，见卖钱六百文足，印造用纸一百六十幅，碧纸二幅，赁版钱一百文足，工墨装背钱一百六十六文足。"国家图书馆藏本有"季振宜藏书""海源阁""宋存书室"等藏书印。辽宁省图书馆藏本卷五至卷六配元刻本。经明代藏书家项子京收藏，有"项墨林父秘笈之印""子京父印""项元汴印"等藏书印。清代入藏皇宫，钤有清宫天禄继鉴藏书玺印全套。

（七）元刻本《困学纪闻》二十卷

现藏国家图书馆，入选第一批名录，系王应麟撰，为元泰定二年（1325）庆元路儒学刻本。半叶十一行，行二十四字，白口，左右双边，有"右任"藏书印。

（八）元刻本《程氏家塾读书分年日程》三卷

现藏国家图书馆，入选第六批名录，系程端礼撰，为元元统三年（1335）甬东家塾刻本，程恩泽题款，半叶九行，行二十二字，黑口。

除了纳入《国家珍贵古籍名录》的宁波历史文献，在中国民间收藏家、国外文物机构还有不少遗珍，如哈佛大学哈佛燕京图书馆藏宋奉化王公祠堂刻本《大般若波罗蜜多经》、元至正十四年（1354）鄞江书院刻《增广事联诗学大成》，美国加州大学伯克利分校图书馆藏元至正六年（1340）庆元路儒学刻本《玉海》二百卷《辞学指南》四卷。今后宁波图书馆将继续通过网络调查和实地走访，以数字化形式将宁波文献的珍品逐步回归，以整理点校、影印等方式传播，助力宁波优秀传统文化的发扬光大。

表一：《国家珍贵古籍名录》中部分宁波文献一览表

书 名	作 者	版 本	收藏机构
唐书二百卷	（后晋）刘昫等撰	明嘉靖十八年（1539）闻人诠刻本	杭州图书馆
文选六十卷	（梁）萧统辑 （唐）吕延济 刘良 张铣 吕向 李周翰 李善注	宋绍兴明州刻递修本	国图
魁本大字详音句读周易二卷	（唐）陆德明音训	元至正十二年（1352）梅隐书堂刻本	国图
韦苏州集十卷拾遗一卷	（唐）韦应物撰	宋乾道七年（1171）魏杞平江府学刻递修本	国图
北堂书钞一百六十卷	（唐）虞世南辑	明正德十三年（1518）竹东书舍抄本	上图
孔子庙堂碑	（唐）虞世南撰文并书 （唐）睿宗李旦篆额	唐天宝十一年（752）刻石 宋拓本	故宫博物院
农书三卷 蚕书一卷 於潜令楼公进耕织二图诗一卷	（宋）陈旉撰 （宋）秦观撰 （宋）楼璹撰	明末毛氏汲古阁影宋抄本	河南省图书馆

书 名	作 者	版 本	收藏机构
直斋书录解题五十六卷	(宋)陈振孙撰 (清)卢文弨订正	稿本	上图
新刊名臣碑传琬琰之集上集二十七卷 中集五十五卷 下集二十五卷	(宋)杜大珪辑	宋刻元明递修本	天一阁
范文正公集二十卷 别集四卷 政府奏议二卷 尺牍三卷 遗文一卷 年谱一卷 年谱补遗一卷 祭文一卷 诸闲赞颂论疏一卷 论颂一卷 诗颂一卷 朝廷优崇一卷 言行拾遗事录四卷 鄱阳遗事录一卷 遗迹一卷 褒闲祠记二卷	(宋)范仲淹撰 (宋)范纯仁 范纯粹撰 (宋)楼钥撰	元天历元年褒贤世家家塾岁寒堂刻明修本	湖北图
范文正公集二十卷 遗文一卷 年谱一卷	(宋)范仲淹撰 (宋)范纯仁 范纯粹撰 (宋)楼钥撰	元天历至正间褒贤世家家塾岁寒堂刻本 黄裳跋	中华书局
范文正公集二十卷 政府奏议二卷 尺牍三卷 年谱一卷 年谱补遗一卷 言行拾遗事录四卷 鄱阳遗事录一卷 遗迹一卷	(宋)范仲淹撰 (宋)楼钥撰	元天历至正间褒贤世家家塾岁寒堂刻本	上图
鲁诗世学三十二卷首四卷	(宋)丰稷正音 (明)丰庆续音 (明)丰耘补音 (明)丰熙正说 (明)丰坊考补	稿本 沈曾植跋	上图
纬略十二卷	(宋)高似孙撰	清白鹿山房活字印本	湖北图
棠阴比事一卷	(宋)桂万荣撰	元刻本	北大图
东观余论二卷	(宋)黄伯思撰	宋嘉定三年(1210)温陵庄夏刻本 丰坊题记 项元汴跋 惠兆壬题识	上图
慈溪黄氏日抄分类九十七卷	(宋)黄震撰	元刻递修本(卷八十、八十四至九十七配清抄本)	吉林省图书馆
慈溪黄氏日抄分类九十七卷 古今纪要十九卷	(宋)黄震撰	明正德十四年(1519)书林龚氏明实堂刻本	复旦图
梅亭先生四六标准四十卷	(宋)李刘撰	明范氏卧云山房抄本	浙图

书名	作者	版本	收藏机构
两汉诏令二十三卷	（宋）林虙 楼昉辑	元至正九年（1349）苏天爵刻本（卷九至二十三配清抄本）姚畹真 方若蘅 刘世珩跋	上图
汉隽十卷	（宋）林钺辑	宋淳熙十年（1183）象山县学刻本	国图
新刊迂斋先生标注崇古文诀三十五卷	（宋）楼昉辑	明刻本	南京市博物馆
迂斋先生标注崇古文诀三十五卷	（宋）楼昉辑	元刻本	国图
攻媿先生文集一百二十卷目录三卷	（宋）楼钥撰	清抄本（原缺卷七十七至七十九）翁心存跋	上图
攻媿先生文集一百二十卷目录五卷	（宋）楼钥撰	宋四明楼氏家刻本	北大图
［嘉定］赤城志四十卷	（宋）齐硕 陈耆卿等纂修	明弘治十年（1497）刻万历重修本（卷八至十二配清抄本）丁丙跋	南图
仙源类谱	（宋）史浩等纂修	宋内府抄本	国图
庆元府雪窦明觉大师祖英集二卷 瀑泉集一卷 雪窦显和尚明觉大师颂古集一卷 雪窦和尚拈古一卷	（宋）释重显撰 （宋）释允诚辑 （宋）释远尘辑	宋刻本	国图
司马温公稽古录二十卷	（宋）司马光撰	明范氏天一阁刻本	徐州师范大学图书馆
资治通鉴考异三十卷	（宋）司马光撰	宋绍兴二至三年（1132-1133）两浙东路茶盐司公使库刻宋元递修本（卷二十七至三十配清影宋抄本）	国图
资治通鉴二百九十四卷 通鉴释文辨误十二卷	（宋）司马光撰 （元）胡三省音注 （元）胡三省撰	元刻本	上图
［宝祐］重修琴川志十五卷	（宋）孙应时纂修 （宋）鲍廉 钟秀实续修 （元）卢镇增修	清曹炎抄本 黄丕烈跋	江苏省常熟市图书馆
西汉年纪三十卷	（宋）王益之撰	清乾隆翰林院抄本（四库底本）邵晋涵校	南图
三家诗异文释三卷补遗三卷	（宋）王应麟集考 （清）冯登府疏证	手稿本 李富孙校	浙图

书 名	作 者	版 本	收藏机构
韩鲁齐三家诗考六卷	(宋) 王应麟辑	元泰定四年(1327)刘君佐翠岩精舍刻本	国图
困学纪闻二十卷	(宋) 王应麟撰	元泰定二年(1325)庆元路儒学刻本	国图
玉海二百卷	(宋) 王应麟撰	元后至元六年(1340)庆元路儒学 刻元明递修本(卷三十九有抄配,卷三十二有缺叶)	东北师范大学图书馆
玉海二百卷辞学指南四卷	(宋) 王应麟撰	元后至元六年(1340)庆元路儒学刻本	国图
玉海二百卷辞学指南四卷 诗考一卷 诗地理考六卷 汉艺文志考证十卷 通鉴地理通释十四卷 汉制考四卷 践阼篇集解一卷 周易郑康成注一卷 姓氏急就篇二卷 周书王会补注一卷 急就篇补注四卷 小学绀珠十卷 六经天文篇二卷 通鉴答问五卷	(宋) 王应麟撰	元后至元六年(1340)庆元路儒学刻元明递修本	国图
事类赋三十卷	(宋) 吴淑撰并注	宋绍兴十六年(1146)两浙东路茶盐司刻本	国图
新唐书纠谬二十卷	(宋) 吴缜撰	清乾隆三十四年(1769)抄本 邵晋涵校 李文藻跋	山东省博物馆
慈湖先生遗书二十卷	(宋) 杨简撰	明嘉靖四年(1525)秦钺刻本	陕西省图书馆
子曾子一卷	(宋) 赵汝腾辑	明万历二十五年(1597)沈一贯抄本 罗振常跋	河南省图书馆
百川学海一百种一百七十九卷	(宋) 左圭辑	明弘治十四年(1501)华珵刻本 丁丙跋	南图
程氏家塾读书分年日程三卷	(元) 程端礼撰	元元统三年(1335)甬东家塾刻本 程恩泽题款	国图
剡源戴先生文集三十卷	(元) 戴表元撰	明万历九年(1581)戴洵刻本 鲍廷博校 赵怀玉跋	上图
琵琶记三卷	(元) 高明撰	明万历二十五年(1597)汪光华玩虎轩刻本	国图
琵琶记四卷 附录一卷	(元) 高明撰	明凌濛初刻朱墨套印本	北京师范大学图书馆

书名	作者	版本	收藏机构
通鉴释文辩误十二卷	(元)胡三省撰	元刻本	上图
清容居士集五十卷 目录二卷	(元)袁桷撰	元刻本(卷二十七至二十九、三十七至三十九、四十七至五十配清抄本)	国图
陈后冈诗集一卷 文集一卷	(明)陈束撰	明嘉靖二十五年(1546)张时彻刻本	中山大学图书馆
史记摘丽不分卷	(明)范大澈辑	稿本　黄裳题记	浙图
[嘉靖]宁国县志四卷	(明)范镐纂修	明嘉靖刻本	天一阁
范氏奇书	(明)范钦编	明范氏天一阁刻本	南图
古歌谣残稿不分卷	(明)范钦辑	稿本	国图
建安七子集不分卷	(明)范钦辑	稿本	上图
明贡举录一卷	(明)范钦辑	稿本	天一阁
集古印谱十卷	(明)范汝桐辑	明万历二十八年(1600)卧云山房刻钤印本　蒋学镛　方介堪　叶丰　沙文若跋	西泠印社
逊志斋集二十四卷 附录一卷	(明)方孝孺撰	明正德十五年(1520)顾璘刻本	山东省曹县图书馆
逊志斋集三十卷 拾遗十卷	(明)方孝孺撰	明成化十六年(1480)郭绅刻本	浙大图
逊志斋集三十卷 拾遗十卷　附录一卷	(明)方孝孺撰	明成化十六年(1480)郭绅刻本	瑞安市文物馆
南禺书画目一卷	(明)丰坊辑	手稿本　张廷济跋	上图
春秋世学三十二卷	(明)丰坊撰	明抄本	天一阁
古书世学六卷	(明)丰坊撰	明抄本	湖北图
古易世学十七卷	(明)丰坊撰	明抄本	浙图
南禺外史诗一卷	(明)丰坊撰	稿本	浙图
诗经世本古义二十八卷	(明)何楷撰	清嘉庆二十四年(1819)谢氏刻本　徐时栋校并跋　傅增湘跋	郑州大学图书馆
[嘉靖]定海县志十三卷	(明)何愈 张时彻等纂修	明嘉靖刻本	天津图书馆
海涵万象录四卷	(明)黄润玉撰	明正德十六年(1521)陈槐刻本	河南省图书馆
新刊四明先生高明大字续资治通鉴节要二十卷	(明)刘剡撰 (明)蔡亨嘉校正	明嘉靖叶氏翠轩刻本	浙大图

书 名	作 者	版 本	收藏机构
春秋左传十五卷	(明)孙鑛批点	明万历四十四年(1616)闵齐伋刻朱墨套印本	浙图
椄溪稿八卷	(明)孙钥撰	明万历七年(1579)孙应奎刻本	湖北图
燕诒录十三卷	(明)孙应奎撰	明万历刻本	湖北图
三史统三十六卷	(明)屠本畯撰	明屠氏霞爽阁抄本	浙图
悦容编评林一卷	题长水天放生辑 (明)屠隆评	明刻套印本	四川省 图书馆
园居杂咏五十首不分卷	(明)屠隆撰	稿本	中国科学院 国家科学 图书馆
皇明经济文录四十一卷	(明)万表辑	明嘉靖三十三年(1554)曲入绳、游居敬刻本	湖北图
灼艾集二卷 续集二卷 别集二卷 余集二卷	(明)万表辑	明嘉靖刻本	北大图
王遵岩家居集七卷	(明)王慎中撰	明嘉靖三十一年(1552)句吴书院刻本 杨泰亨跋	天一阁
新镌武经七书七卷	(明)王守仁批评 (明)胡宗宪参评	明天启元年(1621) 茅震东刻套印本	辽宁省 图书馆
传习录三卷续录二卷	(明)王守仁撰	明嘉靖三十三年 (1554)刻本	东北师范大 学图书馆
王文成公全书三十八卷	(明)王守仁撰	明隆庆六年(1572) 谢廷杰刻本	无锡市 图书馆
阳明先生文粹十一卷	(明)王守仁撰	明嘉靖三十六年 (1557)刻本	青海民族学 院图书馆
阳明先生正录五卷外录九卷 别录十四卷	(明)王守仁撰	明嘉靖三十五年 (1556)董聪刻本	首都图书馆
阳明先生文录续编八卷	(明)王守仁撰	明嘉靖四十五年 (1566)徐必进刻本	首都师范大 学图书馆
新刻精选阳明先生文粹六卷	(明)王守仁撰 (明)查铎辑	明嘉靖四十五年(1566)泾川查氏里仁堂刻本	安徽省 博物馆
新刊精选阳明先生文粹六卷	(明)王守仁撰 (明)查铎辑	明嘉靖四十五年(1566)唐龙泉刻本	天一阁
阳明先生文录十七卷 语录三卷	(明)王守仁撰 (明)徐爱辑	明嘉靖二十六年(1547)范庆刻本	首都图书馆

书 名	作 者	版 本	收藏机构
［嘉靖］南畿志六十四卷	(明) 闻人诠 陈沂纂修	明嘉靖刻本	天津图书馆
杨文懿公文集三十卷	(明) 杨守陈撰	明弘治十二年(1499)新安刻本	北大图
杨文懿公文集二十卷	(明) 杨守陈撰	明弘治十二年(1499)杨茂仁刻本 丁丙跋	南图
古今识鉴八卷	(明) 袁忠徹辑	明景泰二年(1451)刻本 丁丙跋	南图
张文定公觐光楼集十卷 纡玉楼集十卷 靡悔轩集十二卷 环碧堂集十八卷 养心亭集八卷 四友亭集二十卷	(明) 张邦奇撰	明刻本	四川省图书馆
张文定公文选三十九卷	(明) 张邦奇撰	明嘉靖二十九年(1550) 张时彻刻本	北大图
急救良方二卷	(明) 张时彻辑	明嘉靖二十九年(1550) 自刻本	河南中医学院图书馆
摄生众妙方十一卷 急救良方二卷	(明) 张时彻辑	明隆庆三年(1569) 衡府刻本 唐成之跋	中国中医科学院图书馆
芝园定集五十一卷	(明) 张时彻撰	明嘉靖刻本	重庆图书馆
芝园定集五十一卷 别集十卷 外集二十四卷	(明) 张时彻撰	明嘉靖刻本	四川省图书馆
六书本义十二卷图一卷	(明) 赵㧑谦撰	明正德十五年(1520)胡东皋刻本 曹元忠跋	南图
［嘉靖］宁波府志四十二卷	(明) 周希哲 张时彻纂修	明嘉靖刻本	浙图
古本荆钗记二卷	(明) 朱权撰 (明) 屠隆评	明刻本 吴梅 金兆蕃跋	国图
东南记闻三卷		清初抄本 邵晋涵跋	南图
宋元学案补遗一百卷	(清) 冯云濠 王梓材辑	稿本	浙图
十翼后录七卷	(清) 黄以周撰	稿本	清华大学图书馆
五礼异义不分卷	(清) 黄以周撰	稿本	天一阁
易释不分卷	(清) 黄以周撰	稿本	天一阁
明文案二百十七卷	(清) 黄宗羲辑	清蓝丝栏抄本	天一阁
明文海(删余稿) 不分卷	(清) 黄宗羲辑	清乾隆内府写四库全书文渊阁本	河南省图书馆

书 名	作 者	版 本	收藏机构
明文海四百八十二卷	(清) 黄宗羲辑	清初抄本	浙图
南雷文定十一卷后集四卷附录一卷	(清) 黄宗羲撰	清康熙二十七年(1688)靳治荆刻本 王芑孙批并跋	南图
南雷杂著稿不分卷	(清) 黄宗羲撰	稿本	上图
续甬上耆旧诗不分卷	(清) 全祖望辑	稿本 冯贞群跋	浙图
鲒埼亭集三十七卷	(清) 全祖望撰	清吴氏拜经楼抄本 吴骞批校并录杭世骏批注 陈鳣校 唐翰题章钰跋 吴重熹校并题识	上图
诗经纂一卷	(清) 邵晋涵撰	稿本	天一阁
雪窦寺志十卷	(清) 释行正辑 (清) 释行恂增辑	清初刻本	无锡市图书馆
明史稿不分卷	(清) 万斯同等撰	稿本	天一阁
明史地理志稿不分卷	(清) 万斯同撰	清万氏家抄本 冯贞群跋	浙图
明女史八卷	(清) 万言撰	稿本 佚名批校	浙图
复庄今乐府选	(清) 姚燮撰	稿本 姚燮校并跋	国图
复庄今乐府选卷 总目一卷 附录二卷	(清) 姚燮撰	稿本（总目一卷为光绪三十年冯辰元抄配） 姚燮批校并跋 姚燮校并跋 无我相居士 □文山农跋	天一阁
蛟川耆旧传不分卷	(清) 姚燮撰	手稿本	浙图
诗问稿一卷	(清) 姚燮撰	稿本 傅濂题签并批校 叶廷枚跋	浙图
疏影楼词二卷	(清) 姚燮撰	稿本 姚儒侠跋	天一阁
疏影楼词续钞一卷	(清) 姚燮撰	稿本	国图

注：国家图书馆简称国图、宁波市天一阁博物院简称天一阁，湖北省图书馆简称湖北图、浙江图书馆简称浙图、上海图书馆简称上图、浙江大学图书馆简称浙大图、北京大学图书馆简称北大图、复旦大学图书馆简称复旦图、南京图书馆简称南图

南宋进士王定生平事迹考略

文 | 王灵恩

【摘　要】宁海人王定是宋代浙东理学传承的一个重要人物，曾师从蔡幼学、孙应时，嘉定元年登郑自诚榜进士，秘阁修撰致仕，卒赠朝请大夫，颇具“学而优则仕”的代表性。本文以《竹林王氏宗谱》《宋史》《全宋文》等文献以及新近搜集到的数篇文章和宋代词臣所制的数条敕书为线索，对王定这一特定个体进行深入分析探究，研究王定生平、交游、授业、仕宦等经历，展现其德行之高品、治学之勤勉、为官之廉政。站在新时代的历史交汇点，追寻其人生遭际及成功经历，有着深刻的意义。

【关键词】王定；竹林王氏宗谱；郑霖；罗适；浙东理学

王定（1160—1250），字君保，宁海竹林人，嘉定元年（1208）登郑自诚榜进士，秘阁修撰致仕，卒赠朝请大夫。王定从仕以来，宦游多地，清介自持，政声卓著，有“一代清官”美誉。这样一位人物却不为人所熟知。其生平除了临海耆宿陈耆卿编纂的《嘉定赤城志》与清代官修的《宁海县志》中有简略的介绍外，只能在《竹林王氏宗谱》中得以一见。但谱上虽有王定，却仍不详，尤缺登第之前的经历。稍为详尽的资料，在其子王集的《岁月记》与其侄王桀的《朝议大夫云闲公传》，以及多位故旧同僚或后学所撰《祭朝议大夫云闲王公》等数篇祭文。而王定本人的诗文，几乎全部散佚。囿于资料短缺，详考王定的生平事迹几无可能。

笔者趁竹林王氏重新修谱之机，重新翻检历代志书及宋代典籍，如《台州历史文献丛书》、文澜阁《四库全书》、《全宋文》等，搜集到涉及王定的数篇文章及宋代词臣所制的数条敕书。笔者试就王定的生平事迹、宦游经历等做一些探讨，尽可能还原一个真实的王定。

一

光绪年间编纂的《竹林王氏宗谱·艺文卷·御史撰卿云闲公（讳定）年谱》载：

绍兴三十年（1160）庚辰七月二十七日丑时生；淳熙十六年（1189）己酉科乡试中式，时年30；嘉泰二年（1202）壬戌，时年43，授迪功郎；嘉定元年（1208）戊辰登郑自诚榜进士，时年49，授迪功庆元府象山主簿；嘉定二年（1209）己巳二月时年50，丁先父忧；嘉定四年（1211）辛未服阙改婺州东阳主簿，时年52；嘉定九年（1216）丙子，时年57，转从政郎，转华亭县丞，宝玺恩赐文林郎；嘉定十二年（1219）己卯，时年60，辟余姚县盐政，宪帅檄摄狱掾奏兼干官，充茂陵使属；宝庆元年乙酉年（1225），时年66岁，恩赐承直郎，以考举及格班改奉议郎，八月除太学博士；绍定元年戊子年（1228），时年69岁，迁临安府东倅；绍定三年庚寅年（1230），时年71岁，转朝奉郎，除诸王宫教授，除守常州京尹；绍定四年辛卯年（1231），时年72岁，再除守常州，遗戍有功转朝散郎；绍定五年壬辰年（1232），时年73岁，除浙东提举屯田员外郎；绍定六年癸巳年（1233），时年74岁，转朝请郎，皇太后上仙充礼仪使转朝奉大夫选兵部郎中；端平元年甲午年（1234），时年75岁，兼左司权检正监察御史除大理寺少卿，升宝谟阁知温州；端平二年乙未（1235），时年76岁，兼浙东提刑，12月升直徽猷阁知庆元府兼沿海制置司；端平三年丙申（1236），时年77岁，主管绍兴府千秋鸿禧观升直宝文阁致仕；淳祐四年甲辰（1244），时年85岁，进秘阁修撰；淳祐十年庚戌（1250），时年91岁，卒于家祀明堂，赠朝请大夫。

据笔者查考，文献中现存王定生平资料有以下几种：（一）宋代临海人陈耆卿所纂修《嘉定赤城志》："王定，宁海人，嘉定元年郑自诚榜进士。"此乃迄今能找到有关王定的最早资料；（二）《咸淳临安志》（卷五十）"倅贰"篇首语云"太平兴国杭归版图，倅与守俱置至"，倅为守之佐，属辅佐之官，有"半刺史"之称。临安府分有南厅、北厅及东厅，时王定为东厅之倅，故称"东倅"；（三）宋史能之纂修的《咸淳毗陵志》，其"秩官"条列郡宫内有"王定【绍定四年二月朝奉郎，九月以皇太后庆寿转朝散郎，五年九月除浙西提举】"。当时常州府属两浙路，王定在常州时，作为郡守留有"毗陵三绝郡守王定题"的笔墨。此志还留下"《崇安千佛阁记》，绍定中天台王定撰"的信息，但已无考。（四）宋吴泳在《鹤林集》中收录《监察御史王定授大理少卿制》曰："敕具官某：执宪南台，明刑北寺，均于治天下之平也。尔年耆行高，智敏才赡。见闻之接诸老，尚有典刑；仕宦而升中都，不畏强御。辍从宰士之要，分典台纲之清。曾未浃旬，贰于卿谳，朕之所以待汝亦厚矣。尔其谨于庶言庶狱，稽用中德，尚朕钦恤之意。可。"（五）清李琬修、齐召南等纂《温州府志》"历代郡守"篇载："王定直宝谟阁知端平"；（六）《延祐四明志》卷第三载："王定：朝奉大夫、直徽猷阁、知庆元府兼沿海制置副使，端平三年三月"。由洪咨夔所拟的《赐直徽猷阁沿海制置副使兼知庆元府王定银合腊药敕书》

(《平斋集》卷十六)载:“卿显膺阃寄,坐镇瀛壖,密拱京畿。凛水泽之中坚,严风寒之外护。爰锡摄调之剂,用昭眷倚之怀。民瘼既苏,戎容益振。”明《嘉靖宁波府志》“秩官表”之历代刺史也有其列名记载,时与游九功有交集。(七)《全宋文》(七九七一卷)宋理宗在淳祐三年十一月三日颁《王定为秘阁修撰叶武子直龙图阁诏》曰:“直宝文阁王定素履平实,直显谟阁叶武子雅志恬退,皆挂冠日久,年德俱高,其以定为秘阁修撰,武子直龙图阁。”(八)《光绪宁海县志》载:“王定,字君宝,赤城志作君保,竹林人,嘉定元年进士,五十二始登第,仕至秘阁修撰。清慎自持,饮食服饰一如诸生。家业一无增置。号云闲居士,历官二十四年,闲十五年,寿九十一。”较为翔实。

基于上述八条史料,与族谱中王定的年谱比对,其登第后的履职情况基本吻合,只有两处略有差异。一是王定登第时的年龄,《光绪宁海县志》记为52岁,而族谱所记出生年份为“绍兴三十年(1160)庚辰七月二十七日丑时生”。实际上王定中榜登第时间为嘉定元年(1208),故应采“49岁”之说。二是王定“知庆元府兼沿海制置司”这一官职,现有材料均指出所兼摄的是“沿海制置副使”,而族谱记载为兼“沿海制置司”,一种可能是“司”“使”讹误,有待查证。

二

王定子王集,字义夫,宋时曾任迪功郎、绍兴余姚主簿、庆元府司法参军。他曾撰《岁月记》一文,提到其父早年从学经历:“先君少刻志从烛湖孙公应时游,继从文懿蔡公幼学讲《春秋》。乐靖文定丘公崇素严毅,少许可驰书千里以礼延至,一见器重。”这是一条重要的线索。

自宋室南渡，文化随之播迁。宋代以儒立国，远溯圣传，诸儒继起，书院林立，其中以伊洛、龙川、象山、永嘉、金华诸学派为盛。王定能够在这样的历史背景下脱颖而出，要从他早年的求学经历说起。

尚为举子的王定，就被其父西园公王概送到蔡幼学、孙应时两位浙东理学名家门下。郑霖曾回忆："方为举子时，亲师取友，不惮裹粮千里，受学于永嘉文懿蔡公，卒业于烛湖孙公，尽扫时文之枝叶，深穷理学之根本。"

孙应时（1154—1206），字季和，号烛湖居士，余姚人。早年师事陆九渊，入太学。登淳熙二年进士第，为黄岩尉，与常平使者朱嘉定交。历任海陵丞、遂安令。丘崈帅蜀，辟入制幕。后知常熟县，开禧二年，起判邵武军，将赴而卒，年五十三，著有《烛湖集》。

孙应时给王定的影响是多方面的，既有学术性的理学传导，也有政治性的理政理念熏陶，更有高层人脉的引荐之功。尽管孙应时仅比王定大了六岁，但孙氏的学问号召力，在浙东无疑是第一等的。有了他的面命耳提，王定很快便吸收了象山嫡传子弟"心学"，其陆九渊的君臣相处之道令王定受用一生，就此而言，王定自然也成为陆象山的再传弟子。日后又得蔡幼学等永嘉事功学派的加持，仕途上越走越顺畅。

孙氏《烛湖集》卷六中有《与王君保书》一文，是目前已发现的专门写给王定的唯一宋文，颇为难得，全文摘录如下：

某顿首启君保贡元仁友：别久，不胜驰情。道远固难附书，兹承颛人千里馈问，意谊深厚，慰何可言。春寒，远想侍奉尊公宣义起居康福。某到官行亦一年，奉老母、领孥累粗安。邑小地偏，在严之西稍北，与徽、衢接境，自昔监司所不至，过客亦极罕。土薄民贫，少商贾，而月发之额良重。拘催细碎，费强半日力，虽复分并限节，视旧为简，犹未见有井井整暇之道。其间凿空无义礼之事尚多有之，责以古法，正未免月攘一鸡耳。听讼不敢不尽心，一年间偶幸未有重囚。学校久废，始至即延一士授徒其中，每旬一再诣之，略为讲说，亦尝一再课试，稍成气象。近方立周、程三先生祠，亦设南轩、东莱祠其旁，盖曩尝为邦侯、郡博士也。当作一记，犹未暇。元旦与大夫士谒社稷，齿饮于学，仍讲书。凡此皆略致区区意焉耳，恐欲知，故悉及之。若自己，则全不暇读书，殊荒落可媿。来书详複承亲庭强健，家居讲学甚适，力虽薄，仅可以无求于人，已为福矣。科举文字亦须随分料理，欲改赋固无害，但须决计理会，一件不要，只管计较，徒乱意。牒试之图，切不必尔。得失命也，是憧憧者果何心哉。读《易》且只尊信程传，妙在画上之说，固然，恐未有专功玩索，即不宜轻易撰说。《麻衣易》未尝考，《易通》即《通书》耳。所欲言甚多，不能究，惟祝眠食自爱重。不宣。

这封仅500多字的书信，此文所谈及的内容涵盖面极广，有常规的问候，也有学术的探讨，甚至还谈及科举的改革事宜等，印证了这是一对亦师亦友的学人，更是一对志趣相投的契友，这在南宋后期士人当中有相当的典型性。据笔者分析，此信应写于王定中举之后、登第之前，有较高的历史研究价值。

孙对王的关心还体现在人际关系的串接与引荐上。因孙曾在蜀地，有一段在同知枢密院事兼四川制帅丘崈处的入幕经历，故与丘关系极为密切。他在两份《上丘文定公书》均推荐了王定给丘帅。《烛湖集》卷七收录了两篇《上丘文定公书》，其一称“王友（指王定）必已过建业”，大抵反映王定经孙应时之荐，已赴丘公之处的情形。“此士心行可保，实不易得”，信中文字不吝溢美，足见孙氏对王定德行与仕途的厚望。郑霖也曾提到王定“晚客于文定丘公之门，策其进者犹多”。

孙对王的关照还远未止此,《烛湖集》卷六收录一篇《上象山陆先生》,提到蒙师门之教诲深切,门下桃李之德业益进,尤其重点提及"宁海一学子王定者,极可喜。其所与,同处者浮屠正因,某虽未识之,见其言语,奇士也,已决逃墨归儒之意,特母老无家,聊依僧坊以为养,惜未有人力能成其事者,因试及之,吏事丛沓,拜状草率,惶恐"。信中对王定评价甚高,对王定决意弃释归儒,用"极可喜"称之,大有看好之意。

在《与王子知书》中,孙应时写道:"某旦夕将母就戍,诸况君保当具言之。吾友英发有胆决,志度不小,一第分内事,谅不以自多。少年日月,家居无事,计当洗心圣贤之训博,以古今之变,他日成就,未可量也。天姿不可恃,风俗易以溺人,愿敬毋忽。"此为孙应时写给宁海人王藻的信,可见王定是他所能托办诸事之可信赖与寄托者。

而王定能与大儒朱熹结识,孙应时引荐之功大焉。孙在《上晦翁朱先生书》中也提到王定:"宁海一释子名正因者,顷深于禅,且有实行,已忽省念,人伦天分不应绝灭,遂屏其书,归心程子之训,欲还冠巾,而母老无家,姑寄食一墓庵以为养。其人未四十,言语气象殊非苟然者。某未识之,然得之于宁海一学子王定,定与因同志,不妄也。先生记此人,终成就之,乃一奇事。"据宁海集良王氏进士王藻为王定父亲所撰《封翁西园公墓志》:"公以正谊材实,受知故给事吴公、司农卿赵公子濛、敷文赵公侁。而以率先乡井义设,为待制朱公熹所亲重,朱公自解节已行,州县或改或废,而公所规至今不易,亦足以见其行乎一乡矣。枢使丘公每以未一面为不满,岁卒再致馈问,都中缙绅,知公者尚多。仲子(指王定)所与游又皆闻人,著其纡事,声之铭诗,诏不朽者,顾待兹石乎!"从另一侧面反映出王定家族与朱熹、丘崈等人交往密切之缘由，也折射出王定有着颇广的社交面。

孙应时先后几番与陆、朱提及王定，并不吝誉之，除了王定自身的天赋因素外，很大程度上也是老师看到学生的潜力，视之为不可多得的可造之才，能为国所用。这符合当时学人经世致用的目标。

除了孙应时，还有一位重要人物对王定的人生至关重要，他就是南宋永嘉事功学派的重要传人蔡幼学。

蔡幼学（1154—1217），字行之，温州瑞安人，少从陈傅良学，登乾道八年进士第，教授广德军、潭州。光宗立，历秘书省正字，校书郎。宁宗即位，韩侂胄用事，力求外补，特除提举福建常平。坐与朱熹关系密切，为御史劾去，奉祠凡八年。开禧中，召为吏部员外郎，迁国子司业，宗正少卿，皆兼权中书舍人。侂胄诛，迁中书舍人兼侍讲。嘉元初兼直学士院，除刑部、吏部侍郎。以龙图阁待制出知泉州、福建，进福建安抚使。升宝谟阁直学士，权兵部尚书兼太子詹事。嘉定十年卒，年六十四，卒谥文懿。著有《春秋解》《国朝编年政要》《育德堂集》等,《宋史》有传。

蔡所著之文，目前虽无有关王定的线索，但其与孙应时之交集，还是可佐证的。蔡幼学曾上《白政府乞为孙应时推恩状》奏折，是其在孙赴履新职途中卒亡后而草拟。他将孙的人品、学识、才干、贡献及蒙冤曲直如实铺陈。据王定侄王桀在祭文中回忆："继从永嘉文懿蔡公尚书幼学讲《春秋》，终岁刻苦，穷经旨大义。蔡公声价喧涌，门多宿艾，皆相与雁行鹄立，友之而不以师也。谒归赠诗，有'羡君多有志，愿我独空明'之句。"佐证了王定在蔡公处问学的情形，以及与蔡公亦师亦友的亲密关系。

王定既得蔡、孙诸师亲炙，还能深得陆、朱儒宗之绪余，如鱼得水，忘情地吸纳理学养分。在他所建构的学术体系中，无疑有心学派、道学派及事功学派的遗响。

三

张磻（？—1257），字渭老、敬夫，号松山，福州人。南宋嘉定四年进士，由点检赡军，历官国子祭酒，权兵、吏二部尚书，权刑部尚书兼礼部，拜端明殿学士，知枢密院事、参知政事，进封长乐郡公。后辞去官职，宝祐五年九月卒，赠少师。

张磻为人守正不阿，素以直言敢谏名震于时，是一位名副其实的耿介之臣。他素仰重王定，对王定执弟子礼，故王定寿终正寝时，写下了一篇《祭朝议大夫云闲王公》。他在祭文中写道“唯公实世巨人，烛湖之友，乐净之宾，莫可度量，如波汪汪，莫可指摘，温如珪璋”“其宽有制，唯权唯度，其廉不刿，已约人裕。是以治绩，随其所居，无适不宜，所立卓荦”，无疑是很高的评价。

游似是王定的又一位同僚好友。游似（？—1252），字景仁，号克斋。宋果州南充人。嘉定十六年（1223）进士。累官吏部尚书，入侍经幄，淳祐四年（1244），游似自资政殿大学士、通议大夫、提举万寿观除知枢密院事兼参知政事，翌年拜右丞相兼枢密使。1247年罢相归里。

游似是一位历经宦海多年的能臣名相，撰《祭朝议大夫云闲王公》，叙述当初与王定“一见倾心”。忆及王定刚出任知府，便顺道造访游府作别，俩人推杯换盏，诗兴大发，泼墨题诗，留下“留连诗酒”的佳话。他盛赞公有“议合则留，不合则去”的刚直秉性。所履之地，政声誉然，百姓称然。“宁使东嘉，民歌襦裤”，正是他出任温州知府施行善政的真实写照。

王定赢得了当时一批士人的追随，其道德学问和为官操守，足以影响到此后郑霖、叶梦鼎、舒岳祥、杨景绮及陈耆卿、吴子良等一大批士林饱学之士。王定的门生与乡党中，关系最为契合的首推宋代名臣郑霖与一代名相叶梦鼎。郑霖（1180—1251），字景说，一字润父，号雪岩，亦号蒲溪，宁海东乡西洲（今称西岙）人。初为太学生，青年时教授乡里，50岁进士及第，61岁知嘉定县。后历任大理司直、枢密院编修等职。赠中奉大夫、龙图阁直学士。著有《雪岩集》《中庸讲义》等。

郑霖是宁海历史上的杰出人物。作为王定的门生，郑霖在王定殒殁后，亲撰《祭朝议大夫云闲王公》：

古之所谓乡先生也者，出则为世仪型，殁则使人思慕，非徒以爵齿论，以德为之先也。吾里代有达尊，惟赤城、云闲二先生，相望百年间，出处相似，操守相合，不但起敬于一时，犹将闻风于百世。

霖自弱冠受公之知，公为博士，尚得受经馆下，蒙诲尤笃。迨霖随牒远方，不获陪杖履者几十余年，归自金陵，音问不绝。丁未之冬，起家畿辅，踏雪访公，喜见眉间，问劳生平，探索所蕴，酒行无数，更筹欲尽，对语不倦，精神自如。翌日告别，携酒于族人之亭，诗以送之，皆药石语，何可忘也！三载吴门，屡疏乞归，尚望公享期颐之寿，犹得从公徜徉泉石间。今忽闻讣，痛肠如割。嗟呼！老成雕谢，后生何法？音容日远，悲无已时。顾余衰钝，学不如进，犹幸有德有年，耳濡目染，惟日勉焉。异时得附二先生之后，犹足以舒余悲。专价修词，生刍一束。情不能尽，惟灵鉴之。尚飨。

郑霖曾师从王定，后遭权臣贾似道怨恨直至罢官，面对恩师王定的离去，不禁悲从中来，写下这篇有名的祭文。南宋理宗朝，贾似道把持朝政，正直能臣打压受贬，一些朝臣趋炎附势已成常态。而王定、郑霖这些文士能出淤泥而不染。郑霖敬仰王定为人，也引王定为平生之楷模。翌年，年逾七旬的郑霖，也随先生驾鹤归西。

叶梦鼎（1200—1279），与王定年龄相差足有40岁之多，但并不妨碍他们成为忘年交。叶梦鼎12岁从郑霖学，壮年时由郑霖引荐，在京师从王定。33岁入太学，38岁升太学上舍入优等，拔为两优，以第一释褐。后历任州军事推官、太学录、秘书省正字、军器少监兼兵部郎官、知府、参知政事等，68岁拜右丞相兼枢密使。70岁上疏乞仕，后多次封授，不拜。77岁时，益王在闽即位，召为少师、太乙宫使。他奉旨勤王，因路梗不能进，南向痛哭失声而返。80岁卒于家。

《竹林王氏宗谱》收有叶梦鼎《祭朝议大夫云闲公》：

呜呼！孟子论三达尊终之曰：德匪德而爵光，禹何择德劣于齿，跖□□等尔。世每恨于难全，公独钟于完美。问公之年，几卫武公猗猗绿竹，难尽形容；问公之爵，兼汉万石约素躬行，芬芳史册。呜呼！凡寿有终，而德无穷；彼爵何常，而德弥光。芸芸众万，同归于尽，公生之不虚，死之不泯。鼎壮岁入学，拜公于京。荧荧郎星，澹如老生。休沐归告，候公于鄞。双旌蔽日，一室悬冰。追绿野之归洁，又两闯于公庭。时则寒花短篱，烟萝老屋。哦栗里之清风，啸山阴之修竹。卓乎伟哉！孤芳众忌，皎皎不缁；独醒众醉，谔谔不随。奚止为乡国之望，真所谓人伦之师。蹇予心棘，凄其山栖。方膏秣以往从，惊讣闻之倏来。呜呼！世道弗淑，人情转偷。惟清足以激浊，惟重足以镇浮。惟静足以清竞，惟介足以立柔。天眷有德，呜呼何尤？存者落落，逝者悠悠。吾不为公死恸，重为国空忧。呜呼哀哉！尚飨。

王定对舒岳祥更具特殊意义，既是乡贤前辈，更是恩师。舒岳祥（1220—1298），初名奎，字舜侯，又字东野，宁海阆风里人，故称“阆风先生”。舒七岁能作古文，出语惊人，落笔脱俗。稍长，跟其祖父习理学，作《原性》诸文，能会朱嘉、陆九渊深微之论。

17岁结婚，弱冠，得秘阁修撰竹林王定勉励，就举，并结识陈耆卿与吴子良，被吴称为“异禀灵识”。38岁登文天祥榜进士。任奉化县尉三年，摄令定海。后游宦湖浙，多次入幕当差。宋亡归乡不仕，筑篆畦园，教授于田园，时与宾友吟咏其间。著有《阆风集》等。

舒岳祥在《故孺人王氏墓志铭》写道：

予亦早有弃去场屋之兴，是时乡长上殿撰王公定勉予就举其书在几格，孺人取读之，谓予曰：“此君分内事，宜听公言。”己酉，予始勉出应进士举，偶滥乡试首荐，既而就省闱，鹢退而反。予自悔此，出林壑改操矣。孺人曰：“君但张拳再进，四十不成名，为梁鸿之偕隐，未晚也。”既而再中乙卯举，遂忝丙辰科进士。

舒岳祥回忆自己在科考中屡试屡挫、从低谷中奋起的励志故事，是秘阁修撰王定给他最大的信心鼓励。这从一个侧面有力地证明王定提携后学，不遗余力。

戴复古（1167—约1248），字式之，自号石屏、石屏樵隐，台州黄岩人，南宋著名江湖诗派诗人。曾从陆游学诗，作品受晚唐诗风影响，兼具江西诗派风格。他的《石屏集》有两首王定郡守常州（约1230—1232年）时的赠诗，殊为难得。其一是《毗陵太平寺画水呈王君保使君》：

何人笔端有许力，卷来一片潇湘碧。
摩挲老眼看不真，怪见层波涌虚壁。
天庆观中双黑龙，物色虽殊妙处同。
能将此水畜彼龙，方知画手有神通。
龙兮水兮终会遇，天下苍生待霖雨。

此首观画水诗刊于《石屏诗集》卷一。诗中将水的特质写得灵动而澎湃，将画水者高超的画技与逼真的画面进行艺术再现，起到了很好的观赏效果。

另一首《毗陵天庆观画龙自名姑苏士李怀仁醉笔诗呈王君保寺丞使君》，颇有太白遗风，满目惺松且不失灵动。诗人笔下画中龙之形状、神态，活灵活现，呼之欲出：

姑苏道士天酒星，醉笔写出双龙形。

墨迹纵横夺造化，蜿蜒满壁令人惊。

一龙翻身出云表，口吞八极沧溟小。

手弄宝珠珠欲飞，握入掌中拳五爪。

一龙排山山为开，头角与石争崔嵬。

波涛怒起接云气，不向九霄行雨来。

万物焦枯天作孚，两雄壁隐宁非懒。

真龙不用只画图，猛拍栏干寄三叹。

“毗陵”为常州古称，其天应观名气十分响亮，据说为祈天降雨之场所，故观内挂有画水、画龙之图。王定盛情，尤使诗人兴致高涨，赋诗吟唱，表示谢意，也为常州留下了一段跨越时空的佳话。

王迈与王定也有交集。王迈（1184—1248），字实之，一作贯之，号臞轩，福建仙游人。嘉定十年（1217）进士。历潭州观察推官、浙西安抚司干官、考试官、秘书省正字、州判官，以知邵武军奉祠。卒赠司农少卿。著有《臞轩集》，卷十五有一首《再和王君保定通判韵》：

覆雨翻云市道交，公持正论息群嘲。

风高莫送翎毛短，春暖难生土脉硗。

攻过每蒙奇药赐，御生更借好方抄。

一阳来复骎骎泰，善类倾心望拔茅。

此诗应是王迈作为漳州通判时的诗作，他称同为通判的王定“覆雨翻云市道交，公持正论息群嘲”，颇有惺惺相惜之感。王迈因应诏直言，为台官所劾，被削二秩。而王定也因直遭劾，《宋史》有载。

丽水县尹林子木也有一首《挽朝议大夫云闲公》：

忠厚传家世所难，读书种子老云闲。

百龄髭鬓园绮辈，一笑功名晋宋间。

梅涧源流心笔砚，竹林风月志溪山。

晋公事业谁当做，郁郁天香茂玉兰。

这位林君称王定秉承世所难得的“忠厚传家”之风范，身上飘洒着“读书种子”之风韵，羡王定寿高百龄、子孙盈堂，言王定传承晋公王导的事业，更寄寓定公一去再无影从之标杆的愁怆表白。

王象祖也是王定的一生挚友。王象祖，字德甫、德父，居临海大田，人称“大田先生”。王有异质，初从丘宗卿入蜀，学于叶适，而与同乡陈耆卿为友。为文简古老健，学深行高，真德秀极器重之。他曾寄信给文忠公“谓救时当法孔子，不止法孟子”，负有一腔济世情怀。嘉熙三年（1239）卒，年七十六。一说王象祖死后，王定作为同乡好友、永嘉学派门徒，又一同入丘帅之幕，曾亲撰《大田先生墓志》，以表痛悼好友之亡故。而据黄岩喻长霖所纂《民国台州府志》卷八十八“金石考四”《大田先生墓志》，碑石末署“淳祐元年九月日，承议郎行太学博士暂兼□□□□□□子良撰文□□□□隆兴府苗米仓王与善书，朝奉大夫直宝文阁致仕王定篆盖”。此说较为可靠。

南宋李刘所撰《四六标准》卷八，有《代王支盐谢丞相》一文，应是嘉定十二年（1219）王定到余姚县盐政时，致呈给当时丞相的谢词。文称“某，赤城迂儒，白屋贱士。往岁从独［烛］湖之学，难强附于同门；中年题慈恩之名，偶适逢于当轴”。李刘（1175—1245），字公甫，江西崇仁人，历官宝章阁待制，南宋后期骈文家。

其与王定同年登榜进士，关系匪浅。

四

端平元年（1234），王定成了一名台察官员，其当时职位是兼左司权检正监察御史除大理寺少卿，后升宝谟阁知温州。

王定曾有三次弹劾他人的经历。《宋史》卷四百零六洪咨夔列传载：“擢殿中侍御史（指洪咨夔），会王定入台察，力诋蒋重珍，咨夔乃按定疾视善良，乞罢之。越三日，左迁定，而擢咨夔中书舍人，寻兼吏部侍郎，与真德秀同知贡举，俄兼直学士院。”这段记载述说了作为监察御史的王定弹劾蒋重珍的大致情形，从中反映出当时台谏在弹劾官员中的作用。经此一击，被劾者非贬即罢，威力颇大。虽给王定自己也带来“左迁”的挫折，但基本也不影响其日后的升迁。《宋史》卷四百十六吴渊列传载：“适政府欲用兵中原，以据关守河为说，渊力陈其不可，大要谓国家力决不能取，纵取之决不能守，丞相郑清之不乐而罢。出知江州，改江、淮、荆、浙、福建、广南都大提点坑冶，都司袁商令御史王定劾渊，罢。侍御史洪咨夔不直之，劾定左迁。”此次应是王定受命弹劾，而洪未施援手，反遭弹劾，并又一次受到“左迁”。《宋史》卷四百二十三陈埙列传载：“（陈埙）次言：‘内廷当严宦官之禁，外廷当严台谏之选。’于是洵益阴中之，监察御史王定劾埙，出知常州，改衢州。”照此看来，监察御史时常受权臣操控，有时身不由己，其实也并无多大权力，充其量仅是一个言官罢了。王定秉公办事，得罪了一批有权势的大臣，因此不断受到诽谤，在御台的日子很不舒坦。郑霖给这段履职下了一个中肯的评价：“其在台察，又敢言人所难言，虽一斥而去不顾也。”

好在王定在这个位置上坐得不算长。这一年底，他被任命为温州知府，一年后又兼浙东提刑。他常在郡州巡行所辖州县，体察民情，不为权势所屈。有些权臣同他有私仇，借故弹劾，始终不为所动。

端平二年(1235)十二月，王定升任直徽猷阁沿海制置副使兼知庆元府。没多久，便迎来仕途中最大的一场风波。一折出自吴昌裔之手的《论王定等状》奏章，使王定猝不及防。引录原文如下：

臣闻中兴南渡，留意海道之防，专置帅垣，实为重寄。矧强敌猖獗，孽妇窥觎，正当固结民社，控制水军，朝夕究图，以堤备不测，则分阃置幕，讵可委非其人乎？臣谨按沿海制置使王定，人物顽顿，心术回邪，因赂胡相仆昕而得京削，因结宁海尼昔而登权门。出守毗陵，蔑闻善状，徒以奉承贪梱之意，仳离贱息之姻，因此荐扬，持节浙右，进不以正，公论鄙之。更化之初，例叨收召，方为幸掾，阴附用兵，及分台察，专仇善类。所幸陛下洞烛其奸，亟屏于外，不然端平人才一网尽矣。蒙恩予郡，不能导德意致之民，而乃搜括见缗，称提会子，民大为扰，形于嘲诗，反以此败公朝，增美秩。日闻易镇之除，浙东楮价为之顿落，盖恐其移害一郡者而害一路也，尚何望其任分梱而控海道乎！沿海制置司主管机宜文字袁似道，生禀凶暴，家传刻深。方韶尹京，政出子舍，昵比黠吏，交通贿赇，估籍富民，掩为囊橐。凡韶一切贪黩之政，实似道附益之。圣化更新，凶徒尽屏，污吏之子，斥谪无遗。似道其尤，乃独漏网，方且多歧交结，开幕乡邦，倚势作威，道路以目。甚至泄铜镪以罔番舶之利，掷樗蒲以醉营妓之家，阋墙之羞，尤不忍道。人言籍籍，谓其以毒天府者而毒乡闾必矣，何以持幕画，而赞其长乎！沿海备御之计，正在主宾相扶，而今以老缪之人、少凶之子参会其间，国事鲜有济矣。欲望圣慈将定予祠，似道罢黜，别选威望之臣，并柬忠雅之士，以重梱事，以清海尘，此今日之急务也。谨具觉察必以闻。

吴昌裔（1183—1240），字季永，潼川府中江（今四川中江）人，吴泳弟。师事黄榦，究心程朱之学。举嘉定七年进士，历仕州县，端平初入为军器监薄，复兼吴、益王府教授，拜监察御史，性颇直。

此奏所指具体内容，因资料所匮，暂不可考。笔者分析，宋季之台谏，为历代之苛。因御台奏本，上至宰辅、参政等权臣，下至使司郡守之外官，招至多少官员致仕回里或遭贬谪，已然常态。当时的王定，算是到达人生之巅峰，所担负之责亦算重矣。庆元府所处浙东重镇，算是外官争相趋骛相互角逐的热门之地，自然会招致官场各色人等的眼热与羡慕，使得那些想坐稳位置的官吏有些惶恐与不安。据笔者考证，此事或与史弥远不无关系。孙应时曾是丞相帝师史浩的座上宾，被邀至史门传道授业，孙氏也成为史弥远、史弥忠等一众史家子弟的业师。史弥远极有可能将四明老家的庆元府看护人交给他认为可靠之人，因早年孙氏的关系，故浙东重镇知府的美差自然落到王定头上。当靠山一去，史相的政敌便群起而攻之。好在王定本人平素低调廉能，加以新相为郑清之，好歹也是四明故人，使得王定得以善终，最终以秘阁修撰致仕。

五

王定自少研读经史典籍，必至通贯其意方止，故学问臻至博洽。他曾师从蔡幼学、孙应时等习性理之学，造诣日深，并能究极本源，研精探微，心解神契。所作之文俊洁刻厉，多有隐微的深意。平生能文善诗，在理学和治世等方面有不少见解。虽有不少著述，但存稿不见踪影，均已散佚，至为可惜。如《咸淳毗陵志》，就记载王定任常州太守期间，有《崇安千佛阁记》，但内容确无可寻。

按理说，像王定这样年轻时就师从名儒，且饱读经史、明道修性之士，多少会有著作或文章流传下来，为官时的理政建言、奏议公文或弹劾别人的状折，抑或结集的酬唱诗文稿类。蹊跷的是，这类资料无一传世。笔者推测，这或许与王定仕宦期间发生重大变故或经历官场浮沉有关。不过干人俊在其所纂《光绪宁海县志书录补遗》卷三“集部”，列有“《王定集》宁海经籍略，王定撰，嘉定元年进士秘阁修撰集未见”一条，至少说明王定的稿集确实存在过。最大的可能是他被划入史党，文章遭到朝廷禁毁，或意外遭灾毁版而佚，目前仅见王定三首短诗存世，摘录如下：

诸弟早世对花感怀

老来分外异芳菲，终鲜谁同对酒卮。
一树山茶花更密，看看开到最高枝。

自题小像

野鹤去久孤云飞，断霞西日相因依。
一千年后归华表，人民城郭谁是非。

读游叔翰家传招三侄一甥同赏牡丹

晴云漠漠护轻阴，爱惜名花意亦深。
愿我聊为三径主，笑人枉费一生心。
偶从清夜看新集，喜与前贤续旧吟。
修竹数竿花数品，底须儿辈树园林。

第一首诗是王定晚年追忆几位早逝的兄弟，将一种手足别离的酸楚情绪淋漓尽致地描写出来。暗自神伤，感时溅泪，一种高处不胜寒的孤独感不能自抑。第二首诗自比为孤飞的野鹤，在外为朝廷服务已久，现在告老还乡，栖身故里。人纵有一死，只要对得起黎民百姓，便身后无愧。有诗曾把王定称作“缑山一鹤”，实属精妙。第三首诗，显然有别于前面两首。晚年的王定心情大好，修竹园林，儿孙绕膝，一边与侄甥儿辈品赏牡丹花，一边品读家传。

王桀在《朝议大夫云闲公传》记载：

端平乙未，就除浙东宪，持节过家上冢，时同年湖学教授静胜阆风刘公炔尚无恙，即其庐而访焉。草具终夕，留连情话，出潘姑溪谢马谏议诗卷，以征后语。姑溪号逍遥，诗云：“闭门终日不曾开，庭有寒芜径有苔。莫道参军长冷落，今朝谏议大夫来。”公跋云：“谏议访故人亦何足多，姑溪诗翰有物外趣，犹未免有惊诧之意，尚得为逍遥乎？玉川茶歌亦类此。端平乙未八月旦日访叔和，留饮，令子茂实出此卷，求予书其后，岂亦以谏议大夫待予耶！因举元祐间赤城先生按部访其先祖，系马双桧之下，前后衣绣之相辉以为盛事，相与谈诗云：‘吾乡书种赤城翁，持节归来浙水东。双桧护门曾系马，我来访旧恰相逢。’扁双桧曰皇华，公赤城之孙甥也。”

刘炔，阆风先生刘倓之弟，与王定为同榜进士，故称“同年”。既是同乡同年，故多有交集。刘炔，字和叔，盖谱文内“叔和”误。刘倓（1152—1215），字允叔，号阆风逸民，香山礼村人。

六

王定尽管“晚脱场屋”，49岁始登第，与他的两位恩师蔡幼学和孙应时年少成名不能相比。但毕竟通过科举，“官至九卿，振节本路，足以为衣锦之荣；相冠神武，谢事林泉，寿余九秩，享有考终之福。吾乡有爵有齿，未有如先生者也。不知奋身白屋，独寻古绠，赤城先生之遗绪，赖以有光焉”，算得上是一个厚积薄发、大器晚成的读书人典范。他任官二十余载，致仕时家无长物，只是筑一养老之所名曰“云闲堂”：“归老旧庐，泊无一毫势利。修竹万个，花木扶疏，户纳清风，轩迎明月，客至无虚日，见善则嘉奖不已，不善者则有所警惧。”足以证明他为官廉洁清白。

王定父王概，曾因王定得赠朝议大夫，其母为罗适从孙女。罗适（1029—1101），被誉为“赤城先生”“浙东理学先声”，素有“台州士人名世始自罗适”之说。罗适在当时浙东有很多拥趸，足见其影响力。这种家学渊源经百年赓续，一直延至王定这一代，得以再次光大。他的身上承载着“赤城先生之遗绪”，故有郑霖“里代有达尊，惟赤城、云闲二先生，相望百年间，出处相似，操守相合，不但起敬于一时，犹将闻风于百世”之语。

王定是宋以来竹林出仕最高位者，是竹林历史上的文人标杆。研究他的一生，追寻他人生的轨迹，有一定的历史价值与现实意义。从他的人生可以观照出其为学之术、为官之道及为人之特点。笔者粗略概括其一生有如下几个特点：

一是问学深醇，遍访名儒。幼承庭训，少从诸儒，做举子时能得蔡幼学、孙应时等儒学大家的亲炙，并与朱熹、陆九渊等一代宗师有所交集，确是求学之幸。诚如舒岳祥在王定祭文中所言：“永嘉诸者，有伟蔡公。肩陈背叶，经浃理融。乾淳诸贤，卓彼乐净。挟吕抗张，祖宗命公。师从蔡学，又登丘门。所知则深，所闻则尊。”王定的幸运，在于他生活在一个思想活跃、文化繁荣、大师辈出、学派纷呈的时代，这为他的人生夯定了精彩的底色。

二是大器晚成，励志楷模。1189年，30岁的王定已酉科乡试中试，但他登第的时间则已是嘉定元年（1208）。其间可能屡试不中，受挫多番。王定能辗转遍访，求师问道，“亲师取友，不惮裹粮千里”，毅力可谓强矣。通过不断自我砥砺，刻苦研学，“尽扫时文之枝叶，深穷理学之根本”，可见王定内心有强大的自制力，在他身上呈现出励志者普遍的特点。这种嗜学如命、不达目标永不停歇的精神，值得我们记取、学习。尽管大器晚成，最终也成为国之栋梁，确如他的门生舒阆风所评：“科第差脱，亦足行志。”

三是宦游多地，清誉循吏。王定从仕27年，为小吏做主簿时，“此公廉明首为当路见知”；为绍兴盐官时，“公灼见腴微，谳议指画，予夺中情，至忘寝食。不浃旬间，庭无留滞，狱无冤诬，汪公喜形褒语”；为临安府东倅时，“属邑昌化鼠窃弄兵，震动京畿，上顾群臣：‘孰可遣者？’咸曰：‘臣某可。’公毅然请行，示以威惠，歼厥巨魁，余党悉平，上嘉奖焉”；为常州郡守时，“郡吏有以例卷为请，曰：‘旧比也，公教吾立名盗官钱耳。’将罢斥之，郡吏股栗而退”；为察为卿时，“闻者落胆，门无私谒焉”。王定在官场摸爬滚打27年，曾手书：“奸佞已落胆，与予意同，江湖甘把麾，非予初意，却甘归老田园耳。”接受道统教育理念的王定，始终以成为一名循吏自勉。身居官场之中，尽管谨慎做事，但风雨旋涡自是无法逃避，故舒阆风语：“端平之争，谁瞭此衷。所谓君子，论岂必同？挟长以令，徇则枉道。不为比人，反为沽矫。此论已矣，彼嚣纷纭。公专一壑，笑指竹君。”

四是提携后学，友遍朝野。王定历经南宋高宗、孝宗、光宗、宁宗、理宗五朝，其近世纪之寿，师友、同学与门生颇多。同僚有张磻、游似、丘密、史岩之等，门生故旧如郑霖、叶梦鼎、宗人濩、舒岳祥、王祖象、戴复古等，彼此交谊深厚，并有诗文存留。王定不遗余力提携鼓励后学，使他们枝开叶散，互为奥援，在各个领域都颇有建树。

五是德齿俱高，君子可风。王定是一名纯粹的君子，儒学根基醇厚正统，仕宦生涯未动摇他如竹之节操秉性，正如门生杨景绮在《题朝议大夫云闲公传后》中写到："公端平间号称名谏官，棱棱霜简，一时为之褫魄，清节遗言，光映前史，宣其休致，荣归享用五福也。"还盛赞："逮夫澄清一道，风生节麾。爱莲兮与濂溪同意，而一尘不染；养竹兮与乐天同趣，而一节不亏。公则置骸于穷达升沉之表，而缅怀乎风雩浴沂；加品题于功名富贵之外，而不顾于俗白之嗤。"王定的长寿，也一定程度上强化了他的影响力，为他赢取了极大的声望。

从罗适到王定，再到郑霖、叶梦鼎、舒岳祥等，宋代宁海的人文谱系，有一条非常清晰的理学脉络。王定是宁波进士群体中颇具"学而优则仕"代表性的人物之一，在他的身上，闪耀着"天行健，君子以自强不息"的中国文人辉光。乡国之望，人伦之师。王定一生以孤竹清风自居，以皎皎之德光和卓伟之学问，遗惠学界士林。站在新时代的历史交汇点，对王定这一特定个体进行深入分析探究，追寻其人生遭际及成功经历，确有特殊的意义。

参考文献：

[1]《台州文献丛书》编纂委员会：《嘉定赤城志》，上海古籍出版社 2016 年版。

[2]（清）李琬修，齐召南等纂：乾隆《温州府志》三十卷，《中国地方志集成》，上海书店出版社 1993 年版。

[3] 杨明祥主编：延祐《四明志》二十卷，《宁波历史文献丛书》，宁波出版社 2011 年版。

[4]（明）周希哲修，张时彻等纂：嘉靖《宁波府志》四十二卷，国家图书馆出版社 2018 年版。

[5]（宋）孙应时撰：《烛湖集》二十卷，迪志文化出版有限公司 2003 年版。

孙氏三孝子服父丧时间辨

文｜王孙荣

【摘　要】姚江孙氏有忠烈公孙燧及三子孙堪、孙墀、孙陞，父子兄弟间忠规孝矩，《明史》记载三兄弟为父服“六年之丧”一事，“三孝子”渐成为孙氏三兄弟的专称。笔者对《明史·孙燧传》的各种版本及史料来源作了梳理和探究，“六年之丧”或为《明史》修撰过程中脱漏一字所致。故作此辨予以表出，庶几匡正流传三百年之史谬，以期复三孝子清名。

【关键词】三孝子；孙燧

姚江孙氏与灵宝许氏、莆田林氏、新城王氏并称有明四大望族，素以文武忠孝称誉天下。忠烈公孙燧及三子都督佥事孙堪、尚宝司卿孙墀、礼部尚书孙陞即其圭璋翘楚，父子兄弟间忠规孝矩，举世希俪。早在嘉靖、隆庆年间，孙氏三孝子在浙东已经有口皆碑，被奉为乡贤楷模列入政府的春秋二祭：绍兴卧龙山忠烈祠祀孙燧，兼祀三孝子；余姚龙泉山忠烈祠西，别为三孝祠。至清乾隆初年，“三孝子”之名因载入《明史》而逐渐固化，起于一时一地的口耳相传经由政府祠祭、方志专记、“正史”钦定，进一步闻名遐迩，广为世人所传颂。“三孝子”遂成为孙堪、孙墀、孙陞三兄弟的专称。

正是借于《明史》的权威效应，故自乾隆四年（1739）十月正式颁行以来，后世凡所征引多从此出。附于《明史·孙燧传》的《孙堪传》（下径称“明史附传”）亦因此成为世人习见的一种文本。

“明史附传”关于孙氏三兄弟服父丧的记载如下：

“兄弟庐墓蔬食三年，有芝一茎九葩者数本产墓上。服除，以父死难，更墨衰三年，世称三孝子。”

此后修纂的历代地方志书中，相关内容文字皆层层相因，甚至连句式措辞亦几乎没有变化。譬如乾隆四十六年刊行的《余姚志》卷二十六《孙堪传》（下径称“乾隆邑志传”）与之相较，只少了“服除”二字，最后加注出处“《明史稿》”，其余只字未易。至于嘉庆十九年（1814）刊行的《圣庙志辑要》卷二十六《孙堪传》，则完全是“乾隆邑志传”的翻版，连加注的出处都一般无二。县志如此，府志亦然。乾隆五十七年（1792）刊行的《绍兴府志》卷五十五《孙燧传》附有《孙堪传》，相关文字全部移录自《明史》，也无一字更改。

近三百年来，此条史料文本基本定型。光绪《余姚县志》的《孙堪传》（下径称“光绪邑志传”）尽管注有出处“赵贞吉撰《传》，参孙陞撰《行状》、《明史·孙燧传》”，但相关内容并无异词，依然承袭了“明史附传”。根据字面意思来看，我们可以这样理解：孙堪兄弟三人为父守孝满三年后，因为父亲死于国难，所以又继续穿了三年黑色的丧服，先后服丧达六年之久，故“世称三孝子”。无论从逻辑因果，还是从情感心理来看，似乎确凿合乎情理。

然而，是否合“礼”呢？《礼记·丧服四》说“丧不过三年”，“圣人因杀以制节，此丧之所以三年，贤者不得过”。作为当时“海内称孙氏三贤”者，孙氏兄弟向以“吾儒”自居，他们对儒家经典的熟悉可谓了然于胸。父亲为国殉难固然是天崩地坼的哀恸，当事变之初，无论“操刃赴难，不与贼俱生”也好，“一恸而死，苏时遂聩其两耳”也罢，都是情有可原之举，但时过境迁三年，事态已经渐渐平息，叛乱已平，反贼已诛，新君已立，褒恤已颁，想必已不至于情绪失控到僭逾“三年之丧”的礼制。

因此，不由得使人疑窦丛生，许多问题接踵而来，有必要对《明史·孙燧传》的各种版本以及史料来源作一番梳理和探究。

《明史》修纂时间首尾断续长达一百余年之久，参与修史者甚夥。时至今日，经考索现存各种明史列传拟稿，尚未发现《孙燧传》，仅国家图书馆藏题“万斯同撰”的三百十三卷本《明史纪传》、四百十六卷本《明史》两种抄本以及收入“原国立北平图书馆藏甲库善本丛书”的三百十卷本《敕修明史稿》和王鸿绪《横云山人集·明史稿》中有之。由于前二种都是业经总纂的定稿，后二种是已经付印的刻本，故《孙燧传》拟稿到底出自谁手已不可考，更无法知道它产生的具体时间和地点。唯一可以确定的是，传稿应当出自同一人之手。其在以上各本中所载的卷次固有不同，但相关内容与“明史附传”一字不差，可见史料来源一致。相关内容的记述也必定符合总纂人要求，故总纂统稿时未对其进行修改，直至钦定颁行依然是原来模样。

显然，就目前发现的史料而言，想要从版本上考索，已经不会有什么大的突破，这是我们必须要认清的一个基本事实。那么，史源的寻访便成为唯一可以探究的方向。

出自孙堪同时代人手笔的传记主要有三种。最早的一种出现于传主逝世二十七月后，也就是嘉靖三十五年（1556），为请人撰写墓志碑碣而由其三弟孙陞撰写的《先伯兄都督伯泉先生行状》，内容最为详赡，有云：

伯兄结庐墓侧，蔬食水饮，足迹不履城市，有灵芝一茎九葩者数本产冢上，人以为孝感所致。伯兄在庐次，尝泣谓仲兄暨陞曰：“方吾辈间关赴难，自分速死。今大憝已平，父忠已白，而母夫人犹在堂也，可愤郁自废乎？其思勉修显扬之业，缵先绪，酬国恩，庶胜徒死，不然生无益也。”言已，相向躃踊哭。及终制，以父变非常，仍服墨衰毕三年。

第二种是孙陞的同年进士、同科翰林赵贞吉撰写的《孙孝子传》，有云：

孝子乃结庐忠烈之墓所三年，而孺子泣，复墨衰九月。又历三年，而不色喜。于是，有一茎九葩之芝生于墓左矣。

第三种是孙陞前一科进士雷礼撰写的《孙孝子传》，有云：

孝子结庐墓侧，晨昏哀奠若始丧。有灵芝一茎九葩者数本产墓上，人咸异以为孝感。及终制，以父变非常，仍服墨缞毕三年，居戚不闻外事。

综合以上三条可知，明嘉靖年间并无所谓“服除，以父死难，更墨衰三年”一说。即便是后出的万历《绍兴府志》《余姚县志》、天启《两浙名贤录》《本朝分省人物考》，直至清康熙《余姚县志》，均有孙堪之传而无此一说。此说源自《明史》，基本可以坐实。而“明史附传”拟稿人所据原始史料，可能出自焦竑《国朝献征录》卷一百八孙陞撰《孙堪行状》。但在抄录“及终制，以父变非常，仍服墨衰毕三年”一句时，脱漏一“毕”字，或者并非脱漏，只是浓墨重笔，以致誊抄人以为涂抹钩删者，遂成“仍服墨衰三年”。

在清初“以孝治天下”的浓厚社会氛围之中，孙孝子的列传稿到底如何定位，是单独列传还是附于父传之后，明史馆诸位修纂想必颇费了一番斟酌甚至争议。传稿内容的叙述，也必然经过反复多次的修改方始定稿。在这过程中，有馆臣以为“及终制”三字碍眼：既然守制而终制，就不该逾“三年之丧”制，便将之替换成“服除”。在表达同样意思的基础上，以更简洁的行文避免了不必要的尴尬，为歧义和差异找到了合理的支点。并以“更”字易“仍服”，既简省一字，又使“服”字在句内免于重复雷同。尤为机巧的是，“更”字有动词“更换”和副词“又”两种意思，在句中二义皆通。以“死难”易“变非常”，则使史实更趋明白易懂。经过删削和润色，传稿文意更为贯通，一时义理俱显，于是成为定稿予以付刻刊行。

这样的厘正，反映了当时定义孝子概念、区别真孝与充孝的需要，更多的体现了清代人而不是明代人的心态。当我们追溯三孝子传说的发展、跟踪传文的变化时，我们发现“三年之丧”因脱落一个“毕”字，经明史馆臣的小心弥合、细致润色创意出一种至孝，一种异征，三个合乎礼制的孝子就此变成了中国文化史上一个意味深长的典型。“六年之丧”的故事，其实不只是关于阅读一句“正史”的传文而已，更是关于如何出于各种需要，重新塑造文本，创造赋予新的意义。

如果真如光绪《余姚县志》所注，“光绪邑志传”史料主要出自赵贞吉撰写的《孙孝子传》，那么或许可以更正《明史》颁行一百六十余年来广为流行的三孝子服“六年之丧”的美诬，因为赵传有“复墨衰九月”五个字在提醒读者。顾炎武说，“今人三年之丧，有过于古人……必二十七月”。以“三年之丧”的二十七月加“复墨衰九月”，刚好等于三十六月，即三周年整。所以孙陞撰《行状》和雷礼撰《传》都说“毕三年”，孙陞的姻亲吕本在《世笃忠贞祠碑》中也有“丧终三年而益悲，可不谓孝乎？”的记述。

当然，由于《明史》成于众手，几经馆臣修改誊录，出现一些疏漏舛误也在所难免。笔者因整理《孙孝子文集》，罗致不少作者孙堪的传记史料，在比勘校核中有此发现，检索各家《明史》补正勘误尚无论及者，故作此辨予以表出，庶几匡正流传三百年之史谬，以期复三孝子之清名。

风从济州来：朝鲜士人眼中的宁波
——以崔溥《漂海录》为中心

文 | 应 悦

【摘　要】《漂海录》是朝鲜王朝士人崔溥所撰的一部带有密报性质的中国纪行。在长达四个半月的“归家”途中，聚焦崔溥在宁波地区的经历，从地图与“明州”、礼仪与饮食、民风与社情、海防与城建四个角度探索明朝宁波的社会风貌。由此分析得出崔溥对宁波的详细书写源于劫后余生的中朝对比初体验以及为官的政治敏感度。

【关键词】崔溥；漂海录；宁波；朝鲜

一、引言

明清时期，朝鲜半岛的域外来客留下了许多关于中国的纪行文献。以来访人员的身份为考察要素，大致可分为两类，一类是由朝鲜使行人员所撰的《朝天录》《燕行录》等，另一类则是因海难成为漂流民留下的文字。前者因相关文献整理和研究，受到学界关注，特别是漆永祥教授所著《燕行录千种解题》出版后，“燕行录学”开始被视为一种专门学问。而后者之中，引起中国学界深入研究的要数崔溥的《漂海录》。早在1990年，葛振家教授于高丽大学获读完整的《漂海录》，便多年致力于该书的比勘点注、学术价值探究、评论推介等，受到了学界的广泛关切和重视。

三十年来，对《漂海录》的研究可分为两种：一种是针对其文本的探究，主要集中于该书的评注、版本比对，语言学价值的分析与比较，崔溥及其思想研究，包括他的中国观、儒家思想、民族性，崔溥登陆的路径与季风查考，基于此书与作者的中韩文化交流，与海上游记、出使纪行、海难文献的比较研究等。另一种则将其作为相对较新的史料补充到现有研究中去，展现了明代中国的社会风貌，体现在人口、饮食、海防、运河等方面，视野较集中于江南地区，又以苏、杭二地为盛。

本文着眼宁波地区，因为此处是崔溥摆脱倭寇嫌疑后对中国的初体验，以现今宁波大市全域为界，兼顾《漂海录》中所记明朝时期“宁波府界”，以期深入探索异域视角下宁波的市井百态、士人交往、经济文化、社会生产、生活习俗等，填补因行政地域划分而忽略的地方特质，也是对东亚海难史中“江南”这一重要地区的补充。此处明清时期的“江南”概念，参考李伯重教授之研究，即“八府一州”所在的地域[1]，同时关切宁波府辖各县。

二、朝鲜士人眼中的宁波

（一）地图与“明州”

崔溥（1454—1504），是朝鲜成宗时代的文臣。据其自述“我于成化丁酉，格进士试第三人；壬寅，中文科乙科第一人，为校书馆著作，为博士，为军资监主簿，为成均馆典籍，为司宪府检察，为弘文馆副修撰，为修撰；丙午，中文科重试乙科第一人，为弘文馆副校理，为龙骧卫司果，为副司直”[2]，崔溥通过科考获取功名，具有较高的学识素养。因语言不通但文字相通，崔溥与中国人用笔谈的交流方式，故熟练掌握汉字，这也是为何出自使者的《朝天录》《燕行录》留存多，记述详细，而因海难留下的中国纪行较少的原因。

据汪前进《历史上中朝两国地图学交流》一文所罗列的史料，唐以前，中国地图就传入了朝鲜。朝鲜最迟在唐朝也掌握了传自中国的传统地图学原理与测量方式[3]。崔溥熟知儒家经典《尚书》，言谈间引用其中的地理著作《禹贡》。当船漂流在大海中时，崔溥向同船的朝鲜人解释自己看过地图，或是船上正好有地图，供其奉王命至济州所用。他知道以朝鲜为中心，周围分布哪些国家，并具有一定的航海知识，判断西风刮了五日，差不多可漂到中国的领地。北宋时期，宋辽间关系紧张，北方港口长期关闭，明州港口是高丽访宋的唯一口岸。北宋政和七年(1117)，明州设有“高丽司”，即高丽使馆。故崔溥对明州略有了解，能够清楚知道该条航线的情况，“自明州浮海，明州即大江以南之地也”[4]。因此，可猜测其因职务之便，较易获得地理文献及地图资源。在判断漂行位置时，多以某国、某道、某路、某岛方便列举方位，鲜少出现诸如“明州”这样较具体的城市名称，可见明州在当时两国特殊国际关系之中的重要地位。

(二)礼仪与饮食

在江南社会交往中，茶常以待客之物的元素出现。据《明代茶的社会传播研究》一文，明代的茶价低廉，具有社会传播的经济基础[5]。因雨天赶路，崔溥一行人时常身着湿衣，苦不堪言，幸得僧侣煎茶，宁海越溪铺铺兵馈茶，健跳所千户李昂馈茶果，不至冻死。由此，清晰体现明代宁波三种不同的饮茶习惯。

第一，“寺僧怜之，煎茶以供”[6]。茶与佛教联系紧密，明时僧人以茶悟禅。此时的崔溥已自证官身，得以乘轿而行，当山路崎岖，士人跋行，僧人不忍看其受苦，煎茶供其休憩，恢复精力，可见其恻隐之心，也体现出僧人日常饮茶多以煎茶法，寺中常备煎茶器具，微末处可察寺院中的茶所扮演的角色，可能是醒脑取暖的饮品，可能是指点禅机的道具，又可能是佛前祭祀的供品。

第二，“（李昂与崔溥）相对再拜后，昂馈臣茶果”[7]。此处为文武官相互拜会，是为礼仪的一种。后李昂馈赠崔溥茶果，主要是接待客人之用。“茶果”有两种可能，一种是茶和果肉、果仁，放入茶中食用，例如《醒世姻缘传》中：“那童奶奶使玉儿送过两杯茶来，朱红小盘，细磁茶钟，乌银茶匙，羊尾笋夹核桃仁茶果。”[8]另一种是茶和水果、点心，例如《梼杌闲评》中：“两个女子嗅花玩月，游了一会，对坐在梅花下谈笑。少刻，有几个丫环，提了茶果摆在石桌上。二人对月谈心。”[9]以此语境，应是配着茶，食用水果、点心之意。

第三，“至市奥铺，铺中人馈茶数梡。”[10]此处的“铺”即急递铺，功能和规模较驿站小。梡，即案板，用于承托茶杯。可推测赠茶之人大概是铺兵，以公事相待，行清茶之风，不配果子、点心，较为简朴。

（三）民风与社情

崔溥初登宁波府地下山，就遭遇海盗，但海盗只求财不求命，甚至还留下两桶淡水供崔溥一行人饮用，由此他做出了“风气柔弱，人心不甚暴恶”[11]的评价。与之对比的是，行至健跳所，尹姓老人请崔溥一行人至私宅吃饭，还让自己的妻妾子女拜会。在奉化县的连山驿，驿丞见其众人被雨淋透，浑身颤抖，便生火让一行人围坐烤火，这使崔溥在异国他乡些许感受到了一点温暖。

当崔溥经过宁波府、宁海县、慈溪县、余姚县等地时，他记录了较多具有表现宁波地区学风盛、重教育、兴科考之社会风貌的地名或建筑物，例如进士坊、进士里、文秀乡、尚书桥、惠政桥、社稷坛、进士乡、进士门、登科门等，十分具有代表性。除审问以外，崔溥最初与士人深度交流大抵是与张辅的对话，张辅拿写有自己姓名的《登科录》询问朝鲜是否也重视科举人才，崔溥亦向张辅展示自己的《文科重试小录》，后张辅甘拜下风，显示出当地崇尚教育的民风。崔、张二人的交往也由张辅记载于《宁海县志》中，篇名为《送朝鲜崔校理序》。

还有一类具有祭祀、旌表性质的建筑也吸引了崔溥，例如宋石将军庙，百姓祭祀石守信将军，意在祈求平安；俞氏贞节门则是明代封建礼教的物化表现。

过宁海县时，崔溥记录了军卒二十余人担轿迎候他的细节。轿子在明代人的生活消费中具有重要的物质文化意义。据其所记载的人数判断，可推断前来接送崔溥的应是四人抬的“官轿”，据《大明会典》“景泰四年令在京三品以上许乘轿”。也就是说设立在县治中的白峤驿应是较为重要的水马驿，且得益于当时的情报传输系统，能迅速上传下达，对待朝鲜官员崔溥如同三品以上的中国高级官员，给予外臣特权，护送北上。

（四）海防与城建

宁波地区沿海，常受倭寇侵扰，因此海防非常严格，表现在漂海审理、城墙建设、治军严谨、律法严苛、百姓警惕等方面。起初，崔溥一行人从被怀疑为倭寇，受到里人盘问，押送至桃渚所，受千户审问。后又受把总官审问，特别的是宁波府定海卫的官员还出公差前往桃渚所核查漂海情况。解除怀疑后，崔溥见到了由远至近三种海防机构的建设情况：一，海湾附近的健跳所。可见士兵、船只、兵器，沿着海滨上下演习海战。引导崔溥进城门的所千户李昂，身材高大，气宇轩昂，身着甲胄，持兵器。城墙、城门都很厚重，用于发号军令的太鼓和角笛响彻四海，崔溥还特地形容了一种唢呐，末端弯曲，钩向吹者的眼眉之间；二，山巅的越溪巡检司。将军和士兵都身着盔甲，守卫戍边；三，截流筑城的宁波府城。有内外两层城墙、两道城门、二条护城河，城门为拱形，门上有铁制门闩，仅仅只能容得一条船通行。由此，一方面能看出明朝对海防十分重视，海防情报传输快且应对及时，另一方面则侧面体现出作为滨海城市的宁波所受倭寇之害极深，民众深受其苦。

《漂海录》中宁波的城市建设，除了书中所描写的海防建设，还表现在城中的房屋建设、城内建筑、自然景观等。崔溥与张辅的交往，也是崔溥第一次近距离观察在宁海县张辅的家："……以雕龙石柱，作二层三间之门，金碧眩耀，其上大书'丙午科张辅之家'之标。"[12]宁波府内的民居更是呈现出"高宫巨室，夹岸联络，紫石为柱者，殆居其半，奇观胜景，不可殚录"[13]的繁盛景象。城内以水道通行，行船奉化江上，可望见层层叠叠的山峰，溪涧从岩壁间交错流下，开阔处，又能望见远山淡影，风景如画。仅二十九日的这一天，崔溥记载过宁波府时，舟行至少跨越了二十七座桥。大小桥各异，有桥上造房屋、长约二十余步的广济桥；有宽达一百多步的尚书桥；有三虹门的大得桥。由此，可见当时宁波城中水道纵横，建桥技术之高，人们生活出行便利，亦能推断崔溥所见之桥似有廊桥，多为木结构桥梁，在宁波较为常见，便于行人避雨休憩。

寺庙也是崔溥关注的建筑，在健跳所，他见到了横跨道路的寺庙，行人穿寺而过。经过奉化县时，他用"极华丽"来形容江边的佛宇，根据崔溥所记录，他经过尚田铺、连山驿，可判断他所经过的大川应是奉化江，根据其描述寺庙"前有五浮图双大塔"[14]，查康熙二十六年（1687）序刊本《明州岳林寺志》，可知确有浮图、宝塔："天王殿前，龙眼池侧。左右两座，高四丈余。相传谓之龙角，布袋和尚遗迹也，又山门前浮图七座，其一久毁。”[15]因此，崔溥在江畔所见之华丽佛寺应是岳林寺。

入宁波府城前、过慈溪县以及余姚县时，崔溥都关注到宁波地区以水为系，多次提及截水断流的坝、堰，竹绳牵引船只过堰，鼻居舠绕岸停泊、江岸舸舰云集，亦可见市肆、茶亭，体现出宁波人民依水而生的繁忙景象。

三、崔溥详细书写宁波的原因

（一）崔溥劫后余生的中朝对比初体验

崔溥毕竟是“小中华”环境生活的士人，受到儒家思想影响，他的意识形态、礼仪形制、世界观均与中国士人无异。漂流之初，崔溥认为中国是其父母之邦，若是漂至中国，就有生还的可能，具有一定的慕华情节。健跳所千户李昂对他行宾主之礼，依照“以东为贵”的待客之道，李昂从西阶，崔溥从东阶，上楼后，相互敬拜。从前后文可知，崔溥告知了因父丧而漂流的原因，故李昂按礼法以茶果待之，赠酒肉给其他朝鲜人，这个细节让他倍感亲切。《漂海录》全书的末尾是崔溥的一些评论和个人感悟，带有明显的主观感受。他通常以扬子江为界，以江南、江北作为整个“大中华”地域比较的分界，除此之外，他便以“宁波府”“奉化县”为界，用他最初对中国的印象作为参照。

朝鲜太宗时期，佛教发展过盛，佛教思想冲击了儒家文化的主导地位，也就动摇了统治，虽然太宗在信佛和排佛之间摇摆，但在世宗即位后，大力倡导灭佛、毁佛，使得佛教生存艰难，从高丽时期的鼎盛转至衰微。崔溥本是士林阶层的一员，其仁、礼思想始终贯穿自身行事，正如卜正民在《为权力祈祷：佛教与晚明中国士绅社会的形成》中所提出的，随着宋代理学在元代和明初渐渐地要求排外性地拘囿于某些精英派系，它就破坏了儒家文人和佛教机构之间的关系。而且随着时间的推移，裂缝越来越大。理学和佛教之间的这种疏远使明代知识人士感到左右为难[16]。当崔溥强烈感受到儒家文化发源地对佛教的态度，与朝鲜的排佛运动的碰撞冲击，他对寺庙的关注和形容也不足为怪了。

（二）崔溥为官的政治敏感度

崔溥一行人平安回到李朝，成宗李娎赞其“跋涉死地亦能华国”[17]，并要求他尽快将中国之行写成文。崔溥在极短的时间内完成三卷，且详细到何日，天气如何，发生了何事，交往了什么人，说了什么话，经过了哪些地方。例如上文比照他文中所提及的“佛宇”，根据其文字记述前后顺序出现的河流、桥梁、地点，能够清晰考证，文中偶有官职错误，桥名等细节自述无法记得。因此在“回家”途中，崔溥一人或是多人在漂海之初便开始记录他们的所见所闻。

崔溥赴任济州前官居五品副司直，以济州三邑推刷敬差官的官职赴任济州，该官职专门处理倭寇对策等军事性事务、救荒与安抚灾民的救济性事务，以及一些司法性事务。此次“游历”，是崔溥以非出使原因近距离观察他所仰慕的“大中华”。以往朝鲜使臣入明所写的《朝天录》多为日记、汉诗，所记内容具有一定的地理局限。崔溥是为数不多的以漂流形式登陆中国，并一路北上贯穿南北，且具有交流能力、书写能力的朝鲜官员，他的文字和寻常朝鲜世家朝天或接待明朝使者留下的文字截然不同。崔溥的《漂流录》具有密报性质，就宁波地区和周围沿海地带的书写而言，他详细记录了边境海防的情况，官员处理漂流人的行政方式等，而一般朝鲜史臣的中国纪行则多关注明朝建筑、风俗、人物、文化、文学等内容。

因此，在这样的背景之下，《漂海录》中详细书写的宁波，从宗藩关系来说，是朝鲜了解中国南方不可多得的机会，从整个东亚范围来说，对李氏王朝处理当时的中朝日三方关系，具有很高的参考价值。出于高度的政治敏感，书写日记是崔溥的不二选择。

四、结语

崔溥的中国之行，是域外来客对中国印象的缩影，《漂海录》的价值在于跳脱了以往朝鲜使者燕行文献相互抄袭、篡改史实的真伪之辨，是相对理性的域外汉文文献。2015年末，在第七次中日韩文化部长会议上，宁波、奈良、济州三个城市获选2016年“东亚文化之都”。自崔溥漂流至今五百多年后，宁波和济州又以文化交流的形式密切连结在了一起。今后，越来越多域外汉文文献的发现整理，以及学术价值的发掘，必将对中韩关系、东亚文学、儒家文化产生深远的学术影响。

注释：

[1] 李伯重：《简论“江南地区”的界定》，《中国社会经济史研究》，1991年第1期。

[2] 朴元熇：《崔溥漂海录校注》，上海书店出版社2013年版，第30页。

[3] 汪前进：《历史上中朝两国地图学交流》，《中国科技史料》，1994年第1期。

[4] 朴元熇：《崔溥漂海录校注》，上海书店出版社2013年版，第10页。

[5] 张剑：《明代茶的社会传播研究》，《广西职业技术学院学报》，2020年第6期。

[6] 朴元熇：《崔溥漂海录校注》，上海书店出版社2013年版，第36页。

[7] 朴元熇：《崔溥漂海录校注》，上海书店出版社2013年版，第37页。

[8] 西周生：《醒世姻缘传》第4卷，吉林文史出版社1998年版，第594页。

[9] 佚名：《梼杌闲评》，大众文艺出版社1998年版，第486页。

[10] 朴元熇：《崔溥漂海录校注》，上海书店出版社2013年版，第39页。

[11] 朴元熇：《崔溥漂海录校注》，上海书店出版社2013年版，第35页。

[12] 朴元熇：《崔溥漂海录校注》，上海书店出版社2013年版，第37页。

[13] 朴元熇：《崔溥漂海录校注》，上海书店出版社2013年版，第42页。

[14] 朴元熇：《崔溥漂海录校注》，上海书店出版社2013年版，第42页。

[15] 戴明琮纂辑《明州岳林寺志》，载杜洁祥主编《中国佛寺史志汇刊》第一辑第15册，（台北）明文书局1980年版，第28页。

[16] 卜正民：《为权力祈祷：佛教与晚明中国士绅社会的形成》，江苏人民出版社2005年版，第14页。

[17] 葛振家：《崔溥漂海录研究》，社会科学文献出版社1995年版，第55页。

《皇清诰授奉政大夫候选府同知耳堂冯先生墓志铭》注释与解读

文 | 钱文华

【摘　要】“耳堂冯先生”即慈城冯氏冯汝霆，字廷雨，号耳堂，世居于慈城五马桥。孙德祖应其次子冯可镛之请撰写这篇《墓志铭》。志中叙其世系、科举仕宦、性情为人、妻子后嗣，俨然是一篇简略传记。笔者对《墓志铭》进行初步注释解读，为冯氏家族相关研究提供史料。

【关键词】冯汝霆；孙德祖；墓志铭注释；慈城冯氏

慈城冯氏是浙东地区历史悠久、人才辈出、声誉显赫的名门望族之一，史称“句章冯氏”“慈溪冯氏”或“慈城冯氏”，是明清时期慈溪县最大的家族，在慈城有着“冯半城”之誉。慈城冯氏始迁祖为汉大树将军冯异之后、朝散大夫冯冕（谥忠贞），汉建安六年（201）任句章令。后曹氏篡汉，他遂隐居句章县金川乡（今慈城西北八里八字桥村），从此句章冯氏发祥。慈城冯氏在宋末分为六大支派，即金川支、大街支、福聚支、西桥支、樨树支、大桥支。

慈城冯氏是浙东书香门第，据县志记载，明清两朝考中进士56人，中举112人，是闻名遐迩的科举世家、官宦世家、文化世家、商业世家。由于明末族中走出一位抗清英雄冯京第，因而在清初受到朝廷的严酷排挤，几乎阻断了冯氏步入科举的仕途，致使许多族中有识之士开始另辟蹊径，走上弃儒行商的蹊径。冯汝霆的高祖冯映斋，曾是秀才，最后不得不诀别功名，自谋生路。他因有较高的文化素质，又有吃苦耐劳的精神，长年累月跋涉在云贵、川汉、粤桂等地，数十年后成为江浙一带闻名的大药材商，还在宁波最繁华之地东门口又新街创办百年名店“冯存仁堂药号”。冯汝霆曾祖冯济五、祖父冯德文、父亲冯云湘皆继承了祖业，且不断发扬光大，成为浙东首屈一指的药商巨擘。冯汝霆兄弟三人，伯兄冯汝霖，仲兄冯汝震。伯兄继承了药商的世业，而严厉培养两个弟弟刻苦读书，期望他们有朝一日走上科举仕途，承接祖上书香。冯汝霆一直拼命读书，县庠生、府廪生，府贡生，后几次赴省乡试，久困闱场，因故不中。后因两位胞兄一年之内相继过世，精神打击过度，同时家中众多子侄需要照顾，迫使他中断学业，在家督促子侄读书，并以诗酒自娱。但令其欣慰的是十多年后长子冯可竣，中咸丰二年（1852）举人；次子冯可镛，中咸丰元年（1851）举人。

《皇清诰授奉政大夫候选府同知耳堂冯先生墓志铭》（以下简称《墓志铭》），作者孙德祖（1840—1908），字岘卿，一字彦清，号寄龛，又号不亲学人，绍兴府会稽县人。清同治六年（1867）浙江乡试举人。历任长兴、淳安县学教谕，严州府学讲席。著有《寄龛文存》四卷，《诗质》十二卷，《词问》六卷等。孙德祖于清光绪六年（1880），受《慈溪县志》总修冯可镛的邀请，参与修辑县志事务。其当时的身份是“同治丁卯举人，五品衔升用知县、长兴县学教谕”，参与编志的主要职名是“分修”。

《墓志铭》写于1882年，是冯可镛请求孙德祖撰写（按当时习俗，撰墓志铭、行状一般需诚恳请有名望的外人落笔）。“耳堂冯先生”，即当代著名作家、文化名人、国务院参事冯骥才的高祖冯汝霆（1809—1863），字廷雨，号耳堂，世居于慈溪县城（今宁波市江北区慈城镇）五马桥。

冯汝霆在同治二年（1863）十二月因病去世后，家人伤心过度，把灵柩一直厝在慈城五马桥启承路冯氏启承祠里。光绪八年（1882），冯氏子孙在慈湖之滨风水宝地石棵子的祖茔侧，为“耳堂冯先生”建造墓穴，请当时浙江名士孙德祖撰写这篇墓志铭。志中先叙世系，次叙科举及仕宦简历，再叙性情为人，最后交待妻子、后嗣，纯为叙事，层次分明，条理清晰，俨然是一篇简略传记。

《墓志铭》原载孙德祖《寄龛文存》第四卷。《寄龛文存》最早于清光绪十年（1884）刻印出版于宁波东大街周佑巚创办的翰墨林印社，原刻本分别藏于国家图书馆、宁波天一阁、绍兴图书馆等处，亦收入《清代诗文集汇编》（上海古籍出版社2010年版）七四四册。江庆柏先生编著的《清代人物生卒年表》（人民文学出版社2005年版）亦载：“冯汝霆，嘉一四 —— 同二（1809—1864）（原注：冯汝霆卒于同治二年十二月，公历为1864年），字廷雨，号耳堂。浙江慈溪。墓志铭，孙德祖《寄龛文存》4。”

冯氏家族史料散佚较多，《墓志铭》的流传范围主要也在浙东一带，挖掘力度还远远不够。笔者对《墓志铭》进行初步的注释解说，为相关研究提供史料，权作抛砖引玉。

皇清诰授奉政大夫候选府同知耳堂冯先生墓志铭

孙德祖

豁上冯氏，[1]系出汉朝散大夫晃，[2]至唐中书令赠太师忠安公旦而显，[3]由是世为浙东望族，有明一代耆儒硕辅，忠孝节义，史不绝书，[4]入国朝科第之盛甲于明州。

文宗显皇帝御极之初，[5]比季举乡试，荷舲、舸月二君，[6]乃以昆友相继获隽。德祖从兄毓芳，实于舸月君为同岁生，故德祖知浙东有二冯君最早。

光绪六季，慈谿有事于县志，德祖与焉。[7]此邦贤士，夫则以为二冯君之贤，一达其先德耳堂先生之教云。越二季，其诸子卜地某原，将以某月日告窆，奉先生行状乞铭于德祖，其叙以不文辞。

谨按状：先生讳汝霆，字廷雨，号耳堂，世居县城五马桥。[8]曾祖大纪，祖天纯，父云湘，[9]皆国子监生，以伯兄郎中君汝霖贵，[10]三世赠中议大夫。

先生性笃孝，四岁丧父，八岁丧生母刘淑人[11]，十有三岁丧嫡母王淑人。[12]擗踊号恸，逾于成人，盖为祖母节孝杨太淑人所爱怜。[13]先生以稚孙依其祖母，亦倍竭孝养。

先生既少孤，郎中君长先生十有五季，主家政，[14]先生事之谨，事无巨细禀命而后行。郎中君及其仲，同知君汝震，[15]以好义闻，修学宫，建书院，浚城濠，立义渡，置义冢，施药饵，善举不胜书，先生皆赞成之。[16]其后伯仲相继殁，[17]先生踵而行之尽力，戚属有不给者周之，惟恐弗及。婚丧不能举，咸以佽之。收遗婴，抚穷嫠，于轸恤孤寡尤至。[18]象山金梁氏寓慈谿，殉节甚烈，旌于朝，先生及从弟观察君本怀，醵金葬之慈湖之濒。[19]首赋诗唱于众，于是浙东西属和者数百家。[20]

性方严，跬步不苟，与人交勤勤恳恳，始终无间，下至婢仆，接之必以礼。有片善，无勿录，其有不逮，亦未尝不矜怜之。里党胥以长者目先生，有不平事，争诣先生平之。曰："先生长者，得长者一言，压众心矣。"

盖冯氏世有隐德，而杨太淑人以苦节培之，故先生众弟友，英英鼎立，而先生盖以盛德负乡望。

先生幼颖异，郎中君期之深，尝构寄月之楼，聚书数万卷，[21]延耆宿昕夕讲业于其中，因之先生学日盍进。

岁乙丑，试于县，特为罗侯河岳所识。[22]拔明季试督学，而蹶。[23]又明季县试，李侯式圃，擢冠童子军，[24]始受知道州何文安公游郡庠，[25]是为道光壬辰岁，其季秋试出海宁牧王侯颐房，不售。[26]监临富呢扬阿公阅落卷深惜之，[27]移敷文书院，[28]俾肄业焉。嗣是于府则肄业月湖书院，[29]见赏于吕太守子班、汪工部士侃。[30]于县则肄业慈湖书院，[31]见赏于张侯如梧、朱太史渌。[32]癸巳岁，学使陈公用光，试甬士，榜已揭，搜遗卷而得先生文大奇之，特召之覆试，转列高等补廪饩。[33]乙未侍郎史公评来视学，先生四试皆前列。[34]是秋又出浦江令黄侯崑房。[35]而巡道周公彦，拔月湖肄业生二十有四人，月课云石山房，[36]课制举文兼及经解、诗、古文、词，每先生一艺成，周公辄击节称叹。先生既为史侍郎所知，周公从而揄扬之。丁酉拔贡，都人士以为非先生莫称是选，而侍郎辄以引嫌报罢。其秋乡试同考官，永康令彭侯元海，[37]复以先生卷荐荐较晚，仅列于所谓堂备卷者。于是伯仲相继殁，先生坐家累重，以同气之戚，绝意制举矣。

夫以先生之至性，著于丱角，[38]长而友弟，推之亲戚乡党，义闻日彰。使今时者，三季大比，犹法成周遗意，考德行道艺而兴贤能，先生可以名登天府。而即以其修之于身者，起而为朝家，希不言之化，其必有大异于寻常，俗吏之所为者矣？

即责造物，以报施之常理，将所谓天爵修，而人爵从之者，先生当不泯泯于今世。

籍曰："我朝取士以科目为首，涂顾其登进之阶，由俊秀而升之于礼部，胥以制艺衡之"。而先生之以举业，受知于名公卿者，如彼乃佹得而佹失之者又如此，倘所谓天道可凭而不可凭者，然邪否邪？

先生既绝意科举，援例得府同，[39]知非其志也，独好行其德，不胜。晚乃以诗酒自娱,《营菟表曰》《三雅吟窝集》《莳花竹手一卷》，[40]讽咏其间。兴至辄引杯独酌，诸子环侍，纵谈今古间，为之指示诗学源流，颓嘫就醉，客至则兴。盖豪好征古诗语为觥，政客或谢不能，则促之引釂而代之所征。常倍坐人得隐僻字，人皆孑孑，而先生裕如也。虽至酒阑灯炧，殷劝酬酢，卒无倦色，盖其风流至今可想象焉。

所著诗歌自汉魏六朝以迄元明，诸大家靡不涉历，其奥堂尤喜白氏《长庆集》，[41]谓得力于此居多。自经燹难，存者什二三，麟角凤毛。世竞珍之览。其手毕端，严修饬能，使读者萧然起敬。盖先生生平造次，未尝作一草字，即其他操履略可睹矣。

粤逆之变，辟地乡居，屡迁城南鹤浦。[42]同治二季七月，病利逾月，盖以瘧大："困中烁之夕，枕上闻雨声"，犹口占一截句。以其季十二月告终，季五十有五。

配王宜人，国子监生赠儒林郎绍成女。[43]男子六人：荷舲君可鋑，今改丙礽，舸月君可镛，皆举人，国子监学正；可锟八品衔，可锜县学生，可铣、可鍾皆监生。[44]女子二人，嘉兴县学训导郑显熛、监生赵良溆其婿也。[45]孙十一人：家萱、家蔚、家芾皆监生，家莆县学生，家芮监生，家藹、家蒨、家菁、家华、家茝、家萸。[46]曾孙九人：昌烒、昌燽、昌烇、昌坤、昌顺、昌善、昌揆、昌杰、昌燕。[47]

先生课诸子甚严，二冯君既以名孝廉有声于东浙，[48]而其后又以繁衍，盍敦悦诗礼，冯宗盖未有艾也。

铭曰：四明之冯，甬江之望。世济其美，德潜亦光。不于其身，于其子孙。式是诒翼，通德之门。其原既远，其积逾厚。天道孔迩，可以昌后。董谿汤汤，阚峰苍苍。[49]君子之泽，山高水长。

—— 选自《寄龛文存》第四卷

注释解读：

[1] 谿上

即溪上，唐宋以来慈溪县的雅称。慈溪县始建于唐开元二十六年（738），县治在慈城，隶属于明州、宁波府管辖。明永乐十六年（1418），因县印遗失，怕坏人冒用，经朝廷同意,改“慈溪”为“慈谿”。慈谿县历唐、宋、元、明、清、民国，直至解放初的 1954 年，县域、县治基本未变。

[2] 汉朝散大夫冕

东汉朝散大夫冯冕，是慈城冯氏的始迁祖。冯冕，字端甫，汉大树将军冯异六世孙。汉建安六年（201）举贤良科累官至朝散大夫，从北方来浙东任句章令（一说任句章尉。句章县城在今慈城西南十五里王家坝村，为秦汉间的古县）。后因曹操篡汉，遂隐居句章县金川乡（今慈城西北八里八字桥村）。他卒年六十七，葬慈城浮鳖山南麓（为唐开元二十六年建慈溪县衙的基址）。后卿大夫重其节，特请于朝，谥忠贞。生三子：长善光，次善庆，季善宁。其后子孙蕃盛，被称为句章世家或金川世家。

[3] 唐中书令赠太师忠安公旦

即冯旦，字伯晨，号柏轩，谥忠安，是唐朝慈城冯氏中兴人物。他是汉忠贞公冯冕十四世孙，晋魏忠献公十世孙，唐文洁公五世孙。生于唐大中五年（851）正月初四，卒于天祐二年（905）六月初四。官内阁侍台、吏部侍郎，领相台中书令。在他生活的年代，遭遇黄巢起义，家乡慈溪到处是断垣残壁，荒凉满目。当他从京城告老还乡时，慈城西北的八字桥冯氏祖居只存一片火烧滩，族人四处逃散，已空无一人。他老泪纵横，决心重拾冯氏家族。所以冯氏后人称他为中兴之祖，唐以后的慈城冯氏皆是他的直系子孙。

[4] 明一代耆儒硕辅，忠孝节义，史不绝书

明朝是慈城冯氏家族最为辉煌的时期，一袭成为慈溪县内最大的科举和官宦家族，其中进士 29 人，举人 52 人，贡生 24 人。名人如河南监察御史冯泰、青州府教授冯吉亨、彰德府知府冯忠、刑部尚书冯岳、湖广布政冯叔吉、礼部侍郎冯有经、兵部尚书冯元飏、都察院右都御史巡抚天津冯元飏、抗清英雄冯京第等。

[5] 文宗显皇帝

即清咸丰皇帝，本名爱新觉罗・奕詝（1831—1861），年号咸丰，庙号文宗，1851 至 1861 年在位。

[6] 荷舲、舸月二君

即冯汝霆长子冯丙礽和次子冯可镛。冯丙礽（1825—1890），原名可鋑，号荷舲。年二十八登咸丰二年（1852）举人，官国子监学正，后主讲慈湖书院、德润书院。冯可镛（1828—1887），原名可钺，字佐君，号舸月。少以能文名，年二十四登咸丰元年（1851）举人，八上春宫不第，遂授徒于家。曾掌教慈湖书院、德润书院，官为捡选知县加国子监学正衔。著有《句章征文录》四卷，《匏系斋诗稿》，《浮碧山房骈文》若干卷；笺注《国朝骈体正宗》十二卷；校刻南宋哲学家杨简《慈湖遗书》十八卷、《续集》二卷、《补编》一卷，《慈湖先生年谱》二卷。《光绪慈溪县志》卷后《列传附编・冯可镛》：“…… 年二十一登咸丰元年（1851）乡荐。…… 卒于光绪十二年（1887）十二月，年六十。”从中举时间考，应生于1831年。从去世时间和生存年龄考，应

生于1828年。据冯氏启承祠新老家谱记载，他生于道光八年(1828),“年二十一登咸丰元年乡荐”为笔误，应该是“年二十四登咸丰元年乡荐”。

[7] 有事于县志，德祖与焉

孙德祖在清光绪五年，受《慈溪县志》总修冯可镛的邀请前来分修县志。光绪年间编纂的《慈溪县志》规模宏大，编修人才济济。由翰林院检讨杨泰亨任提调，国子监学正衔、捡选知县冯可镛任总修。捡选知县陈继聪，五品衔升用知县、长兴学教谕孙德祖，候选知县刘凤章，永嘉县学训导费德宗，江苏金匮县知县叶意深等五人任分修。优贡生周锡年、萧山学训导陈锦荣、户部员外郎山东行走赵家薰、六品衔增贡生董镐、廪贡生翁鉴、附贡生林兆丰等六人任采访。五品衔尽先即用知县杨家駷、湖州府学训导张世训、景山官学教习冯毓孳、附贡生王善长等四人任校对。创修于光绪五年(1879)，成稿于光绪十二年(1886)，计五十六卷。因当时经费支绌而藏稿待梓，光绪二十五年经县人集资才刊行面世。另增加附篇一卷，为进士刘一桂编纂。

[8] 世居县城五马桥

五马桥在慈城西北角，县衙西侧两百多米，东西走向。因桥东堍旧有明弘治己未进士、高州府知府冯本澄五马坊，故名。冯氏徙居五马桥最早记载是北宋初，史称“下冯”。南宋时冯氏繁衍成六大支派，其中五马桥冯氏为西桥支，可见当时并无五马桥，只有其西侧南北方向架设的西桥（因在县衙西而得名，西桥规模比较小，后来建造的五马桥相对高大）。冯汝霆祖上这一脉，宋元以来一直居住于五马桥，故俗称“五马桥冯氏”，而作为冯氏西桥支派反而很少有人提及。

冯汝霆十三世祖冯厚，字良载，号坦庵。举明经，廷对第一。明正统任凤阳训导，升淮王府长史，是西桥支冯氏标志性的人物。慈溪冯氏宗行字辈为寿，西桥支支行字辈为琛，排行九，后代称琛九房太公。冯厚生三子：冯锦、冯钢、冯鍊。冯厚后裔子孙在明朝年间，在浙江极有声望，被称为“名贤世家”。而冯厚在慈城西城建有“冯长史祠”的专祠。明崇祯八年(1635)，浙江巡按郭必昌奏请朝廷，把“冯长史祠”列入县档案册，成为众人祭拜的公共建筑，每年春秋二祭。据笔者调查，在宁波天一阁、上海图书馆、国家图书馆以及美国等地藏有冯厚、冯北湖、冯柯、冯娗、冯煐等五马桥冯氏一脉的多部著作。其中冯厚的《文翰类选大成》(与李伯玙合编)残卷明代刻本曾在上海拍卖。冯北湖文集藏于美国。冯柯辑编《宗藩训典》明万历三十年襄藩贞白书院刻本，前几年由国家图书馆出版社影印出版，其《贞白五书》民国时被张寿镛编入《四明丛书》。

冯汝霆是冯厚三子冯鍊的十二世孙。冯鍊(1461—？)，号西坡，为西桥支惠宗祠下属启承祠始祖。弘治年间，冯鍊任西乐驿官归里，构谦光堂(今启承路西段，清改建为启承祠)藏书楼以居。自署其楹云：“一园水竹为新主，万卷诗书是旧盟。”《光绪慈溪县志》载有冯鍊《谦光堂》一诗：“夫妻辛勤数载余，刚才成得此蜗居。北窗又喜新添竹，不似当年只有书。”

冯鍊的堂兄冯琪(1438—？),字时用，号愚斋，冯厚胞兄监察御史冯亜之子，成化二年进士，官湖广按察司副使。冯鍊的孙子冯叶，冯汝霆的十世伯祖，是明嘉靖三十二年进士，会魁，庶吉士，官户科给事中。

冯鍊的八世孙、冯汝霆高祖冯映斋(1686—1761)，名之仁，字元长，又字真长，号映斋。清康熙诸生。慈城冯氏西桥支启承祠支祖，清初著名药商，百年老店宁波冯存仁堂创办人。《四明清诗略》选冯元长《赠石奇上人》一诗：“达蓬灵阜为谁香，夹路春明引象王。雪窦老人探佛迹，雨花仙子出慈航。青林犹许存吾道，素叶兼能悟上皇。此去旃檀堪作供，愿随清影送沧桑。”冯元长有五子：大纪、大纲、铭山、大绪、大绶。除第三子早夭外，其他分元、亨、利、贞四房，冯汝霆的曾祖冯大纪是冯映斋长子，称为元房。

[9] 曾祖大纪，祖天纯，父云湘

冯汝霆曾祖冯大纪（1714—1778），字济五，国学生，冯映斋长子，为乾隆年间宁波药业巨商。

冯汝霆祖父冯天纯（1742—1769），字德文，国学生，诰赠中议大夫，候选郎中加三级，为清乾隆年间宁波药业巨商。据道光年间刻本《溪上遗闻集录》载，28岁时，在粤西采药行商路上，因生瘴病而罹难，而子孙口传因去云贵行商，坐长江客船而倾翻遇难。

冯汝霆父亲冯云湘（1765—1812），字南洲，号兰江，国学生，诰赠中议大夫，候选郎中加三级，为清乾隆年间宁波药业巨商。他一生奔波于高山大岭、穷乡僻壤，为子孙后代积累了大量财富。

[10] 以伯兄郎中君汝霖贵

郎中君，即冯汝霆大哥冯汝霖（1794—1837），国学生，候选郎中（正五品）加三级，诰赠中议大夫。《光绪慈溪县志》卷三十三载有冯汝霖小传："冯汝霖，字听帆。少孤，孝事大母杨。以朴勤世其家，好读书，课弟汝霆，子可镗綦严。以监生入赀为郎。与从父云濠各捐万余金，与建慈湖书院，并置膏火资肄业者。尝岁祲捐米数百石施振，急公赴义无德色。先以杨命，改造学宫节孝、忠义诸祠，学使杜堮为之记。所居寄月楼藏书数万卷，校雠精核。子可镗，工诗文，由廪生官龙游训导。孙家薰，嗜学攻苦，充咸丰六年恩贡，卒年三十七。"

[11] 八岁丧生母刘淑人

刘淑人是冯云湘副室，冯汝霖、冯汝震、冯汝霆等生母。冯汝霆八岁时刘淑人病逝。同邑诸生、姻亲朱庆祺撰《冯母刘太淑人》，其文如下：

冯氏为慈谿望族，往岁先大夫尝掌教慈湖书院，院为冯氏新改建，庆祺因是得熟稔冯氏诸昆之为人。今年冬，其季汝霆请为其生母刘太淑人传。余耳太淑人贤久矣，故承命不敢辞。

谨案：太淑人姓刘氏，赠公兰江先生副室，其嫡为王太淑人。先是兰江考德文蚤世，母杨太淑人守节六十余年，无锡秦侍郎尝为之传，载《小岘山人文集》中。杨太淑人春秋高，王太淑人事之惟谨，一室之中，愉愉如也。然恒以兰江乏子嗣为忧，因相与谋箧室，继乃得刘姓女纳之，即太淑人也。

太淑人温恭有礼，奉遵姑以恪慎，事嫡室以谨卑。自归冯氏，举丈夫子三，长汝霖、次汝震，次汝霆，女子四。无何兰江病殁，太淑人痛之甚，誓不欲生，继又念杨太淑人老矣，不胜伤悼，转掩涕为劝慰节哀。由是家政大小，太淑人皆禀命王太淑人，而以一身独任之，期无廑暮年当上忧，虽劳悴弗恤也。

太淑人性慈惠，而课子甚严，义方之训，无时或倦，以故诸子皆有成立，又明大义，喜施予。

嘉庆癸酉之岁，邑大祲，有以赈饥未劝捐者，时汝震、汝霆当幼，太淑人命汝霖急捐赀赈济，全活无算。其平居亲党中，有以缓急告者，亦无不慷慨给予，无有德色。又尝诏汝霖曰："汝祖母茹荼饮檗，重苦节，汝当急为表扬。"汝霖由是遂为杨太淑人，请旌建坊如制。并修邑学、节孝祠，兴復慈湖书院，汝霖皆禀命太淑人成之。惜乎诸事方举，杨太淑人、王太淑人犹在堂，而太淑人已遽登仙箓矣。其后汝霖由国学生捐职郎中，议叙特恩加三级；汝震由国学生议叙府同知；汝霆由郡廪贡生捐职府同知。因得赠封二世，而太淑人亦以例赠淑人。呜呼！可谓荣已，就知太淑人积德福及。

何以及此？论曰：余观冯氏子姓之繁衍昌炽，未尝不叹刘太淑人贻泽之厚且长也。初德文公之殁也，杨太淑人守节自励。兰江逮中年，而王太淑人尚无出，家虽饶，零丁单子。冯氏似续之忧方大，自得太淑人，始克举汝霖昆季三人，逮今孙十一人，曾孙九人。一门骨同，无虑数十人，后起此正未有艾，皆太淑人所诒也。世言冯氏，世有积德，其后必大。然谓太淑人，瓜瓞之绵，孰与昌其胤耶！螽斯之美，推本后妃，而七穆之盛，实肇祥于燕姞。将天钟福于太淑人，为冯氏大启其后，既醉之诗曰:“其胤维何,景命有仆。”又曰:“其仆维何,釐尔女士,从以孙子。就则冯氏之赖有太淑人,岂偶然哉?”

——清道光慈溪《冯氏惠宗祠支谱》抄本

[12] 十有三岁丧嫡母王淑人

王淑人是冯云湘原配、冯汝霆大妈,为慈城花园王氏第二十六世孙王岳清之独女。王岳清,字聪荣,号泰柱。生于乾隆二年(1737),卒于乾隆三十二年(1767)。生一女,继一子(胞弟王嵩龄长子王庆余)。王淑人一生没有生育,在冯汝霆十三岁时病逝。

[13] 祖母节孝杨太淑人

杨太淑人即冯云湘母亲、冯汝霆祖母,因节孝在嘉庆五年(1800)被朝廷批准立节孝坊,知县钟德溥建筑于慈城大西门外,今存老照片。为她立传的是清嘉庆正二品大臣,曾任浙江布政使、刑部右侍郎的江苏无锡人秦瀛。秦瀛,字凌沧,一字小岘,号遂庵,撰有《晋诰恭人节孝冯母杨太恭人传》,载《小岘山人诗文集》,其文如下:

慈谿郑徵士勋,持其姻戚冯节母行略,乞传于余,以为节母寿。盖节母以二十五岁为未亡人,迄今年七十有九,守节在阅五十四稔矣。节母,乡饮介宾杨公,讳昌明女,年二十适同里冯君德文,国学生大纪公次子也。德文客游粤西,被瘴疠殁于外。旅榇归,节母水浆不入口,号恸欲绝。舅姑慰谕之,节母始强进饮食,卜地葬其夫。而事舅姑曲尽孝养,比舅姑相继没,哀毁骨立,丧葬尽礼,族党称之。教其子云湘甚严,及长善治生,家以饶裕。而节母性勤俭,犹日夜纺绩不倦,生平足迹不入庵观,曰:“宗族亲戚贫窭者甚多,吾当周恤之,烧香佞佛无益也。”节母既以节著,例得请旌于朝。云湘以告节母,节母固止之,曰:“此分内事,请旌如予志也。”云湘卒以例审旌,请旌如制,无何云湘又病殇。节母痛其子,泪涔涔日下,赖云湘有子,均能成立。节母长孙汝霖,入赀为郎中,加二级。节母仰邀国家锡類之仁,封恭人,家声鹊起。孙曾林立,至是而节母之心可以少慰矣。节母年届八十,汝霖将请四方士大夫为诗文以祝之。节母愿不许,出金钱修邑中忠义节孝诸祠,并除道途以便行旅。汝霖虑终无以舒其表彰之诚,谋之郑徵士。徵士其姻也,不远千里,造吾庐而请为文,以传节母。先生而作传如古也,生而作传以为寿,尤如古。余重节母之行,视士大夫之读书明义理者,殆无以道,故乐为之传,以表节母。

予文者,可以知节母矣。

论曰:“年未三十而丧所天,人生之不幸也;年未三十丧所天,而子又不禄,又不幸中之大不幸也。”方节母身遇鞠凶辛苦患难,历人生希有之境,岂料后日之席丰亨享大年哉!今节母年既耄,矍铄健饭,目击没人之昌炽,荣显及于节母,又执知当日饮荼茹苦,其困惫有出寻常美之者耶?

贞节之事,世所艳称。而节母能以闺闱,而备士大夫之行,盖难矣。

——清道光慈溪《冯氏惠宗祠支谱》抄本

为杨太夫人书写立传之事而全力奔走的是慈城半浦人、嘉庆丙辰(1796)征举孝廉方正郑勋,时年六十余岁,专程赴无锡乞求秦瀛撰文。郑勋是清康熙翰林、高州知府郑梁的玄孙,著名藏书楼二老阁主人郑性的曾孙,字书常,号简香,著有《二砚窝诗文集》《郑氏献征录》等。他是冯云湘的儿女亲家,长媳即是冯云湘的长女、冯汝霆的大姐。

[14] 郎中君长先生十有五季,主家政

郎中君即冯汝霆大哥冯汝霖。父亲1812年过世时,冯汝霖19岁,上有祖母杨太夫人,并有嫡母、生母和六岁的大弟冯汝震以及四岁的小弟冯汝霆。长子当父,主理家政。

[15] 同知君汝震

冯汝霆小哥冯汝震(1807—1838),字辰雨,号小江,国学生,议叙同知衔(正五品),例授奉政大夫,诰赠中宪大夫,都察院都事加四级。《光绪慈溪县志》卷三十三在冯汝霖列传下附有简传:“幼鞠于大母,童不习嬉戏,事兄如严师,以与于学宫、书院二举。叙布政司经历。”今慈城孔庙明伦堂内存有《慈谿县重修明伦堂记》碑石，由浙江山阴人、清嘉庆四年进士、工部主事朱渌撰写，其文如下：

古者建学，首重明伦。人伦明于上，小民亲于下，然后众著于君臣、父子、兄弟、夫妻、朋友之义。而而治化行，后世立学，颜其堂曰“明伦”，胥是意也。慈学建于宋庆历八年，其明伦堂则自明洪武九年，因旧之成德堂而始更其名，厥后屡有兴作，载在邑乘。乾隆间，重经缮葺，迄今又数十年，構栌榱桷雨蚀风摩，日就倾圮。生徒朔望，晋谒者左右相顾，而惧殚财动众不敢创议。邑人冯君汝震，好义士也，目击情形，毅然有鼎新之志。于是练时日鸠工庀材，辇石甃砌，斥明伦堂而新之。基址加轮奂式廓，复于大成殿、东西两庑，重施丹雘，其棂星门、围墙暨各崇祀祠宇罔不润色，修整巍然。经始于道光十七年二月，落成于七月，计糜白金七千五百两有奇。不丐官缗，不谋他姓，而独自任其事，以底于成，非笃于好义者，而能若是耶。慈谿为浙东望县，山川灵淑，代启人文，自宋建学以来，若王公庭秀、杨公简、张公虙、孙公梦观、黄公震皆以道德文章著名于世。嗣后元明以来，亦科甲不绝，皆学校之化有，以涵育而陶成之。冯君景仰前徽创复旧制，使登明伦堂者，皆肃然知君臣、父子、兄弟、夫妻、朋友之义，以蓄道德而能文章，其嘉惠后学不浅。岂特崇庙貌肃，观瞻而已哉？先是道光元年，冯君禀大母杨太恭人之命，与兄汝霖，弟汝霆改建学宫、节孝祠，并修忠义、名宦、乡贤各祠宇，所费不赀，滨州杜侍郎为之记。兹又独力捐修是堂，洵所谓乐善不倦者。余主慈湖讲席七年，于兹谂知冯氏多好义，而尤乐是举之增辉学校也。故濡笔为之记。是役也，决其议者：孝廉冯云濠，诸生冯鉴、陈芾春、冯茂椿；董其事者：监生陈麟，例得并书。

——清《光绪慈溪县志》卷四

[16] 以好义闻 …… 先生皆赞成之

冯汝霖兄弟在道光年间以好义而闻名乡里，在祖母杨太夫人八十大寿时（慈溪风俗“做九不做十”，道光二年年七十九），以杨太夫人的名义出巨资陆续修复慈溪县孔庙附属节孝祠（至今在慈城孔庙附祠慈溪县节孝祠大殿的横梁上尚存“清道光元年三月邑绅冯汝霖出资重建……”）、乡土祠、忠义祠等。道光六年冯汝霖兄弟与从叔冯云濠兄弟各捐资一万五千两白银重建慈湖书院。道光十七年冯汝霆小哥冯汝震个人捐资七千两白银重建孔庙明伦堂。道光十七年（1837），大哥冯汝霖身体日益败坏，怕来日不长，就决定三兄弟分家财。所以道光十七年之前的捐赠，都是兄弟共同财产。每当大哥决定捐助事宜，两兄弟都赞成之。

[17] 其后伯仲相继殁

冯汝霆的两位哥哥不到一年时间先后过世，冯汝霖于道光十七年（ 1837 ）病逝，冯汝震于道光十八年（ 1838 ）病逝。

[18] 戚属有不给者周之 …… 于轸恤孤寡尤至

冯汝霆兄弟在祖母杨太夫人的教育栽培下，一生持续做善事，特别对冯氏宗亲更是关怀备至。如有无钱办婚丧者、老弱病残者，总会伸出援手，出资出力。

[19] 象山金梁氏寓慈谿 …… 醵金葬之慈湖之濒

此事发生于咸丰三年（1853）。金梁氏，原籍象山，本李氏女，育于梁，故改姓梁。年十七，嫁于慈溪金某为继室。金某业渔，一次入海捕鱼不归。婆婆龚氏私与市侩汤某往来，勾搭成奸。不久汤某又想玷污金梁氏，婆婆龚氏怕秽事暴露，也妄想拉金梁氏下水。龚氏采用囚禁、饥饿、毒打等极其卑劣的手段，威逼金梁氏屈从。但金梁氏宁死不屈，守玉如故。在生命奄奄一息时，得到邻里的帮助，把她抬往慈溪县衙大堂喊冤，待喊完冤就屈死在县衙大堂上。此事一时震动，冯汝霆与从弟冯本怀带头为金梁氏鸣冤叫屈，又向朝廷推荐旌表，并捐资购地，在慈湖边阚峰下建墓立坊，史称“烈妇金梁氏墓”。

冯本怀，即浙东著名藏书楼抱珠楼（又名抱珠山房）主人。据《光绪慈溪县志》列传附编：“字酉卿。父云树，笃操履，好施予。本怀七龄，云树殁。母洪，期之切，刻苦自励，以慰亲心。中道光十九年（1839）举人，入赀为内阁中书。假归，益肆力于学，其抱珠山房藏书与醉经阁、寄月楼相埒。尹元炜著《溪上遗闻集录》及《溪上诗辑》两书，并与参订，居恒手不释卷。暇则饮酒赋诗而已，输饷得官至即用道，赏戴花翎。兄本诚。”

[20] 首赋诗唱于众，于是浙东西属和者数百家

冯汝霆不但为金梁氏向上请求旌表，并带头捐资建墓立坊，赞赏烈妇金梁氏坚贞刚烈，还邀请当时的文人赋诗唱和。其中有同邑翰林杨泰亨之父杨庆槐、拔贡张翊儁、贡生郑元祁，鄞县状元章鋆（其女嫁于慈城五马桥冯氏），镇海诗人姚燮、戴鋆，象山诗人陈致新、孔广森、叶兰贞等人。

[21]郎中君期之深，尝构寄月之楼，聚书数万卷

冯汝霖为了培养两个弟弟读书，专门在五马桥西侧家中建造了藏书楼——寄月楼，藏有精品图书万卷。此藏书楼被毁有两说：一说在第一次鸦片战争中被侵华英军焚毁，另一说是太平天国时期被焚毁。也许两次都被焚毁过。20世纪50年代留存的旧照中，还能看出寄月楼原址被火烧过的遗迹。

冯汝霆次子冯可镛在《忆寄月楼旧藏书》诗云：“十万牙签列架储，蟫衣蠹粉手亲除。敝庐自堕昆明劫，残烬难寻汲冢书。竹素有情增契阔，虫鱼无注供度疏。夜阑忽忆楼居好，恰似琅嬛梦醒初。”由此可知寄月楼藏书早已不存了。

[22] 试于县，特为罗侯河岳所识

冯汝霆受到知县罗河岳赏识。罗河岳，字为章，一字奠之，福建上杭人。以拔贡官教谕，道光六年至十年升任慈溪知县。

明清两代科举取士逐级考试程序严格，不能逾越。最初一级考试为童试，系郡（州、县、院）试，考取者叫“生员”（俗称秀才）。第二级考试为乡试，在省城举行，只有秀才可应试，“中式者为举人，取得会试的资格”。第三级考试为会试，每三年在京城举行一次，由礼部主持，会试考取者叫“贡士”，取得殿试资格。第四级考试为殿试（廷试），即皇帝亲自在殿廷主考，考取者称“进士”，其中一甲第一名为状元。

[23] 拔明季试督学，而踬。

冯汝霆第二年参加宁波府督学处选拔考试，但考得不顺利。踬，绊倒。

[24] 又明季县试，李侯式圃，擢冠童子军

又过一年县里童试。县令李式圃，字果亭，安徽合肥人，道光二年（1822）进士，分别于道光十年（1830）八月至十二年（1832）六月和道光十二年（1832）八月至九月两任慈溪县令。县令作为主考官十分欣赏冯汝霆的才华，而在童试时夺魁，被擢为童生中的优等。

[25] 始受知道州何文安公游郡庠

郡庠，即府学。道光十二年（1832），冯汝霆受到浙江学政何凌汉的青睐，从县学擢为府学生。何凌汉（1772—1840），字云门，号仙槎，谥文安，湖南道州人。嘉庆十年（1805）进士（探花），历任顺天府尹、浙江学政、大理寺卿、都察院左都御史、兵部右侍郎、礼部左侍郎、工部尚书、吏部尚书、户部尚书等要职。

[26] 其季秋试出海宁牧王侯颐房，不售

海宁牧，即浙江海宁知州。王侯颐，即海宁知州王颐，字百期，顺天宛平（今北京）人，嘉庆己卯（1819）进士。道光丙戌（1826）冬，由钱塘令擢为海宁州牧，以两次分校秋闱，去而复来者。乙未（1835）在海宁知州任上，因病告归老家。季秋，是秋季最末的一个月，即农历九月。秋试，即秋闱，指秋天省贡院举行的乡试。海宁知州王颐，曾两次参加分校浙江乡试考卷，而冯汝霆道光十二年（1832）参加乡试，被他审阅不中。不售，即指考试不中。

[27] 监临富呢扬阿公阅落卷深惜之

富呢扬阿，清满洲镶红旗人，道光十年（1830）至十四年（1834）任浙江巡抚。冯汝霆有次参加院试，试卷竟被监考官遗失，待后来发现时，已是评卷结束。当监临富呢扬阿阅完冯汝霆考卷，非常惋惜冯汝霆错过这次机会。

[28] 敷文书院

冯汝霆这次院考意外失利后，被浙江巡抚富呢扬阿擢至杭州敷文书院研学。敷文书院是清代浙江唯一一所官方举办的省会书院，是杭州规模最大、历史最久、影响最广的书院。在书院中学习的学生遍布浙江十一府，各地学生以能进入敷文学习感到光荣。敷文书院是学者名家荟萃之地，著名学者桑调元、齐召南、金甡、王旭、沈维蟜等30余人担任过书院山长，秦瀛、杨绳武、朱彝尊、孙星衍、胡敬、戴熙、孙依言、俞樾等曾在书院讲学。敷文书院也造就了许多人才，清代著名诗文大家袁枚、祝德麟、施安甫等曾在书院就读。

[29] 月湖书院

月湖书院是清代宁波具有官方背景的著名书院，位于宁波市月湖西面，东接偃月街，因月湖而得名。月湖书院原为义田书院，建于清顺治八年（1651）。康熙二十五年（1686），太守李煦重建大门、中门、讲堂、敞楼、书舍，正式取名为月湖书院。同治三年（1864），拨款重修，为官办书院。光绪三十一年（1905）改办为宁波府师范学堂。1912年更名宁波师范学校，1923年并入省立第四中学（今宁波中学前身）。

[30] 吕太守子班、汪工部士侃

冯汝霆在月湖书院就学时，受到时任宁波知府吕子班、工部员外郎汪士侃的器重。

吕子班（1782—1838），清道光年间任宁波知府，字仲英，阳湖人，嘉庆七年（1802）进士。初官户部，擢陕西司郎中，历广东琼州、宁波知府。

汪士侃，无锡人，字写院，嘉庆十四年（1809）进士，知四川双流县，入赀为工部员外郎。性耽读书，研究经术。改官时以俸钱买书数千卷，寝馈不离。

[31] 慈湖书院

慈湖书院位于慈溪县城北门外慈湖之北，始建于南宋年间，是当时全国著名书院。原为纪念哲学家、心学大师杨简的祠堂。其门人为弘扬慈湖学说，改为书院，历元、明、清，屡经兴废。1902年起先后改建为新式的慈湖中学堂、慈溪县立中学、宁波市慈湖中学。

慈城冯氏家族与慈湖书院渊源深厚，冯汝霆一脉更是身先力行。南宋时冯汝霆的先祖冯兴宗，字振甫，即拜杨简为师，为杨简八十四个弟子之一，后任江西著名象山书院山长。明隆庆戊辰（1568），冯汝霆族祖冯成能（嘉靖三十八年进士，官四川布政使）出资修复慈湖书院。清道光六年（1826），冯汝霖、冯汝震、冯汝霆兄弟三人与从叔冯云濠、冯云祥兄弟各捐资一万五千两作为重建慈湖书院和开办费用。据《光绪慈溪县志》卷五记载："道光六年，知县黄锡祚以书院废创议建复。邑人冯云濠、云祥捐资一万五千两，冯汝霖、汝震捐资一万五千两，于普济寺前面湖（今五三楼前面）建屋三层，前为堂，中为楼，奉文元公祀，以弟子从祀，后为掌教居，翼以两庑为疑业所。岁延院长掌教月第，其肄业者之文艺优劣而膏火之。"县志载黄锡祚《重建慈湖书院记》，而文内只提到捐银人冯汝霖与从叔冯云濠、冯云祥的名字，而没有提到冯汝震、冯汝霆，这可能是胞兄冯汝霖为一家之主，作为代表的意思，但不影响冯汝震、冯汝霆捐银的事实，因为所捐银两是三兄弟共同家产，当时三兄弟尚未分家。"分家"细节详见冯炳才（冯汝霖玄孙）所撰《慈城冯氏醉花书屋述旧》（刊《古镇慈城》2008年总32期）。

同治年间，冯汝霆之子冯丙礽（原名可鋑）、冯可镛兄弟讲学慈湖书院，为家乡培养大批有用人才。冯可镛在同治九年（1870）校订刻印过一套《慈湖书院课艺录》，内载道光至同治年间慈湖书院学生优秀范文。另外兄弟俩还编过一套科举范本《还读轩墨选新编》八册，内容是丁卯年（1867）浙江乡试文选，戊辰年（1868）会试文选。此书当时成为课艺名书，全国各地翻刻盗印甚多。

[32] 张侯如梧、朱太史渌

张如梧，字浣秋，江西南城人，嘉庆庚午举人，道光十三年七月至道光十四年六月任慈溪知县。

朱渌，字清如，号意园，浙江山阴人。乾隆五十三年（1788）举人。嘉庆四年（1799）进士，授编修。嘉庆十三年（1808）以工部主事任顺天乡试同考官。后出知江西临江府（治所在今江西清江县），为官廉正有声，建章山书院以劝学。朱渌曾在翰林院任编修，岁壬辰（1832），应李果亭明府（县令）之聘，来慈溪主讲慈湖讲席，期间与五马桥冯氏家族多有交往。

[33] 学使陈公用光 …… 转列高等补廪饩

陈用光（1768—1835），字硕士，一字实思。江西新城（今黎川县）钟贤人，嘉庆六年进士（祖父陈道，父陈守治，均系进士）。授编修，官至礼部左侍郎，提督福建、浙江学政。廪饩，指科举时代由公家发给在学生员的膳食津贴。陈用光任浙江学政时，一次来宁波试士，当榜揭开后，不见冯汝霆卷子，可能被考官遗落了，当搜见冯汝霆卷子文稿大奇之，特找来复试，并将他从慈湖书院擢为府庠生。

[34] 侍郎史公评来视学，先生四试皆前列

史评，字衡堂，号松轩，山东乐陵人，嘉庆十三年进士，历任翰林院庶吉士、编修、侍读、武英殿总纂、国子监祭酒、内阁学士、浙江学政（1834年至1836年）、礼部侍郎等职。史评任浙江学政期间多次来宁波视学，曾四次抽查考试，而在宁波府学和官办的月湖书院求学的冯汝霆，每次成绩都名列前茅。

[35] 浦江令黄侯崑房

黄崑，字聘修，一字崙山，广州府顺德人，嘉庆庚辰（1820）进士，道光八年（1828）任浦江知县。

[36] 而巡道周公彦，拔月湖肄业生二十有四人，月课云石山房

周彦，江西鄱阳人，嘉庆二十二年丁丑科进士，早年任兵部主事，道光十二年四月，记名以御史用。同年，转任台湾府知府。道光十三年，因剿匪出力，被赏花翎。道光十三年，转任浙江宁绍台道。选拔月湖肄业生24人，其中一人是冯汝霆，月课于台道创办的云石山房。

[37] 永康令彭侯元海

彭元海，字莱门，湖北云梦人，清道光十三年（1833）癸巳科进士，道光十四年任瑞安知县，但没有做过永康县令，此处原文有误。道光十七年（1837）被借去任浙江乡试的校阅官，见冯汝霆上交试卷较晚，就随意放入当堂的备用卷，由是使得冯汝霆错失难得的良机。

[38]著于卝（guàn）角

卝角，古代儿童将头发束成两角的样子，这里指童年，即冯汝霆在童年时就显示出与众不同。

[39] 援例得府同

“援例”是古代一种非正常做官途径。捐资募勇，府里首长就是知府，副职就是同知，府同知为正五品官员，即是知府下面的助手，协助知府分若干事务。冯汝霆由贡生援例授正五品的同知，应是荣誉官衔，非实职。后来又诰授奉政大夫（正五品），例封文林郎（正七品），捡选知县。

[40]《营菟表日》《三雅吟窝集》《莳花竹手一卷》

清《光绪慈溪县志・艺文志》没有记载冯汝霆的这三本著作，只记载《循陔书屋吟稿

二卷》，不知是否合集。县志附有镇海咸丰九年进士、工部主事谢辅坫为《循陔书屋吟稿二卷》所作序，其文如下：

道光乙未鄱阳周涧东先生来观察浙东，拔月湖肄业生之尤者二十四人，试于署西云石山房制艺，而外兼以经古诗词。耳堂冯先生膺选而来，而余亦滥厕其间，始得与先生交。先生每一艺出，同人咸敛手慑服。嗣余馆谿上，与先生交益亲，因得悉其平生。先生家初富盛，寄月楼藏书数万轴，日夕寝馈其中。而所交游皆四方知名士，以是文誉日益起。学使者陈暕、硕士史松轩诸先生皆相器重，而独不得志于秋试。先生亦自绝意进取，益肆力于古诗文词，而诗尤酷嗜，所作清微淡远，不假雕饰，与白傅《长庆集》相近。比年遭兵燹，家逐中落。余遇之甬江北岸，握手道古，欢若平生。酒余复出其近作相示，则又抚今悼昔，吊死伤离，悱恻缠绵，与老杜、秦中诸诗相似。先生且索余序，时余将入都，仓卒未有以应也。别未一年，先生遽归道山，哲嗣炳礽、可镛裒其遗稿，拟付削氏，而重以序请为述之如此，盖不胜笛咽弦摧之痛焉。

——《光绪慈溪县志》卷四十九

[41] 其奥堂尤喜白氏《长庆集》

《长庆集》为唐代大诗人白居易的别集，因编集于穆宗长庆年间(821—824)，故名。冯汝霆创作的诗歌接近白居易那种平易、通俗、浅近，朗朗上口。《光绪慈溪县志》选入他诗歌五首，其中有咏慈北海防前线的《观海卫城》："万里鲸波簇战桅，一城控制亦雄哉。曾闻充国移屯至，终见卢循跋浪来。镞锈全埋荒垒恨，角声犹带暮潮哀。清时浪港山前路，落日荒烟剩戍台。"有歌颂民族英雄沈宸荃的《过师桥沈忠节公墓》："阳侯涛怒坏云愁，铁索千寻夜覆舟。只道鲛宫沈毅魄，谁知马鬣剩荒丘。杜鹃有恨啼山雨，精卫何能竭海流。想是招魂南日还，枫青月黑鬼啾啾。"

[42] 粤逆之变，辟地乡居，屡迁城南鹤浦

清咸丰、同治年间的太平天国运动，因领袖洪秀全为广东花县人，故清廷蔑称太平军为粤贼、粤匪、粤逆、粤寇等。

太平军曾两次占领慈城，第一次是1861年10月24日，范汝增、何文庆率太平军攻占慈城，至1862年4月14日，被清军夺回，历时164天。第二次是1862年8月25日，三天后27日即被江苏巡抚李鸿章调来的华尔常胜军和本地义勇五百余人所困，不得不启北门夺路而出。

太平天国运动期间，冯汝霆多次受到兵燹的惊吓，每次避难都逃往慈城南城外十里的鹳浦村。鹳浦，又称灌浦、半浦、寒村、安仁等，地处姚江畔，是明清时期宁波至杭州的大运河的要津，也是慈溪著姓望族郑氏为主的浙东历史文化名村。慈城冯氏与半浦郑氏是百年世交，婚戚连续不断。而冯汝霆与半浦郑氏关系更是亲上加亲，他的大姐嫁于半浦复训堂二老阁郑性后裔、浙东名士郑勋之长子郑郊，还因节孝编入《光绪慈溪县志》卷三十八《列女传》四："监生郑郊妻冯氏，少有淑德，事父母尽孝，母殁，抚幼弟劳勚备至。道光六年郊卒，氏年三十，奉迈姑立嗣，年五十九以节终。同治十二年旌。"而大姐与郑郊所生的独女，后又嫁给冯汝霆长子冯荷舲为妻。另，冯汝霆长女嫁于半浦佑启堂（与半浦复训堂郑氏同村同姓不同族）郑显嫖，官嘉兴训导。

[43] 配王宜人，国子监生赠儒林郎绍成女

王宜人，是冯汝霆嫡母王淑人之堂侄女，即是婆媳又是姑侄，这种亲上加亲的婚姻模式在明清社会是比较流行的。其父王庆全（庆余之季弟），字绍成，号璞斋，国子监生，赠儒林郎，为慈城花园王氏第二十七世孙。生于乾隆四十三年（1778），卒于嘉庆二十五年（1820），年四十三。生三子二女，其中长女（王宜人）嫁于冯汝霆。

[44] 男子六人 …… 可鍾皆监生

冯汝霆有六子，即可鋑、可镛、可锟、可锜、可铣、可鍾。长子可鋑（咸丰二年举人），次子可镛（咸丰元年举人）。据冯可锟曾孙冯宝才继子杨炳法先生回忆，他家一直住在五马桥冯骥才祖居的西侧，原进大门后的二门上面挂有一块四周镀金“兄弟登科”牌匾，一直挂到1966年左右。

三子可锟、四子可锜。在冯可镛编纂的《慈湖书院课艺录》中，选入两人所写的课艺范文。可锟捐为八品衔，可锜为县学学生，即邑庠生。

五子可铣，字秋航，国学生，即冯骥才曾祖父，约生于道光十九年（1839），过世于1890年前后。

六子可鍾，国学生，早卒，冯可铣的次子冯家蒨出继给他承后。

[45] 女子二人，嘉兴县学训导郑显熛、监生赵良溆其婿也

冯汝霆除了六个儿子外，还有二个女儿。分别嫁于郑显熛、赵良溆。

郑显熛，《光绪慈溪县志》卷二十二“仕籍”道光朝载：“郑显熛，嘉兴训导。”另道光己亥（1839）佑启堂刻本《半浦郑氏宗谱》载有郑显熛世系，为慈城半浦佑启堂南宋状元郑性之后，宋末从福建迁来，世称“福建郑”。

赵良溆，慈城赵氏望族后人，监生。

[46] 孙十一人 …… 家蕢

光绪七年（1881）撰写的冯汝霆墓志只记录孙十人：家萱、家蔚、家芾，家莆，家芮，家蔼、家蒨、家华、家莅、家蕢。当时冯汝霆阴寿74岁，笔者查考光绪八年举人冯保清（属启承祠小支族兄弟）的硃卷，里面记载启承祠族兄弟较详细的资料，补上被遗漏的“家菁”。而冯家菁的孙子即是被誉为当代江南药王、杭州中国青春宝集团董事长冯根生。

冯汝霆最小的孙子冯家蕢（1877—1953），即冯骥才祖父，字友苓，号香来。十四岁离开慈城去北方辽东、京师等地经商，最后成功于天津。1927年在慈城同乡、天津著名买办王品南等人的支持下，创办了天津中西福禄林大饭店，并成为宁波帮在天津的活动中心。1920年，由于冯家蕢夫人冯朱氏因病去世，冯家蕢回慈城处理好后事，带着长子冯庆生（1906—1977，字昌熊）、次子冯復生（1915—1989，字昌照，冯骥才父亲，后任天津大陆银行行长）离开慈城去天津生活。冯家蕢多次为家乡藕田小学（后改名慈城三小，1983年与慈城中心小学合并）、慈溪县立初级中学（今慈湖中学）捐款。1938年由上海商务印书馆出版的《慈溪县立初级中学校刊》第三期“建筑捐款报告 —— 民国二十五四月起至二十六年八月止”，记载着百余位捐助人的名单，其中有两条与冯家蕢相关：一是“王品南君，捐助洋一千元，冯友苓君经募”，二是“冯友苓君，经募洋一百五十元”。

[47] 曾孙九人 …… 昌燕

冯汝霆墓志记其曾孙九人，1915年，最小的曾孙冯復生出生，另有“昌”字辈曾孙十人，合起来共有十九人。

[48] 二冯君既以名孝廉

孝廉，明清对举人的雅称。二冯君即冯汝霆长子冯丙礽和次子冯可镛。

[49] 董谿汤汤，阚峰苍苍

董谿，即董溪、董孝子溪，在慈湖北面。溪流从八美山向南流经姜家岙、时家边、慈湖中学，最后入慈湖西湖。东汉年间，大孝子董黯在此居住耕读，孝养母亲，感天动地。董溪是浙东灿烂的慈孝文化发源地。

阚峰，位于慈湖东北面，因三国东吴中书令阚泽生长于此，故名。阚泽，字德润，曾躬耕于此，赤乌二年（239）舍宅建寺，名普济寺，是浙东历史上建造的第一所佛寺，也是浙东佛教文化的发源地。

屠隆与《白榆集》

文 | 张 萍（宁波大学）

【摘 要】本文分析屠隆《白榆集》的创作背景与收入诗文概貌，并对其历代版本与著录情形进行梳理，兼及《白榆集校注》的相关工作。最后通过从《白榆集》中发现的新材料，对黄霖先生提出的屠隆与《金瓶梅》最初收藏者刘承禧的关系作了修正、补充。

【关键词】屠隆；白榆集；校注；刘守有；刘承禧

一

《白榆集》，明代宁波府鄞县人屠隆所著。屠隆（1543—1605），字长卿，别字纬真，号赤水，别署由拳山人、一衲道人、娑罗主人等，晚称鸿苞居士。万历四年（1576）中浙江乡试，万历五年（1577）中进士第，授颍上县令。万历七年（1579）调任青浦县令。万历十一年（1583），迁礼部仪制司主事。万历十二年（1584）十月，因受刑部主事俞显卿弹劾其与西宁侯宋世恩淫纵而遭罢官。其后多居故里，间出交游。

屠隆博学多才，交游广泛，下笔千言立就，一生著述甚丰，为明代重要诗文、戏曲作家。除了汇编他人之作的集子如《巨文》《汉魏丛书》等之外，其自撰著作，传世的有诗文集《屠长卿集》十九卷，《由拳集》二十三卷，《白榆集》二十八卷，《栖真馆集》

三十一卷,《娑罗馆逸稿》二卷;传奇《昙花记》《修文记》《彩毫记》三部;杂着《鸿苞》四十八卷;清言小品《娑罗馆清言》二卷,《续娑罗馆清言》一卷;佛学著作《佛法金汤》一部;《考盘余事》四卷,归属尚有争议。另有万历二十一年(1593)后创作的一百多篇集外佚文,极有可能出自其未曾付梓行世的诗文集《绛雪楼集》[1]。

屠隆为颍上令时,曾将之前所著文章诗赋刻成一集。据沈明臣《由拳集叙》:"诸所著文章诗赋,颍诸生乃请付剞劂,而非长卿意也。海内诸人士读而艳焉,辄从长卿乞集,而长卿雅不欲传,然终不能拒,间亦一二属工墨之楮,辄风雷。于是长卿益自秘,以故传者堇堇。"[2]这部屠隆"雅不欲传"的早年集子,即《屠长卿集》,有题署"万历六年戊寅春三月廿二日"的自序,包括诗集十二卷、文集八卷。存世版本中,文集第八卷"杂文"有目无文。

《由拳集》乃屠隆任青浦令后,由友人冯梦祯、沈懋学在《屠长卿集》十九卷的基础上增删而成,初刻于明万历八年(1580)。《四库全书总目提要》称:"是集凡赋一卷,古今体诗十卷,杂文十二卷。时隆方知青浦县,故以由拳为名。"因青浦县属古由拳地,故名。彭汝让《由拳集叙后》指出,此集所收作品,"摛菁弱冠者十四,振藻登庸者十六",万历五年中试为官前占十分之四,中试为官后占十分之六,记录了屠隆三十八岁前的生活、思想和创作。

其后刊刻的两部颇有影响的诗文集,《栖真馆集》刻于万历十八年(1590),主要收录屠隆万历十四年(1586)至万历十七年(1589)间之作品;《白榆集》虽初刻于万历二十二年(1594),但集中绝大部分作品的创作时间要比《栖真馆集》早,主要集中于万历八年(1580)至万历十四年。以《白榆集》文集卷七的《奉曾大司空》为例，信中的曾大司空，指曾省吾，字三省，号确庵。湖广承天府钟祥县（今属湖北荆门）人。嘉靖三十五年（1556）进士，万历八年（1580）召拜工部尚书。信中屠隆自述的“卑职待罪两邑，任满三载”，表明此信即为万历八年所写。收录作品的时间下限，文集卷十六的《程思玄太学诔》序中记：“万历十八年十一月初九日丁未，新都程君太学思玄卒。”可确考为万历十八年所作。

此期间内，屠隆经历调任、升迁、罢官等仕途之浮沉，与各色友人尤其是当时文坛重要人物之交游日益密切；拜昙阳子王焘贞为师学道则令他对佛道渐入沉迷。可以说，此乃屠隆人生中最为丰富多变之阶段。如程涓《白榆集序》中所言：“泱泱乎视《由拳》则絜大，瑟瑟乎视《栖真》则较精，犂然鼓吹众氏而错出百家言。”这个时期创作的《白榆集》，自然也成为研究屠隆生活、思想、文学观之重要文献。

《白榆集》共有五六百篇作品，足以见证屠隆这一时期的笔耕不辍。但也可看出有几个创作高峰。

万历十年（1582）十一月，屠隆以青浦知县进京上计，途中历一月有余。不仅事后写下长文《发青溪记》，沿途中也少不得与友朋们留别唱和；到南滁遇雪路阻，又作诗怀想起在京城的老友冯梦祯、余君房以及同乡沈一贯、沈九畴等人；到了山东，又《寄题五岳》“偶尔兴怀”。一路走来，留下五六十篇诗文。

万历十二年十月，屠隆遭弹劾罢官后，诗文尤其集中。他向友人及各级官员写了大量书信，申诉冤情，剖白心迹。罢官是屠隆一生思想和行为的重要转折点。据《明史》本传载：屠隆罢官后“益纵情诗酒，好宾客，卖文为活。诗文率不经意，一挥数纸”。屠隆诗酒风流、放诞啸傲的个性特点，厌倦仕途、佛道出世的思想，才思敏捷、语多藻绘的创作风格，在《白榆集》中多有体现。

二

《白榆集》得名于白榆社。白榆，原为星名，亦称“榆躔”。徽州府歙县东南有白榆山，汪道昆《游黄山记》有言：“其地错部娄而属斗山，盖聚星之义也。”[3]故以所在之地名社。主持白榆社之汪道昆欲扩大诗社声势，邀屠隆入社，之后又允诺刊刻《白榆集》。丁应泰《屠赤水白榆集序》记：“太函每谈艺，胪数海内诸名家，辄首及云杜本宁李先生、东海长卿屠先生云。二先生先后入新都，缔白榆社。而长卿且再至，寻箧其所著业而质太函。太函嘉之，忻然任为序，社中生程元方伯仲任剞劂行焉。甫鸠工，而司马下世，梓人且散去。元方不但已也，司马有成言，益督之。踰年而告成事。”万历二十一年汪道昆去世之后，白榆社同道程问仁（字元方）将书稿继续付梓，并于次年完成刊刻。

《白榆集》刻成不久，祁承爜《澹生堂藏书目》即有著录。此外，黄虞稷《千顷堂书目》、丁仁《八千卷楼书目》、徐乾学《传是楼书目》、《明史·艺文志》等均对《白榆集》有著录。《四库全书总目》载其提要：“《白榆集》二十卷（江苏巡抚采进本），明屠隆撰。隆有《篇海类编》，已著录。是集诗八卷，文十二卷。隆为人放诞风流，文章亦才士之绮语。陈子龙《明诗选》谓其诗如‘冲繁驿舍，陈列壶觞，顷刻办就，而少堪下箸’。文尤语多藻绘，而漫无持择，盖沿王、李之涂饰，而又兼涉三袁之纤佻也。”[4]此中“文十二卷”或为“文二十卷”之误，因传世之多个《白榆集》刻本中，并无“文十二卷”本。或许是与《由拳集》的“文十二卷”混淆了。

今见《白榆集》版本，计有：明万历二十二年程元方刻本《白榆集》二十八卷，前有万历甲午丁应泰序、万历癸巳程涓序，国家图书馆、上海图书馆藏，浙江图书馆藏本仅文二十卷，缺诗八卷；

明万历二十八年(1600)龚尧惠刻本《白榆集》二十八卷，前有万历庚子(1600)江夏丁应泰序、万历庚子新都程涓序,《续修四库全书》集部一三五九册、《四库全书存目丛书》集部一八〇册影印；明刻本《白榆集》文二十卷，无序，台湾伟文图书出版社有限公司民国六十六年九月影印出版(全二册)，收于《明代论著丛刊本》第三辑;《白榆集》二十八卷，收于屠隆著、汪超宏主编《屠隆集》第三册、第四册，浙江古籍出版社二〇一二出版。二十八卷本《白榆集》包括：诗八卷，其中赋、五言古诗一卷，七言古诗二卷，五言律诗、五言排律一卷，七言律诗三卷，五言绝句、六言绝句、七言绝句、词一卷;文二十卷，其中序四卷，记一卷，书(含启)九卷，论(附诸考小序)一卷，策、表、议、诔、行状一卷，神道碑铭、墓志铭二卷，传、赞、跋、笺纸铭一卷，祭文一卷。均按文体分类编排，共有322篇。

万历二十二年程元方本《白榆集》系初刻，清晰工整，但仅有国家图书馆、上海图书馆完整皮藏，较为罕见。万历二十八年(1600)龚尧惠本应为覆刻,《续修四库全书》与《四库全书存目丛书》皆影印收录，因而较为常见；但字迹时有漫漶，错讹较多，且有缺页、错简。如:《续修四库》和《存目丛书》中《白榆集》文集卷二《啸庐四赋序》末尾，误植进《南滁大雪歌》《彭城将使君邀登苏子瞻放鹤亭作》等八首本属《白榆集》诗集卷二之七言古诗[5]，而诗集卷二则皆缺此八首诗;《四库全书存目丛书》所收《白榆集》文集卷一缺第十五页、第十八页[6]。除文字、版式的错讹外，未经整理点校的影印本在句读方面通常会成为阅读障碍。再加上屠隆行迹丰富，交游极广，仅以书信而言,《白榆集》就有九卷，大大超出《由拳集》的五卷，集子中出现的大量人名、地名，若无专门注释，一般研究者往往也会感到困惑。

由浙江大学出版社出版的《白榆集校注》[7]，正是基于力求准确、完整、易读的目的，对屠隆作品进行的深度整理研究。校注以《续修四库全书·集部》第一三五九册影印明万历龚尧惠刻本《白榆集》为底本，校以明万历二十二年程元方刻本，《四库全书存目丛书》所收《鸿苞集》与《白榆集》有部分同题篇目，用作参校。校注体例上，与之前出版的《由拳集校注》保持一致，除标点、分段、校勘外，对诗文中与屠隆交游、行迹有关的人名、地名及所涉相关典故等，也进行了注释，而这也大大增加了整理工作的难度。以人名的注释为例，古人称呼对方，除字号外，也喜以姓氏加官职来称呼，屠隆创作《白榆集》时期，无论是居官时还是罢官后，都与政坛众多人物有大量交往，自然也不例外。于是诗文中的朱大司空、张太史、吴太史、房侍御、刘观察、李开府、胡民部、刘卫尉、范太仆、吕使君、胡明府、傅吴县、刘博士、李山人等等也就层出不穷，注释时，需要依靠对方志、别集、家谱、登科录、明实录、职官表等的仔细搜索、广泛联想、艰难比对，才能推断确认，将这些官称与名字一一对号入座。但几经周折后，还是有李观察、高吏部、李金吾、钱太守、黄侍御、黄太史、曾司农、马水部们面目未详，难以查考。

三

屠隆的作品，是晚明文学的富矿。对《白榆集》的细读与校注，也是对这座富矿的一次深度挖掘，在此过程中，每每会有些新的发现。

在《金瓶梅》作者的探究中，屠隆是呼声颇高的“候选人”之一。黄霖《〈金瓶梅〉作者屠隆考》指出[8]，《金瓶梅》第56回的《哀头巾诗》与《哀头巾文》出自《开卷一笑》，此书的参订、校阅者，题作笑笑先生或一衲道人屠隆，可推断屠隆曾用过“笑笑先生”的化名，与万历本《金瓶梅词话》欣欣子序中提到的作者“兰陵笑笑生”高度相似。此外，论文也从屠隆的籍贯习尚、处境和心情、情欲观、文学基础、生活基础及《金瓶梅》的最初流传等方面展开论析。笔者意在通过从《白榆集》中发现的新材料，对黄霖先生提及的屠隆与《金瓶梅》最初收藏者刘承禧的关系作些修正、补充。

《金瓶梅》的早期流传，向来被认为是发现作者的关键线索。沈德符《万历野获编》卷二十五记载："袁中郎《觞政》以《金瓶梅》配《水浒传》为外典，予恨未得见。丙午，遇中郎京邸，问：'曾有全帙否?'曰：'第睹数卷，甚奇快。今惟麻城刘延伯承禧家有全本，盖从其妻家徐文贞录得者。'又三年，小修上公车，已携有其书，因与借抄挈归。"[9]透露出万历三十四年丙午（1606）麻城刘承禧家已有《金瓶梅》手抄全本的重要信息。至于后面推测的“盖从其妻家徐文贞录得”，倒未必确切。文贞为徐阶谥号，王世贞《徐文贞公行状》记载：（徐阶）“有丈夫子三人，即所谓太常卿璠、尚宝卿琨、少卿瑛者也。…… 孙男十九人，长即光禄少卿元春。……曾孙女二，受刘承禧聘，元春出；一未聘，元普出。”[10]从中可见，刘承禧妻子为徐阶长孙光禄少卿徐元春之女。这曾孙女婿与徐阶的关系可谓遥远，能否从徐家录得这部奇书，也足以打个问号。而刘承禧本人，作为屡屡见诸于明人文集中的当代著名藏书家、古玩家，倒是完全有可能收藏《金瓶梅》这部奇书。

刘承禧，号延伯，湖北麻城人，锦衣卫都督刘守有长子。万历八年武状元，官锦衣卫指挥。其父刘守有，万历十一年中武科进士，以祖荫任锦衣卫掌卫事都督同知，万历十二年升为左都督，提督巡捕，万历十三年（1585）以掌锦衣卫后军左都督加太子宾客。万历十六年(1588)因涉案遭除名。《麻城县志》载:“刘守有,号思云。万历间武进士出身,袭祖庄襄公荫,官锦衣卫,加太傅。神宗宠眷殊渥。子承禧,号延伯,亦武进士袭职。好古玩书画,奕叶丰华,人以为邑之王谢也。”[11] 这户麻城巨族虽武官起家,却好收藏,甚是风雅。臧懋循《元曲选序》记:“予家藏杂剧多秘本,顷过黄,从刘延伯借得二百五十种,云录之御戏监,与今坊本不同。”[12] 袁中道《游居柿录》载:“偶于李酉卿舟中晤刘延伯,出周昉杨妃出浴图。妃起立披薄縠,如微雪罩肤,甚销人魂。”[13] 清人杜浚《赠汪育风序》称:“吾楚有邱长孺先生……而长孺同里又有刘延伯先生。其收藏书画古玩,几与人主埒。世所传右军右丞真迹,皆其秘阁中物。董宗伯尝至其家,请留一月,然后得窥其半,故宗伯题跋中每称西陵刘延伯云。”[14] 从中不难看出刘承禧的收藏喜好与份量。

而屠隆与麻城刘氏父子的关系正可谓密切。

《栖真馆集》卷二有《寄赠大金吾刘公歌》一诗,卷十八收有《与刘金吾》一信,都是屠隆在罢官落难后,对刘守有为他倾力辩诬、大力资助的千古高义表示衷心谢意而作,之前的研究者也常常引用,以证明屠隆和刘守有的关系。黄霖先生认为此刘金吾即刘承禧[15],其实不然。据《明神宗实录》万历十二年十二月丙午,“升锦衣卫掌卫事都督同知刘守有为左都督,提督巡捕”[16],屠隆罢官那时,执掌锦衣卫的是刘守有。

对于持“《金瓶梅》作者为屠隆”观点的论者而言,自然非常希望屠隆与刘承禧有更多的交往。而在《白榆集》中,就可以找到这样的论据。

《白榆集》诗集卷七有《赠刘卫尉》:“呼鹰台下见雄姿,雷电纵横说剑时。座上两都梁苑客,门前六郡羽林儿。雕窗夜醉西园酒，彩笔亲裁南国诗。最是秋风云梦猎，桃花宝马汗淋漓。”从诗中流露的呼朋唤友、诗酒飞扬的酣畅情绪来看，此诗应写于屠隆在京城任礼部仪制司主事期间，确切地说，是在万历十一年八月抵京[17]，至万历十二年十月遭俞显卿弹劾之前。据前文可知，万历十二年十二月，刘守有方执掌锦衣卫，而屠隆对刘守有的称呼一向也是“金吾”，所以此“刘卫尉”，正是自万历八年中武状元后官锦衣卫指挥的刘承禧。诗中的呼鹰台，又称景升台，在今湖北襄阳。南国、云梦等典故的化用，也是意指刘承禧为楚地人。“六郡羽林儿”指刘任锦衣卫指挥的武官身份。“座上两都梁苑客”则赞美刘承禧喜结交京城文士，自然也包括屠隆在内。

屠隆是如何与刘氏父子产生交谊的？从《白榆集》《栖真馆集》的相关诗文中，可作出推断：屠隆的麻城友人周弘禴与其侄周叔南（一名淑南），是他与刘氏父子交谊的介绍者。

《白榆集》文集卷十三有《与周元孚》：“不见足下，已七载矣。入都门，得与叔南朝夕，稍知足下楚中近耗。叔南少年奇才，为人亦疏畅有致。周氏多才，几与江左大小令珣珉家等矣。”周弘禴，字元孚，湖北麻城人，周弘祖（字少鲁）弟。万历五年，屠隆刚中进士时，即与任户部主事的周弘禴结识。两年后在青浦知县任上，屠隆作《感怀诗五十五首》，怀想故旧、友人，其中就有《周民部元孚》：“荆门佳山川，楚泽多兰茝。夫君挺环秀，才致何开美。立言驾千穐，广心营四海。顾此苍茫下，独立而忼慨。经年不寄书，械情欲谁待。”[18]两人虽七年未见，屠隆仍时时牵挂对方。《白榆集》有诗《闻周元孚至自楚却寄》《寄周元孚》《周元孚至吴门负约不至以诗憾之二首》，又有《与周元孚》书信多封。

周叔南为周弘祖（少鲁）子，周弘禴（元孚）侄，刘守有婿。屠隆万历十一年到京城任礼部主事时，与其多年相善的周弘祖兄弟立即将子侄送入他门下受教。《栖真馆集》卷七《哭周叔南》小序载:"叔南余门人,其尊人少鲁侍御、季父元孚民部皆与余相善。叔南从余长安游。"屠隆收下了这个学生,也由此结识了周叔南的岳丈刘守有、大舅子刘承禧。《白榆集》诗集卷三《九疑篇赠周淑南》云:"古来南国多英灵,山川奔峭不得停。波摇神女双环碧,天入黄陵九朵青。娉婷一去苍梧冷,月明时见衣裳影。啼妆有泪水竹斑,宝瑟无声暮花暝。九疑秀色何巃嵷,文章往往含芙蓉。屈宋而下代不乏,朗如暾日照春松。周郎二十工词赋,落笔盈盈花上露。吟成白雪三楚香,夺得红霞二妃妒。曾向荆王台上游,荆王台下江水流。汀兰岸芷应相识,峡雨巫云不可求。看君眉宇娇渌水,洞庭云梦六千里。峰峦曲曲尽可疑,朝光青青暮光紫。文章变幻亦如此,钱起湘灵从此始。"诗中屠隆以老师的口吻,勉励后学,传授为文作诗之道。《栖真馆集》卷十二《陈立甫司理兰亭诗序》记:"叔南尝为不谷言:'楚三尺婴孺,咸能诵《由拳》诗。'"如此善解人意、不遗余力弘扬老师诗名的学生,必定是深得屠隆之心。

《白榆集》文集卷二十有篇《戏为生祭周叔南文》,原是师生间的戏谑之文,不曾想一文成谶,周叔南二十余岁竟一病早逝。《栖真馆集》卷七有《哭周叔南》三首,序中云:"余挂冠东还,叔南送之潞上。余守冻潞河,叔南又数走视。余逆旅别去,岁余,报叔南病呕血死矣。嗟乎!叔南楚人少年,修躯白面,丰采凝立,才儗雕龙,气兼缚虎,卓然文武器具。对客挥毫,苍劲古雅。有精力,善骑射,踰垣跃马,捷过度忌,挥金结客,侠同信陵,翩翩佳公子也。为执金吾刘思云公婿,如京师受室,年十八即廪于畿辅。精神足以盖世,骨法不合夭相。乃二十余,竟一病死矣。"悼诗末尾又特意注明:"叔南丈人刘金吾,亦与余厚善。"万历十二年冬屠隆遭罢官“挂冠东还”，冻阻潞河时，周叔南数次前来探望。不曾想逆旅分别一年多后，就传来了这个学生病夭的噩耗。但屠隆与刘守有、刘承禧父子相“厚善”的交谊想必还在继续。

《白榆集》所反映的屠隆和《金瓶梅》早期收藏者刘承禧父子的密切关系，令人进一步联想到他与《金瓶梅》作者间的诸多关联，也提示人们应深入认识屠隆作品的价值。

注释：

[1] 张萍：《屠隆〈绛雪楼集〉及佚文探考》，《宁波大学学报》（人文社科版）2017 年第 5 期。

[2] 屠隆撰，张萍、李亮伟校注：《由拳集校注》，浙江大学出版社 2016 年版，第 1 页。

[3]《游黄山记》，汪道昆《太函集》卷七十五，明万历刻本。

[4] 永瑢：《四库全书总目》卷一百七十九集部三十二，清乾隆武英殿刻本。

[5]《续修四库全书》集部第一三五九册，上海古籍出版社 2002 年，第 565—568 页；《四库全书存目丛书》集部第一八〇册，齐鲁书社 1996 年，第 156—159 页。

[6]《四库全书存目丛书》集部第一八〇册，齐鲁书社 1996 年，第 141—142 页。

[7] 屠隆撰，张萍、李亮伟校注：《白榆集校注》，浙江大学出版社 2020 年。

[8] 黄霖：《〈金瓶梅〉作者屠隆考》，《金瓶梅考论》，辽宁人民出版社 1989 年，第 199 页。

[9] 沈德符：《万历野获编》卷二十五“词曲：《金瓶梅》”，中华书局 1959 年，第 652 页。

[10]《徐文贞公行状》（中），王世贞《弇州山人四部续稿》卷一百三十八文部，清文渊阁四库全书本。

[11] 郑庆华修，潘颐福纂：光绪《麻城县志》卷十八《耆旧 · 名贤》，清光绪二年刻本。

[12]《元曲选序》，臧懋循《负苞堂文选》卷三，天启元年臧尔炳刻本。

[13]《游居柿录》，袁中道《珂雪斋集》外集卷三，明万历四十六年刻本。

[14]《赠汪育风序》，杜浚《变雅堂遗集》文集卷五，清光绪二十年黄冈沈氏刻本。

[15] 黄霖：《〈金瓶梅〉作者屠隆考》，《金瓶梅考论》，辽宁人民出版社 1989 年，第 216 页。

[16]《明神宗实录》卷二〇五，中央研究院历史语言研究所编，1966 年。

[17]《白榆集》文集卷九《与刘观察先生》：“某以八月初九抵都门，十二日抵敝任。”

[18] 屠隆撰，张萍、李亮伟校注：《由拳集校注》，浙江大学出版社 2016 年版，第 106 页。

参考文献：

1. 屠隆：《白榆集》，明万历二十二年程元方刻本。
2. 屠隆：《白榆集》，《续修四库全书》集部第一三五九册，上海古籍出版社 2002 年。
3. 屠隆：《白榆集》，《四库全书存目丛书》集部第一八〇册，齐鲁书社 1996 年。
4. 屠隆：《栖真馆集》，《续修四库全书》集部第一三六〇册，上海古籍出版社 2002 年。

《朱鄂生日记》—— 记录清末民国余姚乡土人情的文献

文 | 褚纳新

【摘　要】朱鄂生，名鄂基，字鄂生，余姚朱氏家族清代中兴的核心人物朱兰之孙，学政朱逌然第七子。《朱鄂生日记》始记于光绪二十年（1894），迄于民国二十一年（1932），以一个没落世家为观察视角，详细记录清末至民国时期余姚县城的历史变迁及风土人情，是窥视与研究近现代余姚县政治、经济、社会发展史的重要窗口。

【关键词】朱鄂生日记；余姚朱氏；余姚变迁

朱炯历经数年寒暑整理点校的《朱鄂生日记》由凤凰出版社出版了，引起了较大的反响。朱炯是余姚酱园街一本堂朱氏后裔，出自科举世家，这个家族在明代科第联芳，明末时更有族人朱舜水负笈东渡，在日本被尊为“胜国宾师”。朱炯的七世祖是乾隆五十三年（1788）举人、海宁州学正朱文治；六世祖是道光九年（1829）探花朱兰。朱兰是余姚朱氏家族清代中兴的核心人物，官至内阁学士，他不但是一代名臣，更是一位学识渊博、交游广泛的学者，他与林则徐、倭仁、曾国藩、李鸿章等名臣的交往载于史册。朱鄂生（1880—1956），名鄂基，字鄂生，朱兰之孙，学政朱逌然第七子。朱炯的四世祖朱鸿基与朱鄂生为堂兄弟，按辈份来算，朱鄂生是朱炯的四世族祖。

余姚酱园街朱鄂生故居旧影

《朱鄂生日记》之所以能列入凤凰出版社之“中国近现代稀见史料丛刊”，其最可取之处是此书以一个没落世家为观察窗口，窥视了清末至民国时代的巨变。《朱鄂生日记》内容丰富，涉及面广泛，是一部详细记录余姚县城历史变迁及风土人情的地方文献，能把这么厚重、珍贵的史料整理出来，朱炯功力之深，功德之高，令人敬佩。我与朱炯相交十年，其严谨勤勉的治学态度、平和谨慎的待人接物，是我学习的榜样。2015年，朱炯整理出版了其六世祖朱兰的文集，引起了史学界的重视。在汇编《朱兰文集》之后，他又着手于多部地方文献的整理，如《邵晋涵年谱新编》《钱德洪集》，均被列入“宁波文化研究工程”重要项目，并顺利出版，在史学界激起了阵阵潋滟。近年来，朱炯以羸弱之体，投身于这一部地方文献巨著《朱鄂生日记》的整理点校，其工程之浩瀚，技术难度之大，费时费力之多，非常态可以想象，我觉得，朱炯乐在其中的同时，也是困乏其中的，但所有的困乏都被他坚强的意志与执着的学术精神所克服。今天，我们终于看到了这一部功德之作《朱鄂生日记》的出版，并欣喜地了解到此书已列入国家社会科学基金重大项目“中国近代日记文献叙录、整理与研究”阶段性研究成果。

《朱鄂生日记》的稿本共16册，整理成4册出版，共百万余字，内容从光绪二十年（1894）正月初三始，迄于民国二十一年（1932）十二月三十，是朱鄂生从15岁至53岁间的生活记录，跨度达38年，其间有数年辍笔。尽管如此，这部日记仍内容丰富，记载详细，多方面反映了清末到民国的政治变化以及余姚县城的岁月沧桑。朱鄂生父亲朱逌然是进士出身，先后任翰林院编修、山东乡试主考、湖南、四川学政等职，所致有声。朱鄂生祖上写日记的习惯始于海宁州学正朱文治，其父朱逌然在任上也著有《使湘日记》《使蜀日记》等。光绪八年（1882）朱逌然因积劳卒于四川任所，当时朱鄂生仅有3岁。时隔二年，县、府、院三试第一的朱逌然长子朱定基，未及乡试却突然病逝。接连的重大变故，使朱氏门第突生衰变。失去严父长兄的朱鄂生从小由慈母养大，十六岁时，母亲李淑人去世，朱鄂生随他的二位哥哥燕生、湘生一起求学于实获斋，日记中，朱鄂生称朱燕生为七哥、朱湘生为八哥。

《朱鄂生日记》始记于光绪二十年（1894）正月，15岁的朱鄂生以春节时的快乐生活启笔，写到了去宁波外婆家拜岁与表哥们一起看江天轮船、放纸雁的趣事，这个时候的朱鄂生无忧无虑，天真可爱。日记的早期突出了余姚朱氏与世家交往的记录，这些世家有余姚邵氏、余姚姜家渡姜氏、萧山陈氏、绍兴孙端孙氏、上虞梁湖王氏、镇海骆驼桥盛氏、鄞县砌街李氏等，均是余姚朱氏的姻亲家族。余姚邵氏是朱鄂生叔父朱衎绪的岳父家。姜家渡姜

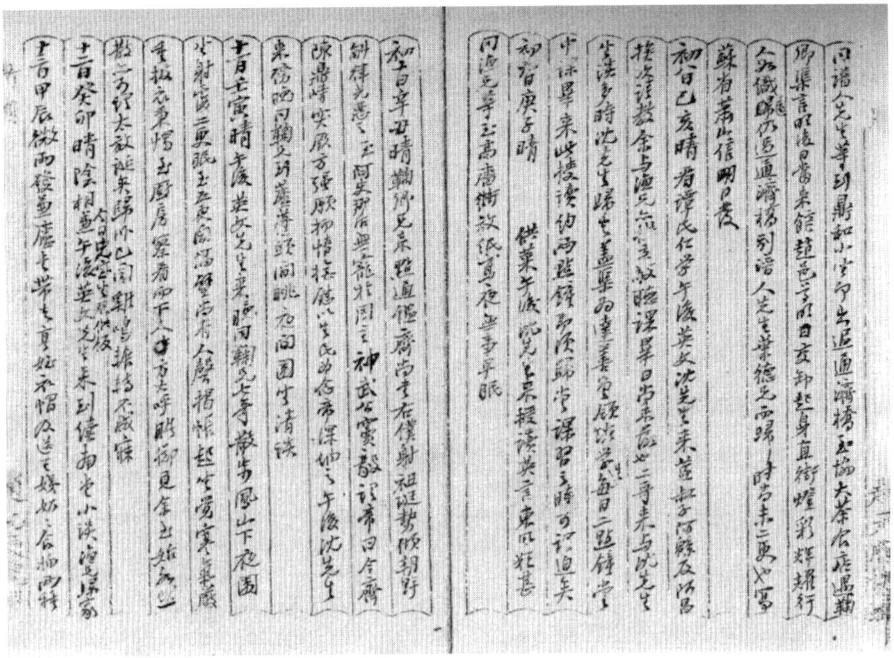

《朱鄂生日记》稿本书影

氏是朱鄂生姑奶奶家。萧山陈氏是余姚朱氏亲上加亲的姻家，翰林陈光煦是朱鄂生兄朱湘生的岳父；副贡陈大昫（清末萧山县立高等小学堂的创建人）是朱鄂生的姐夫。绍兴孙端村孙德卿（光复会成员，清末绍兴大通学堂总务长）是朱鄂生的堂姐夫，日记中多次写到了孙德卿来余姚做客的情景。梁湖王氏是朱鄂生姑妈家，其姑父是天香楼主王望霖的孙子王恩元。镇海骆驼桥盛氏是朱鄂生的岳父家，其岳父是翰林盛炳纬（清末镇海县中学堂创办人）兄盛炳经。砌街李氏，也是余姚朱氏亲上加亲的姻家，朱鄂生的母亲与朱鄂生兄朱燕生的妻室均出自砌街李氏，朱鄂生舅父李植梀与表兄李翊勋为光绪癸巳科浙江乡试同榜举人。与余姚朱氏家族一样，在清末民国巨变的时代，这些世家望族大多在风雨飘摇中走向式微，日记在三十多年时光里详细记录了这些姻亲家族的风云变迁。其中世家渊源、人物关系、风俗礼节方面的记载，为我们研究望族联姻关系及世家文化交流提供了重要的参考。

生于科举时代的朱鄂生，与他的两位哥哥一样，一心功名，所以，《朱鄂生日记》对科举的记载尤多，凡是能听闻到的科考消息，包括各类官报、闱墨、同门朱卷等，朱鄂生均详细地记录于日记。这些内容，小到科试、县试、府试，大到会试、殿试，林林总总，而恰恰那些府县科试的内容，是正史所缺载的，故而更具文献价值。科举是残酷的，朱氏三兄弟久困于书塾而功名未得，当大嫂汪氏（朱定基妻）向朱鄂生展示其父遗物时，朱鄂生痛到极处，他在日记中写道："此时不孝方三岁，一切莫知，迁延迄今，又未能上稽先德，下垂勿替，学业无成，功名未立，俯仰有愧，焉用此身哉！"功名是朱鄂生在日记中绕不开的希冀，为重振门楣，朱鄂生曾铤而走险，日记中记录了他在试院前购买"小抄"《五经全注》，携带入场时被承差搜去之事。命运给他开了一个玩笑，没有带入"小抄"的朱鄂生反而高中一等案第20名，不久顺利入庠。对于买"小抄"这种不堪事，一般书生都会讳言，但朱鄂生却在日记中记录了下来，可见其性情之率真。

朱鄂生平生喜于夜读，他阅读过的书籍记录于日记的不下数百种，除了四书五经、先贤著作外，还有《万国历史》《瀛寰志略》《天演论》《轰天雷》等，门类广泛，可知他是一位眼界开阔的饱学之士。朱鄂生的启蒙师是姚城名宿施淡香夫子，后又得到父亲的幕僚、举人杨积芳的传授，除了主攻八股、策学外，他的另一个强项是算学，算学师是清末姚籍著名数学家叶谱人（名振铎）。当朱鄂生洞察到新政对科考的变革时，及时把科考的目标指向"经济特科"。在研学方面，朱鄂生喜于考证、辨析、摘录、誊抄，在研读典籍时，他经常把心得与精华写于日记中。另外，《朱鄂生日记》中还有大量研习杂学的记录，如医学、佛学、文玩、卜学等，这些学习内容，使朱鄂生枯燥的生活变得不无乐趣。外界的消息源源不断地通过报纸带到了古老的姚城，朱鄂生是清末余姚城内少数能读到《新闻报》《新民丛报》《国粹学报》等报刊的人，故而在日记中，他对时事记录、评论颇多。作为传统仪礼的秉持者，朱鄂生即是家族规模的守护者，也是当时余姚城内主要的乡约人物。当他从报上得知俄日在中国的旅顺开战时，当夜难以入眠，他在日记中写道："夫两国之起衅实由于我，而我无所参预，其间一若东北之地非我所素有者。是其弃之矣，哀哉！"朱鄂生处于一个巨变的时代，在震耳欲聋的时局变化中，时时盼望着国家的中兴，主权的维护，体现了他作为传统士大夫兼济天下的一种精神世界。

探花朱兰在他的日记中对自己参加会试、殿试的经历有详细的记录，朱鄂生也与祖父一样，以日记的方式对赶考的过程进行了记录。如光绪二十九年七月十一日记录："盛宅遣工人来送礼，蛋糕、棕子、莲子、桂圆，盖取'高中连元'之意也，接岳父书，夜作覆书。"是年为恩科乡试之年，岳父盛炳经寄来了考前送行之信。是科乡试，同邑朱元树、谢抡元中式，黄宪儒得副榜，而朱鄂生与兄燕生、湘生均名落孙山。朱鄂生用详细的文字记录了这一次贡院参加乡试的经历，并附记了一次亲见的科场舞弊案："有一湖州乌程县费姓举人，名有容，顶替入场……遂将费枷示龙门甬道，左右观者如堵。"继而感言："费系去年新中举人，文学甚优，尤工骈体，今日之祸因由怀仇者之以公复私，然亦可为有文无行者戒也！"此记载可补浙省贡院科举史料之缺。直到科举废止后的宣统二年（1910）七月，朱鄂生才有机会赴京参加朝廷最后一次优拔贡考试，并以二等考取优贡，日记记录了他奉旨于当月初九日于养心殿跪见摄政王之逸事。时朱鄂生欲报京官，呈吏部指项州判，但当时吏制已混乱，吏部实无官可放，徒有功名的朱鄂生只好憾然而归。

民国纪元后，具有较广视野的朱鄂生并未成为遗民，而是与其兄朱燕生、朱湘生一起积极地投入到了新的世界之中，朱氏三兄弟是既尊奉传统又思想开明的乡绅，对政治权利的鼎革，他们选择了随遇而安。致和酱园、协生木行是余姚朱家的主要产业，也是支撑起这个庞大世家的主要经济来源。朱氏三兄弟紧紧抓住了家族的经济命脉，使家族产业管理有方。民国三年（1914），朱鄂生应县立师范讲习所之聘，出任教育职务，在教学之余，他与二位兄长一起主持实获斋的事务，兼管念德堂书塾、廉庄学塾。作为宗族知事，朱鄂生积极管理家族事务，关心地方公益，成为了民国初期余姚县城社会治理的积极分子。

朱鄂生为人儒雅，性情温厚，交游广泛，《朱鄂生日记》中记录了他与许多社会名流的交往，如清史馆总纂柯劭忞、学政盛炳纬、南社社员邱翊华等，本地的有蒋怀清、朱元树、沈宗瀚等。日记中朱鄂生称蒋怀清为蒋履斋、蒋履丈、蒋履翁，可知相交甚契，由此他也十分关心蒋怀清的儿子蒋梦麟，他在宣统二年（1910）四月初八日记录："《时报》海外近信录，蒋梦麟与波兰人诺君谈中国事，语颇可采，蒋系履斋先生之子，留美自费学生，此吾姚后起之英也！"朱鄂生长蒋梦麟6岁，此后日记中多以蒋梦麟字兆贤称呼蒋梦麟。民国十一年闰五月二十四日记录："晴，蒋兆贤来，五年不见，情状犹昔，与谈和会始末情事，大旨与报载无异，惟言之较切耳……兆贤所言可以记录者甚多，渠近任北大校事，拟今日动身，北行匆匆，言不能尽，甚以为憾。"日记中有关蒋梦麟来访的记录达10余次，时间跨度10余年。另外，《朱鄂生日记》还记录下了余姚岁月辰光中的众生相，涉及的人物达2000多人，这些早已消失并大多失考的时代人物通过日记，又鲜活地回到了原位，这样一个庞大人物群体的呈现对还原余姚县城的近现代史具有非凡的意义。

《朱鄂生日记》对余姚农事的记录亦颇丰，有些记载为其它史料所未见，如有关余姚海地棉罂混种的情况，光绪二十九年（1903）七月二十一日记："姚江种棉，年丰每亩可收二百斤，年歉收不满百…… 近海之处多资罂粟，九、十月下种，四、五月收成，其地兼可种棉，俟棉登场，而罂粟又下子矣。地主但收花租，而罂粟之多寡则种者之私，地主不得与闻，故近年罂粟甚广，而种棉者反少。"这些记录真实反映了当时佃户私种罂粟的情况。三年后，清廷制定了严格的禁种罂粟条规，可见，朱鄂生的视角是敏锐的。另外，朱鄂生还记录了光绪三十年（1904）夏棉农聚衙反加捐事件，他在日记中写道："种棉之家勤苦终年，仅仅得此数，而犹剥之又剥。减之又减，其有不哄然起乎？为上者窘于筹款，而候补官吏又嗷嗷待哺，于是百方罗掘！"这里，不仅体现了朱鄂生的悯农之情，也体现了他对官府腐败的不满之心。这些记录，为我们研究清末余姚农业种植结构、佃业关系及社会经济情况，提供了重要参考。

朱鄂生作为余姚城内的知识份子，他对地方文化的关注也时时体现于日记中。"到关帝庙小游，首门树石碑，中书"第一山"三字，旁无题者姓氏，不知何人所书，相传为阳明手笔。碑阴有翁大立撰文，孙鑨书。"这些记载，对我们了解已毁失的'第一山'原碑的情况提供了线索。光绪二十九年三月十一日记："傍晚雨，同七、八哥、金馥生至信天堂少坐，届安出旧藏王阳明真迹。"民国六年闰二月初五记："晴，叶礽厚兄旧藏阳明先生像来悬于念德堂，令塾徒瞻仰，像系半身，右眉侧三黑痣。”民国十一年（1922）八月十八日又记：“又云叶亭路叶某家有阳明先生墨迹信札、陈古民字待售，然未尝亲睹也。”这些有关阳明先生史迹文物的记录，均为其他史料所未见。《朱鄂生日记》对于余姚地方风俗的记载也是丰富多彩，比如余姚的春节习俗、传统婚俗、祭祀礼仪等；还有余姚三月十六的龙船会、流龙排阵与乡人傩，各个时节的灯社、莳花会、天后会、文昌会、上神子饭、影戏等，其它还有很多方言用语的记录，如纸雁、竹戏、围竹、起屋、饮浆板等等，这些记载给当下非遗文化挖掘、保护、传承提供了较大的研究空间。

姚城朱氏虽是富户，但由于当时医疗落后，时局动荡，不但经常要面临亲友的生离死别，还要时时应对瘟疫、火灾、战火的侵凌，对于这些苦难事，朱鄂生在日记中多有煎熬。因八哥、八嫂体弱多病，他积极研学医书，欲为至亲免除痛苦。这些记录，无不体现了朱鄂生作为没落士大夫家族的管理者，内心流露的不安、悲悯、同情与善良。在繁忙的家族与社会事务中，朱鄂生还时时关心着政事、时事，如参议院选举情况、民族产业情况、军阀交战情况、日军侵华情况，从他的记录中，我们可以清晰地了解到当时政治背景之下余姚县城的动态与变化，如：民国十一年余姚县城遭受水灾与赈灾的情况；“江浙战役”时余姚城的布防情况；北伐时期余姚政权交替及农民协会成立的情况；民国十八年（1929）浙省“二五减租”的情况。此外，日记中还有相当多的余姚变迁发展记录，如惠爱医院建设情况，余姚县城第一次安装电灯的情况，以及三十多年间余姚物价变动情况、商业及交通发展情况等等。这些记录，是窥视与研究近现代余姚县政治、经济、社会发展史的重要窗口。

民国二十一年（1932）是朱鄂生记录日记的最后一年，他本人记录的日记到当年四月十九日止，时朱鄂生53岁。其儿媳在日记中有“堂翁因痛哭肖弟不能作日记，将日记簿命余暂时续记”的记录，可知，辍笔的原因是朱鄂生的儿子肖伯的早逝，此后，日记交由其儿媳代记，至当年十二月三十日止。然教育世家的薪火并未因此熄灭，1935年秋，执教于上海的朱公谨（朱鄂生侄、朱湘生的第三子，民国时任光华大学副校长，我国高等数学教学的奠基者）与朱荣泉（朱鄂生从侄孙，民国时先后任沪江大学国文系主任、实获中学校长）一起在家乡创办新式中学，沿用实获斋号，取名“实获中学”（即今余姚中学前身），开启了新一轮的薪火相传。

读《朱鄂生日记》，犹如跨越百年时空，观察那个古老、落后、庸碌的时代，又如置身于点着昏暗长明灯的杯渡口，看着一个困乏的马夫赶着一驾庞大的马车，在古城下逦曲不平的石板路上缓行，这马车正是处于清末民国时代巨变中的庞大世家，这守职的马夫，即是朱鄂生。

参考文献：

1. 朱逌然：《朱逌然日记》，国家清史编纂委员会 · 文献丛刊《续编清代稿钞本》第五十四册，广东人民出版社 2008 年。
2. 朱炯编：《朱兰文集》，浙江大学出版社 2015 年。
3. 朱炯编：《朱鄂生日记》，凤凰出版社 2021 年。

《四库全书总目》所录四明文献的初步整理及相关问题研究

文 | 王 苏（宁波出版社） 陈 健（宁波图书馆）

【摘 要】通过挖掘《四库全书总目》所蕴含的地方文献资源，可以梳理该地区的文献著述情况和学术发展源流，展示地方学术和文化的特色。文章对《总目》中的四明文献进行穷尽性爬梳，筛查出符合标准的四明文献 419 种，并对四明文献的总体面貌、浙本和殿本《总目》的版本优劣、地方文献的整理研究方法等问题进行了初步的考察和研究。

【关键词】四库全书总目；四明文献；宁波；地方文献学；浙本和殿本

一、引言

《四库全书总目提要》（下文简称《总目》）是为《四库全书》及其存目书所作的目录提要。虽为“副产品”，却凝结着馆臣的精研覃思，对清乾隆以前的文献进行了全面的梳理评介，起到了“辨章学术、考镜源流”的作用。余嘉锡在《四库提要辨证 · 序》中说：“《总目》之作，前所未有，足为读书之门径，学者舍此，莫由问津。”《总目》在当时代表了清代学术特别是考据学的最高水平，在今日更展现出其多元化的学术价值，“总目学”业已成为“四库学”的重要组成部分。

近年，越来越多的学者深入挖掘《总目》中蕴含的地方文献资源，通过对《总目》所收录某一地区文献的整理汇编与综合研究，梳理该地区的文献著述情况和学术发展源流，展示地方学术和文化的特色[1]。《总目》所收录文献以江南人士著作为大宗，江南地方文献自然也得到了更多关注。以今宁波市、舟山市为主要范围的四明地区为例，自古就是文献名邦，学人著述甚夥。根据我们的统计,《总目》所录各类四明文献总量达419种，占到总著录书目的4%左右，在各城市贡献度中居于前列，甚至超过不少省份。因此，有必要对《总目》中的四明文献进行更为系统深入的整理和研究。值得一提的是，民国时夏启瑜曾编纂《四明经籍提要(甲集)》,实为《总目》所录的四明文献，今有国家图书馆藏抄本。《四明经籍提要》原拟分甲、乙、丙三集刊行。甲集为《四库全书》著录者，乙集为各艺文、经籍志著录者，丙集为不见著录者。可惜夏氏后来因病去世，此项工作也仅止于此。甲集节录《总目》提要内容，并附夏氏案语。是书不录余姚、宁海籍作者著作(除黄宗羲《四明山志》《四明山古迹记》这类内容与四明地方相关的文献外)，实收《总目》所录四明文献 236 种，其筚路蓝缕之功不可磨灭。

本文对《总目》中的四明文献进行穷尽性爬梳，整理划定一个较为全面的《总目》所收录四明文献提要范围，并对相关问题做初步的考察，以期为将来的研究提供一个较好的目录基础。

二、本文对“四明文献”的认定标准

地方文献研究的首要问题是划定文献范围。本文所说的“四明”，包括今宁波和舟山两市辖域，这个地域范围比较容易确定。至于“四明文献”的范围，牵涉到对“地方文献”概念的认识与界定，需用些篇幅阐述。

“地方文献”中的“地方”一般来说包含有三方面要素：

（1）内容：主要指文献内容记述了某地政治经济、历史地理、社会文化等方面信息。

（2）作者：主要指文献作者的籍贯、生长或人生重要经历在某地。

（3）出版地：主要指文献出版、刊印、发行于某地。

对于地方文献的认定来说，“内容”无疑居于核心地位。当一种文献的内容与某地方直接相关时，不论其“作者”或“出版地”是否与这个地方有关，都可看作是某地的地方文献。最典型的是地方史、志类文献，如《宝庆四明志》是南宋宝庆年间纂修的一部宁波地区方志，《总目》云：“宋罗濬撰。濬，庐陵人。”尽管罗濬不是四明籍作者，但《宝庆四明志》无疑是四明文献。

以内容为标尺认定地方文献比较容易，棘手的是那些内容与地方无关，但作者或出版地与某地方有关的情况，这也是学界、业界长期争论的焦点[2]。目前存在着广义和狭义两派。广义派认为，地方文献的认定不能只凭借“内容”，“作者”或“产地”同样可以作为认定标准；而狭义派认为，“内容”是唯一标准，只有“内容”与某地相关的，才是某地地方文献。细分起来，又有以下七种情况：

“内容”相关	“作者”相关	“出版地”相关	是否地方文献	
			广义派	狭义派
√	√	√	√	√
√	×	×	√	√
√	√	×	√	√
√	×	√	√	√
×	√	×	√	×

“内容”相关	“作者”相关	“出版地”相关	是否地方文献	
			广义派	狭义派
×	×	√	√	×
×	√	√	√	×

具体到各自阵营内部，还有不少分歧点。比如王守仁的著作。有的人认为王守仁是余姚人，时属绍兴府，因此他的论著属于绍兴地方文献。也有的人认为余姚今属宁波，他的论著是宁波地方文献。两厢之争，甚至还上升到所谓地方文化尊严的高度。类似的祖籍、出生、流寓、客籍等矛盾是广泛存在的。有时，地方文献认定会陷入“崇古、崇名”的怪圈。如王应麟、胡三省、王守仁、黄宗羲等古代名家著作，即使内容与地方全然无关，也很自然被认定为四明地方文献，所谓“狭义派”也不反对。而对于今人特别是一些名不见经传的作者作品，即便是“广义派”也往往态度暧昧，这无疑是一种“双标”。

再从出版地的角度看，当地出版、发行、刊印的文献（内容与地方无关）是否属于地方文献，自然也有不同看法。例如《明本排字九经直音》提要：“卷首题曰‘明本’者，宋时刊版多举其地之首一字，如建本、杭本之类。此盖明州所刊本，即今宁波府也。”笔者认为，相较于作者的地方属性，出版地的地方属性稍显薄弱，充其量只能算作该文献蕴含的地方元素，学术研究中可以暂且搁置。不过从文献保护的角度出发，以公共图书馆为代表的地方文献收藏机构征集收藏当地出版刊印的文献（包括灰色文献），还是应该肯定和鼓励的。

分类工作存在中间地带，不能采用“一刀切”的手段。尤其针对不同的分类目标，应灵活采用不同手段。笔者认为，单纯以地方历史文化研究为目标的分类，尺度应收紧一点，以“内容”为主要甚至唯一标准；若是以搜集整理文献为目标，尺度可适当放宽，避免造成文献流失和损毁。

综上所述，本文旨在穷尽提取《总目》中的四明文献，以搜集整理为首要目标，因此采用相对宽泛的标准，“内容”或“作者”标准满足其一即可，但排除“出版地”标准。凡内容记述四明地、物、人、事，或为四明人所编著、注释、校订者，本文皆认定为四明文献。据此标准，可以基本划定《总目》所收录四明文献的范围，但还有一些特殊情况需加以说明。

第一，本文对作者地域身份的认定标准较宽松，祖籍、出生或长居于四明者皆可，只是如厉鹗、袁枚这样多代祖辈前已迁居外地的不录。如《难经本义》提要：“周秦越人撰，元滑寿注……寿字伯仁，《明史 · 方技传》称为许州人，寄居鄞县。案朱右《撄宁生传》曰：‘世为许州襄城大家，元初，祖父官江南，自许徙仪真，而寿生焉。’又曰：‘在淮南曰滑寿，在吴曰伯仁氏，在鄞越曰撄宁生。’然则许乃祖贯，鄞乃寄居，实则仪真人也。”滑寿寄籍鄞县，因此由其作注的《难经本义》当归入四明文献。有的作品内容与四明地方无甚关联，作者亦非四明人士，但他们的创作是在四明之地完成的，具有直接的地域背景，因此也纳入到四明文献范畴。如沈恺（华亭）《夜灯管测》、陈璀（沙县）《四明尊尧集》、释元璟（平湖）《完玉堂诗集》、释重显（遂州）《祖英集》、庄纶渭（武进）《问羲轩剩草》等。

《总目》有误判作者里籍的，我们根据相关研究成果加以甄别，并予以剔除。《左传统笺》提要：“国朝姜希辙撰。希辙字二滨，余姚人。”杨武泉校订为“会稽人”[3]。《平夷功次录》提要：“明焦希程编。希程榜姓周，象山人。”此焦希程当为河南府沁阳县人，另有周希程为象山人，盖名近而误[4]。《两晋南北奇谈》提要：“考

《太学进士题名碑》，弘治丙辰科有王涣，象山人，《明史·艺文志》有涣所著《墨池手录》三卷。此本自称‘墨池王涣’，与‘墨池’之号相合，知此书为明王涣撰。其称‘太原’，盖举郡望耳。”其实这个王涣是明代长洲人，象山的是宋代王涣[5]。《小孤山诗集》提要：“明陈恪编。恪字克谨，鄞县人。”此书作者陈恪乃归安人，成化二十三年进士。另有鄞县陈恪，乃万历二十年进士[6]。《东坡文谈录》提要：“元陈秀民编。秀民字庶子，四明人。”此陈秀民实为永嘉人，后居嘉兴[7]。陈氏《东坡诗话》亦然。

第二，所谓“作者”，实则包括著、编、注、订、选、补等多种情况。如司马光撰、胡三省注《资治通鉴》，宋濂撰、屠隆订《篇海类编》等皆是。又如《武备新书》，旧本题“明戚继光撰”，根据《总目》所说：“首有‘四明谢三宾订正’字，当即三宾所损益，改此名也。”则为谢三宾所编，也当纳入四明文献之中。合著的作品，若四明人士为其中主要参与者，则收录。如《左绣》为陆浩（定海）和冯李骅（钱塘）同编，《绍兴府志》为孙鑛（余姚）和张元忭（绍兴）同撰，《幻华集》为释斯学（海盐）撰，屠隆（鄞县）、姚士粦（海盐）同编等。

多种文献合为一编刊印的，若其中一种或几种属于四明文献，也将其纳入。如《交山平寇本末附诗详文书牍》提要：“国朝夏驷撰……余姚邵以发复取吉士详文、书牍有关平寇者，别为二帙，评论而刊之。”则其中《详文》《书牍》为余姚邵以发所编。又如《两汉诏令》提要：“《西汉诏令》十二卷，宋林虙编。《东汉诏令》十一卷，宋楼昉所续编也。”《绍兴正论》提要：“又载《绍兴正论小传》二十卷，则楼昉以《正论》中姓名，仿《元祐党传》为之。”则其中《东汉诏令》《绍兴正论小传》皆为楼昉所作。《总目》还对一些书肆坊贾拼凑托名的文献进行了辨析，多以“旧本题”指出。

如《论语孟子考异》提要："旧本题宋王应麟撰……今考所载，实皆采之《困学纪闻》中，盖书肆作伪之本也。"《缥缃对类》提要："旧本题明屠隆撰……隆虽佻荡不检，游谈无根，然其谬尚不至此，殆坊贾所托名也。"本文将它们暂且也纳入四明文献，以待深入考辨。

第三，外籍作者在四明人士作品的基础上编著新文献，或对四明人物、学术进行考辨阐发，本身就蕴含了四明学者文人的成果结晶，具有浓重的地方学术文化印记，也应当纳入四明文献。前者如惠栋《新本郑氏周易》（因王应麟《周易郑康成注》作）、刘鸿训《玉海纂》（因王应麟《玉海》作）、陈景云《通鉴胡注举正》（因胡三省《资治通鉴音注》作）、邹忠胤《诗传阐》（因丰坊《诗传》作）、丁瓒《素问钞补正》（因滑寿《素问钞》作）等；后者如陆陇其《学术辨》、张烈《王学质疑》、王艮《心斋约言》、薛侃《研几录》、季本《说理会编》等。

三、《总目》所录四明文献综理

经过对浙本《总目》所收录全部提要逐一筛查，我们共提取出符合本文标准的"四明文献"合计419种（以《总目》收录条目为单位，如《宝庆四明志二十一卷开庆续志十二卷》即视作一种文献。书目详见文末附表）。它们在四部中的分布情况如下：

四部分布	小类分布
经部67种	易类9种，易类存目5种，书类4种，书类存目1种，诗类5种，诗类存目8种，礼类4种，礼类存目4种，春秋类5种，春秋类存目5种，五经总义类存目3种，四书类3种，四书类存目1种，乐类1种，小学类2种，小学类存目7种

史部 105种	编年类5种，编年类存目1种，纪事本末类1种，别史类2种，杂史类存目7种，诏令奏议类2种，诏令奏议类存目2种，传记类5种，传记类存目17种，地理类10种，地理类存目31种，职官类存目2种，政书类2种，政书类存目6种，目录类4种，史评类1种，史评类存目7种
子部 106种	儒家类3种，儒家类存目18种，兵家类1种，兵家类存目3种，法家类1种，农家类存目1种，医家类1种，医家类存目10种，天文算法类3种，天文算法类存目2种，术数类存目3种，艺术类3种，艺术类存目1种，谱录类3种，谱录类存目5种，杂家类5种，杂家类存目22种，类书类6种，类书类存目4种，小说家类存目8种，释家类1种，释家类存目1种，道家类1种
集部 141种	楚辞类存目2种，别集类36种，别集类存目65种，总集类5种，总集类存目28种，诗文评类1种，诗文评类存目1种，词曲类2种，词曲类存目1种

可以看出，四明文献于四部之中皆有广泛分布。419种文献里，入正编的137种，存目282种。别集类文献数量最多，正编加存目累计101种，反映了当时四明文人的文学创作力。地理类文献的数量也很可观，正编加存目计41种，其中不少是方志。《宝庆四明志》《大德昌国州图志》《延祐四明志》《宁波府简要志》《阿育王山志》《四明山志》《普陀山志》（2种）等都是四明地方志。更多的是四明人士为他地编写的志书。如宁海郑瑶《景定严州续志》，慈溪杨子器《常熟县志》，鄞县陆釴《山东通志》，奉化戴璟《广东通志初稿》，余姚闻人诠《南畿志》，余姚孙鑛《绍兴府志》，鄞县沈明臣《通州志》，余姚沈应文《顺天府志》，鄞县史起钦《太姥志》，鄞县毛德琦《庐山志》《白鹿书院志》，鄞县赵汝适《诸蕃志》等。另有《穹窿山志》提要云“李标撰”，四明人向球亦当为主纂者[8]。可见，宁波“方志之乡”的美誉是名副其实的。

有19种文献同时满足“内容”和“作者”两条标准：

作　者	文献	作者	文献
钱德洪	《平濠记》	陆　相	《阳明先生浮海传》
黄润玉	《四明文献录》	黄润玉	《宁波府简要志》
周应宾	《普陀山志》	袁　桷	《延祐四明志》
黄宗羲	《四明山古迹记》	黄宗羲	《姚江逸诗》
黄宗羲	《四明山志》	黄百家	《王刘异同》
闻性道	《四明龙荟》	叶　翼	《余姚海堤集》
戴　鲸	《四明风雅》	倪继宗	《续姚江逸诗》
杨　明	《天童寺集》	释圆复	《延寿寺纪略》
孙堪、孙墀、孙升	《忠烈编》	胡文学 李邺嗣	《甬上耆旧诗》
魏岘	《四明它山水利备览》	\	\

有25种文献仅满足“内容”标准。即作者非四明人，但文献内容或记四明地理风物，或论四明人物学术，或因四明人士旧作而著成新籍：

作者	籍贯	文献	作者	籍贯	文献
惠　栋	吴县	《新本郑氏周易》	邹忠胤	武进	《诗传阐》
陈景云	吴县	《通鉴胡注举正》	刘　昭	庐陵	《东征忠义录》
李　朴	兴国	《丰清敏遗事》	姚履旋	上元	《逊志斋外纪》
毛奇龄	萧山	《王文成集传本》	罗　濬	庐陵	《宝庆四明志》
冯福京	潼川	《大德昌国州图志》	郭子章	泰和	《阿育王山志》
朱　谨 陈　璇	昆山 苏州	《普陀山志》	湛若水	增城	《杨子折衷》
季　本	会稽	《说理会编》	薛　侃	揭阳	《研几录》
王　艮	吉水	《心斋约言》	周汝登	嵊县	《王门宗旨》
王应昌	柘城	《传习录论述参》	孙承泽	益都	《考正晚年定论》

作者	籍贯	文献	作者	籍贯	文献
陆陇其	平湖	《学术辨》	张烈	大兴	《王学质疑》
丁　瓒	镇江	《素问钞补正》	汪机	新安	《续素问钞》
刘鸿训	长山	《玉海纂》	陈文焕	临川	《钓台集》
杨　束	建安	《钓台集》	\	\	\

另有4种文献创作于四明之地，前文已载，兹不赘述。其余371种文献，均仅满足“作者”标准，即为四明人士作品，内容本身与四明地方关联不大。

再看版本来源。不少学者已对《总目》误载的版本来源做过校正，如江庆柏《四库全书私人呈送本中的郑大节家藏本》一文中涉及到8种四明文献:《嘉兴府图记》《岳郡图说》《东关图》《素问钞补正》《东巢杂著》《包参军集》《浙元三会录》《吴越游稿》。这些原著录为“浙江巡抚采进本”的均当改为“浙江郑大节家藏本”[9]。经过修订,《总目》所录四明文献的版本来源数据情况如下：

版本来源	数量	版本来源	数量
浙江巡抚采进本	96	浙江范懋柱家天一阁藏本	46
两淮盐政采进本	31	江苏巡抚采进本	27
内府藏本	25	永乐大典本	23
两淮马裕家藏本	21	两江总督采进本	19
安徽巡抚采进本	13	浙江郑大节家藏本	12
通行本	10	浙江鲍士恭家藏本	10
江苏周厚堉家藏本	9	浙江汪启淑家藏本	9
编修程晋芳家藏本	8	浙江吴玉墀家藏本	7

版本来源	数量	版本来源	数量
副都御史黄登贤家藏本	7	江西巡抚采进本	6
浙江孙仰曾家藏本	4	浙江汪汝瑮家藏本	4
大学士英廉购进本	4	编修汪如藻家藏本	4
山东巡抚采进本	3	直隶总督采进本	3
国子监助教张羲年家藏本	3	兵部侍郎纪昀家藏本	2
左副都御史黄登贤家藏本	2	浙闽总督采进本	1
编修邵晋涵家藏本	1	编修周永年家藏本	1
大学士英廉家藏本	1	河南巡抚采进本	1
户部尚书王际华家藏本	1	江苏蒋曾莹家藏本	1
礼部主事任大椿家藏本	1	衍圣公孔昭焕家藏本	1
原任编修励守谦家藏本	1	《玉海》附刻本	1

四明文献在当时典藏分布之广由此可见一斑。除“浙江巡抚采进本”外，以“浙江范懋柱家天一阁藏本”为最。崔富章说：“天一阁进呈640种图书中，有473种入选《四库全书总目》。…… 天一阁进呈六百余种图书中，近五百种入选中国最高水平的目录学专著《四库全书总目》，为《总目》的编撰完成做出了巨大的贡献，足以从一个侧面彰显范氏藏书的宝贵价值 。”[10] 而在473种文献中，又有46种近十分之一是本土的地方文献，更可见天一阁对保存四明文献、弘扬浙东文化的重要意义，也折射出宁波“书藏古今”的历史文化底蕴。

从时代看，收录最多的是明代文献，有200余种。宋元和清代文献各有约100种。一些耳熟能详的知名学者文人在文献贡献量上自然处于领先地位。被收录文献在3种以上的作者（包括合著）如下表所示：

作者	文献数量	作者	文献数量	作者	文献数量	作者	文献数量	作者	文献数量
黄宗羲	15	王应麟 高士奇	14	屠隆	10	丰　坊 万斯同	9	王守仁 高似孙	8
陈沂	7	屠本畯 杨德周	6	杨　简 姜宸英 赵撝谦 张时彻 万斯大	5	程端学 胡文学 黄百家 陆　釴 沈明臣 沈一贯 孙　鑛 万　表 余　寅 周应宾	4	戴　璟 黄润玉 楼　昉 楼　钥 倪　复 闻性道 许　浩 袁　燮	3

作者县籍的统计难以十分确切。大致估算，鄞县200余人，余姚100余人，慈溪约40人，奉化、宁海、定海等约10人，象山不到10人，还有部分外籍人士。

四、校订成果举隅

《总目》校订，纪昀在《阅微草堂笔记》中自已为之。近代以来，余嘉锡、胡玉缙等前辈学者发扬光大，成就炳然，其中自然也不乏涉及四明文献者。积极吸收这些校订成果，是用好《总目》的基本条件。魏小虎曾穷尽搜集2012年以前的校订成果，编成《四库全书总目汇订》一书，检索甚为便利。本文就“著录体例”“作者生平”“馆臣评价”三方面的勘误校订成果略举几例，以观其貌。

（一）修订著录体例

《总目》之作，起于乾隆帝命，成于考据名家，又经纪昀等总体审定，本当体例谨严，釐然有序。不过其中还是有一些旁逸斜出、不合规矩者。《周易郑康成注》提要："宋王应麟编。"杨新勋认为应署"汉郑玄撰"，王应麟为辑者，若署王应麟之名，则应置于宋人《易》作之属[11]。《名家表选》提要："明陈垲编。垲，余姚人。"这里没有介绍陈垲的字号信息，不合体例。李坚怀为之补足为："垲，字山甫，别号宅平，又称紫墩居士，余姚人。"[12]再如万斯同的两部著作。《声韵源流考》提要："斯同有《庙制图考》，已著录。"《庙制图考》提要："斯同字季野，鄞县人。"《声韵源流考》著录于"卷四十四经部四十四小学类存目二"，《庙制图考》著录于"卷八十二史部三十八政书类二"，《声韵源流考》先于《庙制图考》。依惯例，《声韵源流考·提要》当作"斯同字季野，鄞县人"，而《庙制图考·提要》当作"斯同有《声韵源流考》，已著录"。这一点胡玉缙《四库全书总目提要补正》和李坚怀《四库提要小传斠补》皆已指出。考万氏《历代史表》《儒林宗派》《昆仑河源考》《明代河渠考》等作品的提要皆言"斯同有《庙制图考》，已著录"。笔者推测，《庙制图考》可能原本归入"卷二十经部二十礼类二"，位于万氏作品最前端，后又改置"政书类"，但部分《总目》文字未随之改正。

（二）校订作者生平

《总目》所述作者生平虽然简略，但涵盖字号、籍贯、科第、仕履、成就等重要信息，尤其对地方文献研究价值巨大，当然其中也有不少错漏疏误需要校正。前文已提到六种将外籍作者误判为四明人的文献，这里再举几例。校订作者名、字、号者，如《钱塘先贤传赞》提要："宋袁韶撰。韶字彦纯。"杨武泉校订作"彦淳"[13]。《善行录 续录》提要："明张时彻编。时彻字维静。"李坚怀校订作“惟静”[14]。《圣宗集要》提要将作者“费纬祹”误作“费纬裪”，“祹”“裪”形近[15]。冯福京《大德昌国州图志》,《总目》误作“冯复京”[16]。《张小山小令》提要：“元张可久撰。可久字仲远。”杨镰校订为“名久可，字可久”[17]。《临川文献》提要：“国朝胡亦堂编。亦堂字二齐。”徐大军校订为“字二斋”[18]。校订作者官职者，如《四明文献录》提要：“明黄润玉撰。…… 官至广西提学佥事。”李坚怀等校订作“官至湖广按察司佥事”[19]。《鸿苞》提要：“明屠隆撰。隆字长卿，鄞县人，万历丁丑进士，官至礼部仪制司主事。”胡露校订作“官至礼部郎中”[20]。《考信编》提要：“明杜思撰。思字子睿，鄞县人，嘉靖丙辰进士，官至青州府知府。”王勇校订杜思最高历官为福建盐运使[21]。《平濠记》提要：“明钱德洪撰。……官至刑部郎中。”李坚怀校订为“刑部员外郎”[22]。《四明它山水利备览》提要：“宋魏岘撰。…… 提举福建路市舶。”周生春说魏岘曾起为直秘阁、中大夫知吉州等，福建路市舶非其终[23]。校订作者籍贯者，如《剡录》提要：“宋高似孙撰。似孙字续古，号疏寮，余姚人。”周天游校订为“鄞县人”[24]。《棠阴比事》提要：“宋桂万荣撰，明吴讷删补。万荣，鄞县人。”杨武泉校订为“慈溪人”[25]。《松乡文集》提要：“元任士林撰。士林字叔实，号松乡，奉化人。”杨武泉说其先世为绵竹人，八世祖迁奉化，六世祖迁鄞县琦山，故当为“鄞县人”[26]。

(三) 商榷馆臣评价

《总目》之所以会成为后世治学利器，除了丰富的文献史料、扎实的考据功底外，馆臣点评中体现的真知灼见也发挥了重要作用。但点评有时会失于主观，给读者以错误导向。如《武备新书》提要：“其中如火龙卷地飞炮，雕木为虎豹之形，以轮驾之，使口中出火；飞马、天神及木人、火马、天雷炮并以木为人，缚于马上，饰以纸甲胄，而藏炮于腹，以火爇马尾，使之冲敌，殆于儿戏。明季谈兵者如是，其亡国非不幸也。”这里馆臣试图用“儿戏”评价书中兵器，借此推出明亡之由。其实,《武备新书》所言雕木为虎，仅是火炮外形，起装饰作用，目的是以壮声威，馆臣误解了本意[27]。如《梦窗稿》提要：“又有寿贾似道诸作。殆亦晚节颓唐，如朱希真、陆游之比。”馆臣质疑吴文英阿附贾似道，同朱希真、陆游一样，品节有缺。其实原本陆游晚节不保就是讹传。类似吴文英这样沉沦下僚的江湖文士，与权贵交游酬唱的经历，实乃迫不得已的求生使然，本应给予同情与理解[28]。

以上仅举其大略，其他勘误考订的情况还有很多。总之,《总目》校订是一项长期的工作，并且随着材料日益丰富、方法日益精密，校订也将不断深化细化。距离魏氏《四库全书总目汇订》的编纂已过去十载，学界也亟需一部新的增订本。作为《总目》的使用者和文献研究者，要紧跟最新校订成果，避免在研究中走弯路。

五、余论

在整理研究《总目》所录四明文献的过程中，我们也对相关学术问题进行了思考探索，芹献于此。

第一，关于殿本和浙本《总目》优劣之争已持续上百年，学界仍争讼不下。司马朝军说：“总之，殿本与浙本比较，其优点可概括为三点，即‘简明’‘典雅’‘平实’。”[29]而魏小虎认为：“虽然殿本据最终定稿付梓，但就文字错讹多少的标准而论，仍是浙本优于殿本。”[30]笔者虽未像魏先生一样逐字通校，但也逐篇做了筛查，注意到两个版本确实存在着诸多差异。其实，细究两种意见，所谓的“优劣”，只是衡量标准不同而已。说殿本优于浙本，是着眼于文献的文学性和完整性；而说浙本优于殿本，是着眼于文献的史料性和研究性。殿本文字更为精炼典雅，作为一种官方发行的大型丛书，具有更高的阅读价值；浙本内容更为原始准确，作为一种集成式的学术著作，具有更好的研究价值。此两者的优劣品评，需考虑具体用途。若只就学术研究来说，浙本的错误更少，且未过多雕琢，恰好保留了原始资料档案。这也是本文选择浙本为底本的原因之一。

第二，乡邦文献的整理研究自古以来都颇受学者文人重视，许多大家都曾从事方志编纂或地方文献搜集工作。但客观而论，这类工作过去大多只能算“杂缀”。如黄宗羲编纂《四明山志》《四明山古迹记》《姚江逸诗》等，虽大有益于乡邦，然奠定其学术地位的还是《明儒学案》《易学象数论》等经史著作。虽然今天的地方文献整理研究条件已不可同日而语，但在方法手段上，还经常停留在较传统的阶段。例如，不少地方自矜“文献名邦”，但大多只拿出几位有代表性的学者或几本有影响力的名著作为论据，究竟文献产量如何、流通情况如何、后世评价如何，都没有经过系统论证。这种“案例分析法”“举例说明法”，难以适应未来学术发展需求。新时期的地方文献研究，要从个案到整体、从定量到定性，在全方位整理的基础上，致力于构建地方学术文化体系。只有这样，地方文献研究才能永葆生机，真正获得学术话语权。

本文尝试穷尽性提取、整理《总目》所录四明地方文献，从整体上揭示四明文献的历史价值和学术地位，并对相关问题进行初步讨论。具体到四明文献的认定，因标准不同、认识不同，自然有不同的选录结果。本文因以搜罗整理为首要目标，故标准放得较宽，当然肯定还存在误判和漏检等情况。但笔者相信，以此种穷尽、量化的方法对地方文献书目及其提要进行系统、全面的梳理，是有所裨益的。限于学力，笔者对《总目》及四明地方文献的认识还有诸多浅陋之处，文章也存在不少错误和不足，敬请方家指正，以俟修订完善。

注释：

[1] 可参看安大伟：《〈四库全书总目〉著录东北文献研究》，《图书馆建设》2019 年第 3 期；陈占山：《〈四库全书总目〉对粤人撰述的收录与批评》，载马建春主编《暨南史学（第二十辑）》，暨南大学出版社 2020 年；胡露、周录祥：《〈四库全书总目〉镇江人著述提要补正》，载中国历史文献研究会编《历史文献研究（总第 41 辑）》，广陵书社 2018 年；黄李霞：《〈四库全书总目〉广东文献提要辑校》，暨南大学 2017 年硕士论文，指导教师：罗志欢研究馆员；李勇政：《〈四库全书总目〉云贵文献著录研究》，兰州大学 2016 年硕士论文，指导教师：屈直敏教授；罗春兰、韩亚男：《〈四库全书总目提要〉载录江西先贤著述综论》，《地方文化研究》2021 年第 6 期；罗志欢、黄李霞：《〈四库全书总目〉著录广东文献研究》，《图书馆论坛》2016 年第 7 期；王通、白丽萍：《河北籍作者编著古籍的调查与研究 —— 以〈四库全书总目〉为基础》，《河北科技图苑》2020 年第 1 期；周录祥：《〈四库全书总目·易类存目〉著录江南典籍补正》，载邓洪波主编《中国四库学（第一辑）》，中华书局 2018 年；王红：《〈四库全书总目〉著录西域文献研究》，新疆大学 2013 年硕士论文，指导教师：高健副研究员；朱维斡、李瑞良：《四库全书闽人著作提要》，福建人民出版社 2001 年。

[2] 可以参看骆伟：《地方文献学概论》，澳门文献信息学会 2008 年编印，第 43—46 页。

[3] 杨武泉：《四库全书总目辨误》，上海古籍出版社 2001 年，第 34 页。

[4] 王勇：《四库提要丛订》，齐鲁书社 2018 年，第 89 页；李坚怀《四库提要小传斠补》，上海古籍出版社 2020 年，第 78 页。

[5] 余嘉锡：《四库提要辨证》，湖南教育出版社 2009 年，第 326 页。

[6] 杨武泉：《四库全书总目辨误》，上海古籍出版社 2001 年，第 285 页。

[7] 孙诒让《温州经籍志》，转引自魏小虎：《四库全书总目汇订》，上海古籍出版社 2012 年，第 6728 页。

[8] 江洪等主编：《苏州词典》，苏州大学出版社 1999 年，第 945 页。

[9] 江庆柏：《四库全书私人呈送本中的郑大节家藏本》，《图书馆工作与研究》2008 年第 6 期，第 56—58 页。

[10] 崔富章：《天一阁与〈四库全书〉—— 论天一阁进呈本之文献价值》，《浙江大学学报（人文社会科学版）》2008 年第 1 期，第 150 页。

[11] 杨新勋：《四库提要易类辨正四则》，《古籍整理研究学刊》2018 年第 1 期，第 35 页。

[12] 李坚怀：《四库提要小传斠补》，上海古籍出版社 2020 年，第 348 页。

[13] 杨武泉：《四库全书总目辨误》，上海古籍出版社 2001 年，第 73 页。

[14] 李坚怀：《四库提要小传斠补》，上海古籍出版社 2020 年，第 104 页。

[15] 杜泽逊《四库存目标注》，转引自魏小虎：《四库全书总目汇订》，上海古籍出版社 2012 年，第 2067 页。

[16] 周生春：《〈四库全书总目〉元代方志提要补正》，《中国地方志》1996 年第 6 期，第 55 页；王爱亭：《〈四库全书总目〉校补》，《图书情报知识》2014 年第 3 期，第 78 页。

[17] 杨镰：《张可久行年汇考》，《文学遗产》1995 年第 4 期，第 92 页。

[18] 徐大军：《〈四库全书总目〉集部存目提要辨证》，南京师范大学 2006 年硕士论文，第 29 页，指导教师：江庆柏研究员。

[19] 李坚怀：《四库提要小传斠补》，上海古籍出版社 2020 年，第 99 页；贾中华、李坚怀《〈四

库全书总目提要〉校误二十则》,《大学图书情报学刊》2015 年第 4 期,第 122 页。

[20] 胡露:《〈四库全书总目〉子部存目补正》,南京师范大学 2007 年硕士论文,第 23 页,指导教师:江庆柏研究员。

[21] 王勇:《四库提要丛订》,齐鲁书社 2018 年,第 58 页。

[22] 李坚怀:《四库提要小传斠补》,上海古籍出版社 2020 年,第 76 页。

[23] 周生春:《四库全书史部地理类提要考辨》,《浙江大学学报》1997 年第 1 期,第 130 页。

[24] 周天游:《〈史略〉校笺》,书目文献出版社 1987 年,第 13 页。

[25] 杨武泉:《四库全书总目辨误》,上海古籍出版社 2001 年,第 132 页。

[26] 杨武泉:《四库全书总目辨误》,上海古籍出版社 2001 年,第 231 页。

[27] 韩李良:《〈四库全书总目〉订补》,《古籍研究》编辑委员会编《古籍研究(总第 62 卷)》,凤凰出版社 2015 年,第 68 页。

[28] 夏承焘:《四库全书词籍提要校议》,载《夏承焘集(第二册)》,浙江教育出版社、浙江古籍出版社 1998 年,第 202 页;夏明宇《〈四库全书总目〉词集提要考辨——以〈梦窗词提要〉为例》,《北京科技大学学报(社会科学版)》2018 年第 1 期,第 70 页。

[29] 司马朝军:《〈四库全书总目〉殿本与浙本之比较》,《四川图书馆学报》2002 年 6 期,第 63 页。

[30] 魏小虎:《浙本、殿本〈四库全书总目〉优劣考论》,载《四库全书总目汇订》,上海古籍出版社 2012 年,第 6963 页。

附：《总目》所录四明文献书目总表

序号	卷次部类	文献名	作者
1	卷一经部一易类一	周易郑康成注一卷	王应麟
2	卷一经部一易类一	新本郑氏周易三卷	惠栋
3	卷三经部三易类三	周易古占法一卷古周易章句外编一卷	程迥
4	卷三经部三易类三	杨氏易传二十卷	杨简
5	卷三经部三易类三	易说四卷	赵善誉
6	卷三经部三易类三	周易辑闻六卷附易雅一卷筮宗一卷	赵汝梅
7	卷五经部五易类五	卦变考略一卷	董守谕
8	卷六经部六易类六	易学象数论六卷	黄宗羲
9	卷六经部六易类六	周易象辞二十一卷 附寻门余论二卷图书辨惑一卷	黄宗炎
10	卷七经部七易类存目一	易序丛书十卷	赵汝梅
11	卷七经部七易类存目一	古易世学十七卷	丰坊
12	卷七经部七易类存目一	易辨一卷	丰坊
13	卷七经部七易类存目一	易学十二卷	沈一贯
14	卷九经部九易类存目三	周易广义六卷	潘元懋
15	卷十一经部十一书类一	尚书讲义二十卷	史浩
16	卷十一经部十一书类一	五诰解四卷	杨简
17	卷十一经部十一书类一	絜斋家塾书钞十二卷	袁燮
18	卷十一经部十一书类一	洪范统一一卷	赵善湘
19	卷十三经部十三书类存目一	古书世学六卷	丰坊
20	卷十五经部十五诗类一	慈湖诗传二十卷	杨简
21	卷十五经部十五诗类一	絜斋毛诗经筵讲义四卷	袁燮
22	卷十五经部十五诗类一	诗考一卷	王应麟
23	卷十五经部十五诗类一	诗地理考六卷	王应麟
24	卷十六经部十六诗类二	诗序补义二十四卷	姜炳璋
25	卷十七经部十七诗类存目一	鲁诗世学三十二卷	丰坊
26	卷十七经部十七诗类存目一	诗传一卷	丰坊

序号	卷次部类	文献名	作者
27	卷十七经部十七诗类存目一	诗说一卷	丰坊
28	卷十七经部十七诗类存目一	诗传纂义无卷数	倪复
29	卷十七经部十七诗类存目一	诗传阐二十三卷阐余二卷	邹忠胤
30	卷十七经部十七诗类存目一	憖泉手学二卷	闻性道
31	卷十八经部十八诗类存目二	毛诗订韵五卷	谢起龙
32	卷十八经部十八诗类存目二	风雅遗音四卷	史荣
33	卷二十经部二十礼类二	仪礼商二卷附录一卷	万斯大
34	卷二十一经部二十一礼类三	月令解十二卷	张虙
35	卷二十一经部二十一礼类三	深衣考一卷	黄宗羲
36	卷二十二经部二十二礼类四	学礼质疑二卷	万斯大
37	卷二十三经部二十三礼类存目一	周官辨非一卷	万斯大
38	卷二十四经部二十四礼类存目二	礼记要旨补十卷	闻人德行
39	卷二十四经部二十四礼类存目二	说礼约十七卷	许兆金
40	卷二十四经部二十四礼类存目二	礼记偶笺三卷	万斯大
41	卷二十七经部二十七春秋类二	春秋集注四十卷	高闶
42	卷二十八经部二十八春秋类三	春秋本义三十卷	程端学
43	卷二十八经部二十八春秋类三	春秋或问十卷	程端学
44	卷二十八经部二十八春秋类三	春秋三传辨疑二十卷	程端学
45	卷二十九经部二十九春秋类四	春秋地名考略十四卷	高士奇
46	卷三十经部三十春秋类存目一	春秋世学三十二卷	丰坊
47	卷三十一经部三十一春秋类存目二	学春秋随笔十卷	万斯大
48	卷三十一经部三十一春秋类存目二	左传姓名考四卷	高士奇
49	卷三十一经部三十一春秋类存目二	左绣三十卷	冯李骅 陆浩
50	卷三十一经部三十一春秋类存目二	读左补义五十卷	姜炳璋
51	卷三十四经部三十四五经总义类存目	孙月峰评经十六卷	孙鑛
52	卷三十四经部三十四五经总义类存目	九经考异十二卷附九经逸语一卷	周应宾
53	卷三十四经部三十四五经总义类存目	冬余经说十二卷	邵向荣
54	卷三十五经部三十五四书类一	蒙斋中庸讲义四卷	袁甫
55	卷三十六经部三十六四书类二	大学中庸集说启蒙二卷	景星

序号	卷次部类	文献名	作者
56	卷三十六经部三十六四书类二	孟子师说二卷	黄宗羲
57	卷三十七经部三十七四书类存目	论语孟子考异二卷	王应麟
58	卷三十八经部三十八乐类	钟律通考六卷	倪复
59	卷四十一经部四十一小学类二	六书本义十二卷	赵撝谦
60	卷四十二经部四十二小学类三附录	六艺纲目二卷	舒天民
61	卷四十三经部四十三小学类存目一	篇海类编二十卷	宋濂撰 屠隆订正
62	卷四十三经部四十三小学类存目一	童蒙习句一卷	赵撝谦
63	卷四十三经部四十三小学类存目一	集古隶韵五卷	方仕
64	卷四十三经部四十三小学类存目一	金石遗文五卷	丰坊
65	卷四十四经部四十四小学类存目二	声音文字通三十二卷	赵撝谦
66	卷四十四经部四十四小学类存目二	声韵源流考无卷数	万斯同
67	卷四十四经部四十四小学类存目二	古今韵表新编五卷	仇廷模
68	卷四十七史部三编年类	资治通鉴二百九十四卷	司马光撰 胡三省音注
69	卷四十七史部三编年类	资治通鉴释文辨误十二卷	胡三省
70	卷四十七史部三编年类	通鉴胡注举正一卷	陈景云
71	卷四十七史部三编年类	通鉴地理通释十四卷	王应麟
72	卷四十七史部三编年类	通鉴续编二十四卷	陈桱
73	卷四十八史部四编年类存目	考信编七卷	杜思
74	卷四十九史部五纪事本末类	左传纪事本末五十三卷	高士奇
75	卷五十史部六别史类	古今纪要十九卷	黄震
76	卷五十史部六别史类	历代史表五十三卷	万斯同
77	卷五十三史部九杂史类存目二	东征忠义录无卷数	刘昭
78	卷五十三史部九杂史类存目二	维祯录一卷附录一卷	陈沂
79	卷五十三史部九杂史类存目二	平濠记一卷	钱德洪
80	卷五十四史部十杂史类存目三	乙未私志一卷	余寅
81	卷五十四史部十杂史类存目三	明宝训四十卷	陈治本 吕胤昌 朱锦

序号	卷次部类	文献名	作者
82	卷五十四史部十杂史类存目三	守麇纪略一卷	高斗枢
83	卷五十四史部十杂史类存目三	交山平寇本末三卷 附诗一卷详文一卷书牍一卷	夏骃、邵以发
84	卷五十五史部十一诏令奏议类	两汉诏令二十三卷	林虙、楼昉
85	卷五十五史部十一诏令奏议类	孙毅庵奏议二卷	孙懋
86	卷五十六史部十二诏令奏议类存目	敬事草十九卷	沈一贯
87	卷五十六史部十二诏令奏议类存目	疏稿一卷	胡文学
88	卷五十七史部十三传记类一	钱塘先贤传赞一卷	袁韶
89	卷五十八史部十四传记类二	明儒学案六十二卷	黄宗羲
90	卷五十八史部十四传记类二	儒林宗派十六卷	万斯同
91	卷五十八史部十四传记类二	扈从西巡日录一卷	高士奇
92	卷五十八史部十四传记类二	松亭行纪二卷	高士奇
93	卷五十九史部十五传记类存目一	丰清敏遗事一卷	李朴
94	卷五十九史部十五传记类存目一	范文正年谱一卷补遗一卷 附义庄规矩一卷	楼钥、范仲淹等
95	卷六十史部十六传记类存目二	阳明先生浮海传一卷	陆相
96	卷六十史部十六传记类存目二	忠烈编十卷	孙堪、孙墀、孙升
97	卷六十史部十六传记类存目二	逊志斋外纪二卷续集二卷	项亮臣
98	卷六十史部十六传记类存目二	雍略二卷	陈念先
99	卷六十史部十六传记类存目二	贺监纪略四卷	闻性善、闻性道
100	卷六十史部十六传记类存目二	谢皋羽年谱一卷	徐沁
101	卷六十史部十六传记类存目二	王文成集传本二卷	毛奇龄
102	卷六十一史部十七传记类存目三	绍兴正论一卷	潇湘野人、楼昉
103	卷六十一史部十七传记类存目三	四明文献录一卷	黄润玉
104	卷六十一史部十七传记类存目三	润州先贤录六卷	姚堂
105	卷六十一史部十七传记类存目三	畜德录一卷	陈沂
106	卷六十一史部十七传记类存目三	善行录八卷续录二卷	张时彻
107	卷六十三史部十九传记类存目五	圣宗集要八卷	费纬裪
108	卷六十四史部二十传记类存目六	李赘一卷	胡文学
109	卷六十四史部二十传记类存目六	塞北小钞一卷	高士奇

序号	卷次部类	文献名	作者
110	卷六十八史部二十四地理类一	剡录十卷	高似孙
111	卷六十八史部二十四地理类一	宝庆四明志二十一卷 开庆续志十二卷	罗浚、梅应发、刘锡
112	卷六十八史部二十四地理类一	景定严州续志十卷	郑瑶、方仁荣
113	卷六十八史部二十四地理类一	大德昌国州图志七卷	冯福京、郭荐
114	卷六十八史部二十四地理类一	延祐四明志十七卷	袁桷
115	卷六十九史部二十五地理类二	四明它山水利备览二卷	魏岘
116	卷六十九史部二十五地理类二	昆仑河源考一卷	万斯同
117	卷七十史部二十六地理类三	金鳌退食笔记二卷	高士奇
118	卷七十史部二十六地理类三	闽中海错疏三卷	屠本畯
119	卷七十一史部二十七地理类四	诸蕃志二卷	赵汝适
120	卷七十二史部二十八地理类存目一	阅史津逮无卷数	朱约淳
121	卷七十三史部二十九地理类存目二	宁波府简要志五卷	黄润玉
122	卷七十三史部二十九地理类存目二	常熟县志四卷	杨子器
123	卷七十三史部二十九地理类存目二	金陵古今图考无卷数	陈沂
124	卷七十三史部二十九地理类存目二	金陵世纪四卷	陈沂
125	卷七十三史部二十九地理类存目二	山东通志四十卷	陆釴
126	卷七十三史部二十九地理类存目二	全陕政要略四卷	龚辉
127	卷七十四史部三十地理类存目三	广东通志初稿四十卷	戴璟
128	卷七十四史部三十地理类存目三	南畿志六十四卷	闻人诠、陈沂
129	卷七十四史部三十地理类存目三	嘉兴府图记二十卷	赵文华
130	卷七十四史部三十地理类存目三	绍兴府志五十卷	张元忭、孙鑛
131	卷七十四史部三十地理类存目三	通州志八卷	沈明臣
132	卷七十四史部三十地理类存目三	顺天府志六卷	谢杰撰 沈应文续成
133	卷七十四史部三十地理类存目三	岳郡图说一卷	黄元忠
134	卷七十五史部三十一地理类存目四	明代河渠考无卷数	万斯同
135	卷七十五史部三十一地理类存目四	今水经一卷	黄宗羲
136	卷七十五史部三十一地理类存目四	东关图一卷	闻人诠
137	卷七十五史部三十一地理类存目四	江防总论一卷海防总论一卷	姜宸英

序号	卷次部类	文献名	作者
138	卷七十六史部三十二地理类存目五	阿育王山志十卷	郭子章
139	卷七十六史部三十二地理类存目五	普陀山志六卷	周应宾
140	卷七十六史部三十二地理类存目五	太姥志一卷	史起钦
141	卷七十六史部三十二地理类存目五	四明山志九卷	黄宗羲
142	卷七十六史部三十二地理类存目五	四明山古迹记五卷	黄宗羲
143	卷七十六史部三十二地理类存目五	穹窿山志六卷	吴伟业、向球纂 李标编辑
144	卷七十六史部三十二地理类存目五	普陀山志十五卷	朱谨、陈璇
145	卷七十六史部三十二地理类存目五	庐山志十五卷	毛德琦
146	卷七十七史部三十三地理类存目六	延寿寺纪略一卷	释圆复
147	卷七十七史部三十三地理类存目六	天童寺集二卷	杨明
148	卷七十七史部三十三地理类存目六	白鹿书院志十九卷	毛德琦
149	卷七十八史部三十四地理类存目七	百夷传一卷	钱古训
150	卷七十八史部三十四地理类存目七	日本考略一卷	薛俊
151	卷八十史部三十六职官类存目	旧京词林志六卷	周应宾
152	卷八十史部三十六职官类存目	历代宰辅汇考八卷	万斯同
153	卷八十一史部三十七政书类一	汉制考四卷	王应麟
154	卷八十二史部三十八政书类二	庙制图考一卷	万斯同
155	卷八十三史部三十九政书类存目一	谥法纂十卷	孙能传
156	卷八十四史部四十政书类存目二	阳明乡约法一卷	王守仁
157	卷八十四史部四十政书类存目二	阳明保甲法一卷	王守仁
158	卷八十四史部四十政书类存目二	粤东盐政考二卷	李柡
159	卷八十四史部四十政书类存目二	淮鹾本论二卷	胡文学
160	卷八十四史部四十政书类存目二	西槎汇草一卷	龚辉
161	卷八十五史部四十一目录类一	子略四卷目录一卷	高似孙
162	卷八十五史部四十一目录类一	汉艺文志考证十卷	王应麟
163	卷八十六史部四十二目录类二	石经考一卷	万斯同
164	卷八十六史部四十二目录类二	分隶偶存二卷	万经
165	卷八十八史部四十四史评类	通鉴答问五卷	王应麟
166	卷八十九史部四十五史评类存目一	四明尊尧集十一卷	陈瓘

序号	卷次部类	文献名	作者
167	卷八十九史部四十五史评类存目一	宋史阐幽一卷	许浩
168	卷八十九史部四十五史评类存目一	元史阐幽一卷	许浩
169	卷八十九史部四十五史评类存目一	兀涯西汉书议十二卷	霍韬撰 张邦奇增修
170	卷九十史部四十六史评类存目二	群史品藻三十卷	戴璟
171	卷九十史部四十六史评类存目二	汉唐通鉴品藻三十卷	戴璟
172	卷九十史部四十六史评类存目二	历代甲子考一卷	黄宗羲
173	卷九十二子部二儒家类二	先圣大训六卷	杨简
174	卷九十二子部二儒家类二	黄氏日钞九十五卷	黄震
175	卷九十三子部三儒家类三	读书分年日程三卷	程端礼
176	卷九十五子部五儒家类存目一	杂诫一卷	方孝孺
177	卷九十五子部五儒家类存目一	传习录略一卷	王守仁
178	卷九十六子部六儒家类存目二	杨子折衷六卷	湛若水
179	卷九十六子部六儒家类存目二	说理会编十五卷	季本
180	卷九十六子部六儒家类存目二	研几录无卷数	薛侃
181	卷九十六子部六儒家类存目二	心斋约言一卷	王艮
182	卷九十六子部六儒家类存目二	绪山会语二十五卷	钱德洪
183	卷九十六子部六儒家类存目二	群书归正集十卷	林昺
184	卷九十六子部六儒家类存目二	王门宗旨十四卷	周汝登
185	卷九十六子部六儒家类存目二	传习录论述参一卷	王应昌
186	卷九十六子部六儒家类存目二	求仁录十卷	潘平格
187	卷九十七子部七儒家类存目三	考正晚年定论二卷	孙承泽
188	卷九十七子部七儒家类存目三	二程学案二卷	黄宗羲
189	卷九十七子部七儒家类存目三	体独私钞四卷	黄百家
190	卷九十七子部七儒家类存目三	王刘异同五卷	黄百家
191	卷九十七子部七儒家类存目三	学术辨一卷	陆陇其
192	卷九十七子部七儒家类存目三	王学质疑一卷附录一卷	张烈
193	卷九十八子部八儒家类存目四	余山遗书十卷	劳史
194	卷九十九子部九兵家类	阵纪四卷	何良臣
195	卷一百子部十兵家类存目	海寇议一卷	万表

序号	卷次部类	文献名	作者
196	卷一百子部十兵家类存目	军权四卷	何良臣
197	卷一百子部十兵家类存目	武备新书十四卷	戚继光撰 谢三宾编
198	卷一百一子部十一法家类	棠阴比事一卷附录一卷	桂万荣撰 吴讷删补
199	卷一百二子部十二农家类存目	耕织图诗无卷数	楼璹
200	卷一百三子部十三医家类一	难经本义二卷	扁鹊撰 滑寿注
201	卷一百五子部十五医家类存目	素问钞补正十二卷	丁瓒
202	卷一百五子部十五医家类存目	续素问钞九卷	汪机
203	卷一百五子部十五医家类存目	图注难经八卷	张世贤
204	卷一百五子部十五医家类存目	图注脉诀四卷附方一卷	张世贤
205	卷一百五子部十五医家类存目	万氏家钞济世良方六卷	万表编 万邦孚增辑
206	卷一百五子部十五医家类存目	摄生众妙方十一卷	张时彻
207	卷一百五子部十五医家类存目	急救良方二卷	张时彻
208	卷一百五子部十五医家类存目	志斋医论二卷	高士
209	卷一百五子部十五医家类存目	针灸聚英四卷	高武
210	卷一百五子部十五医家类存目	针灸节要三卷	高武
211	卷一百六子部十六天文算法类一	六经天文编二卷	王应麟
212	卷一百六子部十六天文算法类一	七政推步七卷	贝琳
213	卷一百七子部十七天文算法类二	勾股矩测解原二卷	黄百家
214	卷一百七子部十七天文算法类存目	星历释义二卷	林祖述
215	卷一百七子部十七天文算法类存目	万青楼图编十六卷	邵昂霄
216	卷一百十一子部二十一术数类存目二	画策图一卷撼龙经一卷	孙光炀
217	卷一百十一子部二十一术数类存目二	古今识鉴四卷	袁忠彻
218	卷一百十一子部二十一术数类存目二	通书捷径无卷数	楼楷
219	卷一百十三子部二十三艺术类二	书诀一卷	丰坊
220	卷一百十三子部二十三艺术类二	书画跋跋三卷续三卷	孙鑛
221	卷一百十三子部二十三艺术类二	江村销夏录三卷	高士奇
222	卷一百十四子部二十四艺术类存目	书学汇编十卷	万斯同
223	卷一百十五子部二十五谱录类	鼎录一卷	虞荔

序号	卷次部类	文献名	作者
224	卷一百十五子部二十五谱录类	砚笺四卷	高似孙
225	卷一百十五子部二十五谱录类	蟹略四卷	高似孙
226	卷一百十六子部二十六谱录类存目	茗笈二卷	屠本畯
227	卷一百十六子部二十六谱录类存目	琼花谱一卷	杨端
228	卷一百十六子部二十六谱录类存目	兰易一卷 附录兰易十二翼一卷 兰史一卷	鹿亭翁、冯京第
229	卷一百十六子部二十六谱录类存目	澹圃芋纪一卷	杨德周撰 赵士骏增定
230	卷一百十六子部二十六谱录类存目	北墅抱瓮录一卷	高士奇
231	卷一百十八子部二十八杂家类二	纬略十二卷	高似孙
232	卷一百十八子部二十八杂家类二	瓮牖闲评八卷	袁文
233	卷一百十八子部二十八杂家类二	鼠璞一卷	戴埴
234	卷一百十八子部二十八杂家类二	困学纪闻二十卷	王应麟
235	卷一百十九子部二十九杂家类三	湛园札记四卷	姜宸英
236	卷一百二十四子部三十四杂家类存目一	拘虚晤言一卷	陈沂
237	卷一百二十四子部三十四杂家类存目一	夜灯管测二卷	沈恺
238	卷一百二十五子部三十五杂家类存目二	鸿苞四十八卷	屠隆
239	卷一百二十五子部三十五杂家类存目二	韦弦佩无卷数	屠本畯
240	卷一百二十六子部三十六杂家类存目三	简籍遗闻二卷	黄溥
241	卷一百二十六子部三十六杂家类存目三	天禄识余二卷	高士奇
242	卷一百二十七子部三十七杂家类存目四	海涵万象录四卷	黄润玉
243	卷一百二十七子部三十七杂家类存目四	询刍录一卷	陈沂
244	卷一百二十七子部三十七杂家类存目四	东巢杂著二卷	倪复
245	卷一百二十七子部三十七杂家类存目四	郊外农谈三卷	张鈇
246	卷一百三十子部四十杂家类存目七	考槃余事四卷	屠隆
247	卷一百三十子部四十杂家类存目七	游具雅编一卷	屠隆
248	卷一百三十一子部四十一杂家类存目八	文苑英华钞四卷	高似孙
249	卷一百三十一子部四十一杂家类存目八	学范二卷	赵撝谦
250	卷一百三十一子部四十一杂家类存目八	闻见类纂小史十四卷	魏偁
251	卷一百三十一子部四十一杂家类存目八	灼艾集八卷	万表

序号	卷次部类	文献名	作者
252	卷一百三十一子部四十一杂家类存目八	百家类纂四十卷	沈津
253	卷一百三十二子部四十二杂家类存目九	霞外麈谈十卷	周应治
254	卷一百三十二子部四十二杂家类存目九	宗藩训典十二卷	冯柯
255	卷一百三十二子部四十二杂家类存目九	益智编四十一卷	孙能传
256	卷一百三十二子部四十二杂家类存目九	可如六卷	董德镛
257	卷一百三十四子部四十四杂家类存目十一	两京遗编五十七卷	胡维新
258	卷一百三十五子部四十五类书类一	编珠二卷补遗二卷续编珠二卷	高士奇
259	卷一百三十五子部四十五类书类一	北堂书钞一百六十卷	虞世南
260	卷一百三十五子部四十五类书类一	玉海二百卷附辞学指南四卷	王应麟
261	卷一百三十五子部四十五类书类一	小学绀珠十卷	王应麟
262	卷一百三十五子部四十五类书类一	姓氏急就篇二卷	王应麟
263	卷一百三十六子部四十六类书类二	同姓名录十二卷录补一卷	余寅撰 周应宾补
264	卷一百三十七子部四十七类书类存目一	玉海纂二十二卷	刘鸿训
265	卷一百三十八子部四十八类书类存目二	缥缃对类二十卷	屠隆
266	卷一百三十八子部四十八类书类存目二	舆识随笔一卷	杨德周
267	卷一百三十九子部四十九类书类存目三	三才藻异三十三卷	屠粹忠
268	卷一百四十三子部五十三小说家类存目一	复斋日记二卷	许浩
269	卷一百四十三子部五十三小说家类存目一	贤识录一卷	陆釴
270	卷一百四十三子部五十三小说家类存目一	病逸漫记无卷数	陆釴
271	卷一百四十三子部五十三小说家类存目一	北窗琐语无卷数	余永麟
272	卷一百四十三子部五十三小说家类存目一	金华杂识四卷	杨德周
273	卷一百四十四子部五十四小说家类存目二	四明龙荟一卷	闻性道
274	卷一百四十四子部五十四小说家类存目二	果报见闻录一卷	杨式传
275	卷一百四十四子部五十四小说家类存目二	梨洲野乘无卷数	舒缨
276	卷一百四十五子部五十五释家类	五灯会元二十卷	释普济
277	卷一百四十五子部五十五释家类存目	佛祖统纪五十四卷	释志磐
278	卷一百四十六子部五十六道家类	古文参同契集解三卷	蒋一彪
279	卷一百四十八集部一楚辞类存目	离骚草木疏补四卷	屠本畯
280	卷一百四十八集部一楚辞类存目	楚骚协韵十卷附读骚大旨一卷	屠本畯

序号	卷次部类	文献名	作者
281	卷一百四十九集部二别集类二	杜诗详注二十五卷附编二卷	仇兆鳌
282	卷一百五十二集部五别集类五	和靖诗集四卷	林逋
283	卷一百五十二集部五别集类五	祖英集二卷	释重显
284	卷一百五十八集部十一别集类十一	于湖集四十卷	张孝祥
285	卷一百五十九集部十二别集类十二	鄮峰真隐漫录五十卷	史浩
286	卷一百五十九集部十二别集类十二	攻媿集一百一十二卷	楼钥
287	卷一百六十集部十三别集类十三	慈湖遗书十八卷续集二卷	杨简
288	卷一百六十集部十三别集类十三	絜斋集二十四卷	袁燮
289	卷一百六十集部十三别集类十三	舒文靖集二卷	舒璘
290	卷一百六十集部十三别集类十三	颐庵居士集二卷	刘应时
291	卷一百六十一集部十四别集类十四	烛湖集二十卷附编二卷	孙应时
292	卷一百六十一集部十四别集类十四	信天巢遗稿一卷 附一卷林湖遗稿一卷 江村遗稿一卷 疏寮小集一卷	高翥、高士奇 高鹏飞、高选 高迈、高似孙
293	卷一百六十二集部十五别集类十五	蒙斋集十八卷	袁甫
294	卷一百六十二集部十五别集类十五	安晚堂诗集七卷	郑清之
295	卷一百六十三集部十六别集类十六	友林乙稿一卷	史弥宁
296	卷一百六十三集部十六别集类十六	雪窗集二卷附录一卷	孙梦观
297	卷一百六十四集部十七别集类十七	本堂集九十四卷	陈著
298	卷一百六十五集部十八别集类十八	四明文献集五卷	王应麟
299	卷一百六十五集部十八别集类十八	阆风集十二卷	舒岳祥
300	卷一百六十六集部十九别集类十九	剡源集三十卷	戴表元
301	卷一百六十六集部十九别集类十九	松乡文集十卷	任士林
302	卷一百六十六集部十九别集类十九	畏斋集六卷	程端礼
303	卷一百六十七集部二十别集类二十	清容居士集五十卷	袁桷
304	卷一百六十七集部二十别集类二十	弁山小隐吟录二卷	黄玠
305	卷一百六十七集部二十别集类二十	积斋集五卷	程端学
306	卷一百六十七集部二十别集类二十	子渊诗集六卷	张仲深
307	卷一百六十七集部二十别集类二十	栲栳山人集三卷	岑安卿
308	卷一百六十八集部二十一别集类二十一	庸庵集十四卷	宋禧

序号	卷次部类	文献名	作者
309	卷一百六十九集部二十二别集类二十二	考古文集二卷	赵撝谦
310	卷一百六十九集部二十二别集类二十二	春草斋集十卷附录一卷	乌斯道
311	卷一百六十九集部二十二别集类二十二	荥阳外史集七十卷	郑真
312	卷一百七十集部二十三别集类二十三	逊志斋集二十四卷	方孝孺
313	卷一百七十一集部二十四别集类二十四	医闾集九卷	贺钦
314	卷一百七十一集部二十四别集类二十四	归田稿八卷	谢迁
315	卷一百七十一集部二十四别集类二十四	王文成全书三十八卷	王守仁
316	卷一百七十三集部二十六别集类二十六	湛园集八卷	姜宸英
317	卷一百七十四集部二十七别集类存目一	杜诗解八卷	杨德周
318	卷一百七十四集部二十七别集类存目一	别本攻愧文集三十二卷诗集十卷	楼钥
319	卷一百七十四集部二十七别集类存目一	骚略三卷	高似孙
320	卷一百七十四集部二十七别集类存目一	宝峰集二卷	赵偕
321	卷一百七十四集部二十七别集类存目一	剡源文钞四卷	戴表元撰 黄宗羲编
322	卷一百七十四集部二十七别集类存目一	书林外集七卷	袁士元
323	卷一百七十四集部二十七别集类存目一	肃雝集一卷	郑允端
324	卷一百七十五集部二十八别集类存目二	安分斋集十卷	郑本忠
325	卷一百七十五集部二十八别集类存目二	澹然集五卷	陈敬宗
326	卷一百七十五集部二十八别集类存目二	碧川文选四卷	杨守阯
327	卷一百七十五集部二十八别集类存目二	堇山集十五卷	李堂
328	卷一百七十六集部二十九别集类存目三	勉斋遗稿三卷	郑满
329	卷一百七十六集部二十九别集类存目三	姚东泉文集八卷	姚镆
330	卷一百七十六集部二十九别集类存目三	阳明要书八卷附录五卷	王守仁撰 陈龙正纂 叶绍颙参
331	卷一百七十六集部二十九别集类存目三	王阳明集十六卷	王守仁撰 王贻乐编
332	卷一百七十六集部二十九别集类存目三	阳明文钞二十卷	王守仁撰 张问达编
333	卷一百七十六集部二十九别集类存目三	阳明全集二十卷 传习录一卷语录一卷	王守仁撰 俞嶙编
334	卷一百七十六集部二十九别集类存目三	白斋竹里集七卷	张琦

序号	卷次部类	文献名	作者
335	卷一百七十六集部二十九别集类存目三	倪小野集二十二卷	倪宗正
336	卷一百七十六集部二十九别集类存目三	戴中丞遗集八卷	戴鱀
337	卷一百七十六集部二十九别集类存目三	玩鹿亭稿八卷附录一卷	万表
338	卷一百七十六集部二十九别集类存目三	少石集十三卷	陆釴
339	卷一百七十六集部二十九别集类存目三	介塘文略一卷	王相
340	卷一百七十七集部三十别集类存目四	芝园定集五十一卷别集十一卷	张时彻
341	卷一百七十七集部三十别集类存目四	陈后冈诗集一卷文集一卷	陈束
342	卷一百七十七集部三十别集类存目四	燕诒录十三卷	孙应奎
343	卷一百七十七集部三十别集类存目四	期斋集十四卷	吕本
344	卷一百七十七集部三十别集类存目四	孙文恪集二十卷附录一卷	孙升、杨文俪
345	卷一百七十七集部三十别集类存目四	袁文荣诗略二卷	袁炜
346	卷一百七十七集部三十别集类存目四	余清堂稿三十二卷	汪镗
347	卷一百七十七集部三十别集类存目四	弇州稿选十六卷	王世贞撰 沈一贯选
348	卷一百七十八集部三十一别集类存目五	越草一卷	沈明臣
349	卷一百七十八集部三十一别集类存目五	丰对楼诗选四十三卷	沈明臣
350	卷一百七十八集部三十一别集类存目五	卯洞集四卷	徐珊
351	卷一百七十八集部三十一别集类存目五	包参军集六卷	包大中
352	卷一百七十八集部三十一别集类存目五	石盂集十七卷	汪坦
353	卷一百七十八集部三十一别集类存目五	松菊堂集二十四卷	孙鏊
354	卷一百七十九集部三十二别集类存目六	梅园集二十卷	沈一中
355	卷一百七十九集部三十二别集类存目六	农丈人文集二十卷诗集八卷	余寅
356	卷一百七十九集部三十二别集类存目六	白榆集二十卷	屠隆
357	卷一百七十九集部三十二别集类存目六	由拳集二十三卷	屠隆
358	卷一百七十九集部三十二别集类存目六	薛文介公文集四卷	薛三省
359	卷一百八十集部三十三别集类存目七	铜马编二卷	杨德周
360	卷一百八十集部三十三别集类存目七	皆非集二卷附一枝轩吟草二卷	万达甫
361	卷一百八十集部三十三别集类存目七	甬东山人稿七卷	吕时
362	卷一百八十集部三十三别集类存目七	李山人诗二卷	李生寅
363	卷一百八十集部三十三别集类存目七	丰正元集四卷	丰越人

序号	卷次部类	文献名	作者
364	卷一百八十集部三十三别集类存目七	幻华集二卷	释斯学撰 屠隆、姚士粦编
365	卷一百八十集部三十三别集类存目七	檀雪斋集四十卷	胡敬辰
366	卷一百八十一集部三十四别集类存目八	南雷文定十一卷文约四卷	黄宗羲
367	卷一百八十一集部三十四别集类存目八	完玉堂诗集十卷	释元璟
368	卷一百八十二集部三十五别集类存目九	证山堂集八卷	周斯盛
369	卷一百八十二集部三十五别集类存目九	杲堂文钞六卷诗钞七卷	李邺嗣
370	卷一百八十三集部三十六别集类存目十	兼山堂集八卷	陈锡嘏
371	卷一百八十三集部三十六别集类存目十	思复堂集十卷	邵廷采
372	卷一百八十三集部三十六别集类存目十	寒村集三十六卷	郑梁
373	卷一百八十三集部三十六别集类存目十	双云堂文稿六卷诗稿六卷	范光阳
374	卷一百八十四集部三十七别集类存目十一	幸跌草三卷	黄百家
375	卷一百八十四集部三十七别集类存目十一	湛园未定稿六卷	姜宸英
376	卷一百八十四集部三十七别集类存目十一	真意堂文稿一卷	姜宸英
377	卷一百八十四集部三十七别集类存目十一	师经堂集十八卷	徐文驹
378	卷一百八十四集部三十七别集类存目十一	陈玉几诗集三卷	陈撰
379	卷一百八十五集部三十八别集类存目十二	餐秀集二卷	黄千人
380	卷一百八十五集部三十八别集类存目十二	万青楼诗文残编一卷	邵昂霄
381	卷一百八十五集部三十八别集类存目十二	问羲轩诗钞二卷剩草一卷	庄纶渭
382	卷一百八十七集部四十总集类二	崇古文诀三十五卷	楼昉
383	卷一百八十九集部四十二总集类四	元音十二卷	孙原理
384	卷一百八十九集部四十二总集类四	元诗体要十四卷	宋绪
385	卷一百九十集部四十三总集类五	明文海四百八十二卷	黄宗羲
386	卷一百九十集部四十三总集类五	甬上耆旧诗三十卷	胡文学编 李邺嗣作传
387	卷一百九十一集部四十四总集类存目一	文选句图一卷	高似孙
388	卷一百九十一集部四十四总集类存目一	桃花源集一卷	姚孳
389	卷一百九十一集部四十四总集类存目一	尺牍筌蹄三卷	陈樫
390	卷一百九十一集部四十四总集类存目一	余姚海堤集一卷	叶翼
391	卷一百九十二集部四十五总集类存目二	浙元三会录无卷数	杨守阯
392	卷一百九十二集部四十五总集类存目二	文翰类选大成一百六十三卷	李伯玙、冯厚

序号	卷次部类	文献名	作者
393	卷一百九十二集部四十五总集类存目二	太白楼集十卷	蔡炼
394	卷一百九十二集部四十五总集类存目二	明文范六十六卷	张时彻
395	卷一百九十二集部四十五总集类存目二	四明风雅四卷	戴鲸
396	卷一百九十二集部四十五总集类存目二	名家表选八卷	陈垲
397	卷一百九十二集部四十五总集类存目二	平吴凯旋录四卷	朱泽
398	卷一百九十二集部四十五总集类存目二	经世宏辞十五卷	沈一贯
399	卷一百九十二集部四十五总集类存目二	吴越游稿一卷	沈明臣 沈一贯、余寅
400	卷一百九十三集部四十六总集类存目三	今文选十二卷	孙鑛
401	卷一百九十三集部四十六总集类存目三	钓台集六卷	陈文焕
402	卷一百九十三集部四十六总集类存目三	翰墨选注十二卷	屠隆
403	卷一百九十三集部四十六总集类存目三	钜文十二卷	屠隆
404	卷一百九十三集部四十六总集类存目三	广广文选二十三卷	周应治
405	卷一百九十三集部四十六总集类存目三	钓台集二卷	杨束
406	卷一百九十三集部四十六总集类存目三	闽南唐雅十二卷	徐𤊹编 费道用、 杨德周等补
407	卷一百九十三集部四十六总集类存目三	情采编三十六卷	屠本畯
408	卷一百九十四集部四十七总集类存目四	临川文献八卷	胡亦堂
409	卷一百九十四集部四十七总集类存目四	姚江逸诗十五卷	黄宗羲
410	卷一百九十四集部四十七总集类存目四	明文授读六十二卷	黄宗羲
411	卷一百九十四集部四十七总集类存目四	续三体唐诗八卷	高士奇
412	卷一百九十四集部四十七总集类存目四	唐诗掞藻八卷	高士奇
413	卷一百九十四集部四十七总集类存目四	明文远无卷数	徐文驹
414	卷一百九十四集部四十七总集类存目四	续姚江逸诗十二卷	倪继宗
415	卷一百九十六集部四十九诗文评类二	金石要例一卷	黄宗羲
416	卷一百九十七集部五十诗文评类存目	深雪偶谈一卷	方岳
417	卷一百九十八集部五十一词曲类一	于湖词三卷	张孝祥
418	卷一百九十九集部五十二词曲类二	梦窗稿四卷补遗一卷	吴文英
419	卷二百集部五十三词曲类存目	张小山小令二卷	张可久

王应麟研究文献目录

文 | 陈东辉 乐靓 甘露（浙江大学汉语史研究中心）

王应麟（1223—1296），字伯厚，又号厚斋，归隐后改号深宁居士，庆元府鄞县（今浙江省宁波市）人。王应麟乃南宋著名学者和教育家、政治家，学识博洽，精于考证，著述宏富，堪称宋代浙学的代表性学者之一。

为总结关于王应麟（含王应麟的著述，如《三字经》《困学纪闻》《玉海》《汉制考》《汉艺文志考证》《诗考》《诗地理考》《通鉴地理通释》《通鉴答问》《姓氏急就篇》《小学绀珠》《词（辞）学指南》《六经天文编》等）研究成果，给研究者提供资料检索便利，特编纂本目录。

本目录收录中国内地、香港、台湾以及日本、美国、德国等国刊布的相关研究文献近800篇（种、条），时间下限为2021年12月（个别论著系2022年1月后刊布）。本目录中所涉及中国香港、台湾地区出版单位和报刊名称中如无香港、台湾之名，则在出版单位和报刊名称之前分别加上香港、台湾。国外的出版单位和报刊名称中如无国名，则在出版单位和报刊名称之前分别加上国名（如日本、美国、德国）。本目录分为著作、学位论文、著作和学位论文中的相关部分、报刊和文集文章四部分。各部分分别按论著发表之时间先后为序排列，其中同一年份论著之排序不再严格依照时间先后，而是酌情而定。对于著作中的论文集，列出该论文集中所收录的相关文章的具体名称及作者。硕博士学位论文日益增多，已成为学术研究论著的重要组成部分，不容忽视。对于报刊和文集文章，除了专门研究王应麟之文章均予收录外，如该文章中有较多内容涉及王应麟，也酌情予以收录。会议论文也归入报刊和文集文章中，仅收录未在报刊和文集发表者。对于相关著作，如有不同版本，依时间顺序分别列出（如个别著作版本过多，则列出主要版本）。著作和硕博士学位论文中的相关部分，给本目录的编纂增加了不少工作量，并且增加了难度，但这也是本目录的重要特色，可以给读者提供尽可能多的信息。

本目录对于研究文献的界定较为宽泛，一些学术性并不很强的著作和文章（含内部出版物）亦予收录，目的是为了给读者提供更多的信息和线索。同时，考虑到对于某一位学者学术成就之研究往往不是孤立的，而需要对其生平经历有全方位的了解，因此本目录所收录的关于王应麟的研究文献，并不仅限于关于王应麟在学术领域之成就的研究文献，而是涉及王应麟所有方面的研究文献。

一、著作

1. （清）陈仅纂辑，（清）张恕编次：《王深宁先生年谱》，清道光九年（1829）叶氏紫藤花馆刻本，清道光二十五年（1845）四明继雅堂刻本，民国五年（1916）铅印本。又见张寿镛辑：《四明丛书》第1集，民国二十一年（1932）四明张氏约园刻本，广陵书社1981年版。又见《丛书集成续编》第36册，上海书店出版社1994年版。
2. （清）张大昌：《王深宁先生年谱》，清光绪九至十六年（1883—1890）浙江书局刻本，民国五年（1916）铅印本。又见张寿镛辑：

《四明丛书》第 1 集，民国二十一年（1932）四明张氏约园刻本，广陵书社 1981 年版。又见《丛书集成续编》第 36 册，上海书店出版社 1994 年版。

3. （清）钱大昕：《深宁先生年谱》，载张寿镛辑：《四明丛书》第 1 集，民国二十一年（1932）四明张氏约园刻本，广陵书社 1981 年版。又见陈文和主编：《嘉定钱大昕全集》第 4 册（书名为《王深宁先生年谱》），江苏古籍出版社 1997 年版，凤凰出版社 2016 年增订版。
4. 许光明：《王应麟研究》，台湾文史哲出版社 1975 年版。
5. 庄谦一：《王厚斋学术及其著述考》，台湾文史哲出版社 1978 年版。
6. 陈仕华：《王伯厚及其玉海艺文部研究》，台湾商务印书馆 1993 年版。
7. [德] 苏费翔（Christian Soffel）：《一位博学者所理解的故国终结 —— 王应麟〈困学纪闻〉之分析》，载《中国思想和文学之研究》3，德国 Harrassowit 出版社 2004 年版。该书是在著者的博士学位论文（德国慕尼黑大学亚洲学院汉学系，2000 年）之基础上修订而成。
8. 毛增印译：《三字经与中国民俗画》（英汉对照），五洲传播出版社 2005 年版。
9. 刘宏毅：《刘宏毅博士三字经讲记》，海南出版社 2007 年版。
10. 宁波市鄞州区政协文史资料委员会编：《蒙学之冠 ——〈三字经〉及其作者王应麟》，宁波出版社 2007 年版。
11. 郑传杰、郑昕：《宋儒王应麟》，宁波出版社 2009 年版。
12. 傅璇琮、施孝峰主编：《王应麟学术讨论集》，清华大学出版社 2009 年版。

13. 钱文忠:《钱文忠解读〈三字经〉》,中国民主法制出版社2009年版,中国盲文出版社2013年版,上海三联书店2013年版,青岛出版社2014年版,浙江文艺出版社2014年版,长江文艺出版社2015年版,中国民主法制出版社2017年版。
14. 张保见校注:《通鉴地理通释校注》,四川大学出版社2009年版。
15. 张保见校注:《诗地理考校注》,四川大学出版社2009年版。
16. 林素芬:《博识以致用——王应麟学术的再评价》,载林庆彰主编:《中国学术思想研究辑刊》第三编第17册,台湾花木兰文化出版社2009年版。该书是在著者的博士学位论文(台湾大学中国文学研究所,1994年)之基础上修订而成。
17. 何泽恒:《王应麟之经史学》,载林庆彰主编:《中国学术思想研究辑刊》第三编第18册,台湾花木兰文化出版社2009年版。该书是在著者的博士学位论文(台湾大学中国文学研究所,1981年)之基础上修订而成。
18. 荆孝敏编,(西)杨丹义译:《三字经与中国民俗画》(汉西对照),五洲传播出版社2010年版。
19. 张骁飞:《王应麟文集研究》,中华书局2011年版。该书是在著者的博士学位论文(中国人民大学中国古代文学专业,2004年)之基础上修订而成。
20. 钱茂伟:《王应麟学术评传》,中华书局2011年版。
21. 钱茂伟:《王应麟与中国传统学术形态嬗变》,中国社会科学出版社2011年版。
22. 傅璇琮、施孝峰主编:《王应麟学术讨论集(2011)》,清华大学出版社2012年版。
23. 杨毅:《王应麟汉代文献研究述论》,世界图书出版广东有限公司2013年版。该书是在著者的博士学位论文(华中师范大学中国古典文献学专业，2010 年）之基础上修订而成。

24. 武秀成、赵庶洋校证：《玉海艺文校证》，凤凰出版社 2013 年版，2017 年修订版。
25. 张三夕、杨毅：《王应麟年谱》，中华书局 2014 年版。
26. 李晶、刘昊博、张维途：《〈三字经〉英译：Glies 与赵彦春平行译本分析》，光明日报出版社 2014 年版。
27. 陈怡编著：《〈三字经〉解析与教学》，东南大学出版社 2017 年版。
28. 狼山石瑛检订疏注：《三字经疏注》，江苏大学出版社 2017 年版。
29. 韩宝林编：《三字经文献汇编》，国家图书馆出版社 2017 年版。
30. 吕金楚、朱华主编：《〈三字经〉真传 —— 王应麟的精神世界》，线装书局 2020 年版。
31. （南宋）王应麟著，邓启铜、诸华注释，卢慧丽导读：《三字经》，长江文艺出版社 2020 年版。
32. 宁波市鄞州区图书馆编，汪行健、汪建中改编，董连元绘：《王应麟故事》，中国美术学院出版社 2021 年版。

二、硕博士学位论文

1. 吕美雀：《王应麟著述考》，台湾大学中国文学研究所硕士学位论文，1972 年。
2. [美] C · 布拉德福 · 兰利（Charles Bradford Lanley）：《王应麟（1223—1296）：宋亡后的政治与学术史研究》（或译为《王应麟：他的时代和他的作品》），美国印第安纳大学博士学位论文，1980 年。
3. 何泽恒：《王应麟之经史学》，台湾大学中国文学研究所博士学位论文,1981 年。

4. 陈仕华:《玉海艺文部研究》,台湾东吴大学中国文学研究所硕士学位论文,1984 年。

5. 曾学文:《王应麟史学研究》,华东师范大学中国史学史专业硕士学位论文,1989 年。

6. 林素芬:《博识以致用 —— 王应麟学术的再评价》,台湾大学中国文学研究所博士学位论文,1994 年。

7. 魏殿金:《略论王应麟的学术成就与特色》,杭州大学中国古代史专业硕士学位论文,1995 年。

8. [德]苏费翔(Christian Soffel):《一位博学者所理解的故国终结 —— 王应麟〈困学纪闻〉之分析》,德国慕尼黑大学亚洲学院汉学系博士学位论文,2000 年。

9. 吴漫:《〈困学纪闻〉研究》,河南大学历史文献学专业硕士学位论文,2003 年。

10. 张骁飞:《王应麟文集研究》,中国人民大学中国古代文学专业博士学位论文,2004 年。

11. 李小茹:《王应麟〈急就篇补注〉及相关问题研究》,西南师范大学中国古典文献学专业硕士学位论文,2005 年。

12. 张红梅:《蒙学读物〈三字经〉评述》,华中师范大学学科教学(历史)硕士专业学位论文,2005 年。

13. 马丽丽:《王应麟考据学初探》,南开大学中国古代史专业硕士学位论文,2006 年。

14. 李铠萍:《王应麟〈辞学指南〉研究》,中山大学中国古代文学专业硕士学位论文,2006 年。

15. 马艳辉:《王应麟学术研究》,广西师范大学中国古典文献学专业硕士学位论文,2006 年。

16. 陈玉娟:《〈三字经〉之儒学思想及其在国小语文教学上之运用》,台湾嘉南药理大学儒学研究所硕士学位论文,2006年。

17. 黄丽娟:《〈玉海〉研究》,南京大学中国古典文献学专业硕士学位论文,2007年。

18. 董航:《王应麟〈诗考〉校笺》,黑龙江大学中国古典文献学专业硕士学位论文,2007年。

19. 周荣:《〈三字经〉译本的阐释学对比研究》,湖南师范大学英语语言文学专业硕士学位论文,2007年。

20. 陈鸿图:《王应麟〈汉艺文志考证〉研究》,香港中文大学哲学系硕士学位论文,2007年。

21. 禹玲:《玉海的流传与校理》,南京大学中国古典文献学专业硕士学位论文,2008年。

22. 杨万兵:《王应麟的学术生涯和目录学成就》,安徽大学历史文献学专业硕士学位论文,2008年。

23. 廖春华:《〈三字经〉语言研究》,重庆师范大学汉语言文字学专业硕士学位论文,2008年。

24. 魏娜:《王应麟〈诗考〉与辑佚研究》,河南大学中国古典文献学专业硕士学位论文,2008年。

25. 林明兴:《台湾地区〈三字经〉及三字经体发展之研究》,台湾嘉义大学中国文学研究所硕士学位论文,2008年。

26. 骆亭妘:《三字经研究》,台湾台北市立教育大学中国语文学系硕士学位论文,2008年。

27. 马丽丽:《王应麟学术思想研究》,南开大学中国古代史专业博士学位论文,2009年。

28. 李凌:《论王应麟的〈诗经〉学成就》,山东大学中国古典文献学专业硕士学位论文,2009年。

29. 石玉:《王应麟〈诗地理考〉研究》,山东大学中国古典文献学专业硕士学位论文,2009年。
30. 刘雪梅:《〈三字经〉汉英翻译策略——异化与归化》,外交学院外国语言学及应用语言学专业硕士学位论文,2009年。
31. 张骁飞:《王应麟文集研究》,中国人民大学中国古代文学专业博士学位论文,2010年。
32. 杨毅:《王应麟汉代文献研究述论》,华中师范大学中国古典文献学专业博士学位论文,2010年。
33. 张绍冬:《王应麟〈诗地理考〉》,山西大学中国古代文学专业硕士学位论文,2010年。
34. 刘圆圆:《〈玉海〉实录问题研究》,上海师范大学史学理论与史学史专业硕士学位论文,2010年。
35. 卢永芳:《古代蒙学教材〈三字经〉研究》,四川师范大学课程与教学论专业硕士学位论文,2010年。
36. 林佩怡:《〈三字经〉之音韵风格》,台湾彰化师范大学国文学系硕士学位论文,2010年。
37. 赵汗青:《〈小学绀珠〉与古代知识的组织和传播》,北京师范大学中国教育史专业博士学位论文,2011年。
38. 肖光伟:《〈玉海〉所引隋唐五代文献研究》,上海师范大学历史文献学专业博士学位论文,2011年。
39. 郭美玲:《玉海研究》,台湾中国文化大学中国文学系博士学位论文,2011年。
40. 吴清:《王应麟蒙学研究》,兰州大学中国古代文学专业硕士学位论文,2011年。
41. 罗洁琼:《〈辞学指南〉研究》,华南师范大学中国古代文学专业硕士学位论文,2011年。

42. 王玉:《“三美”视角下〈三字经〉英译本的比较研究》,大连海事大学英语语言文学专业硕士学位论文,2011 年。

43. 李润鹤:《〈玉海·艺文〉的图书分类法及现代价值研究》,郑州大学历史文献学专业硕士学位论文,2012 年。

44. 李卓林:《〈三字经〉研究》,东北师范大学中国古典文献学专业硕士学位论文,2012 年。

45. 唐灿:《论翟理斯〈三字经〉英译本的翻译伦理观》,中南大学外国语言学及应用语言学专业硕士学位论文,2012 年。

46. 张素月:《功能对等视角下王宝童〈三字经〉英译本研究》,河北师范大学英语语言文学专业硕士学位论文,2012 年。

47. 杨姗:《和刻本〈三字经〉考》,首都师范大学日语语言文学专业硕士学位论文,2012 年。

48. 许玉霞:《〈三字经〉之教育功能及其应用研究》,台湾嘉义大学中国文学研究所硕士学位论文,2012 年。

49. 杨佳媛:《〈玉海·地理门〉文献部分述论——兼论宋代地理文献的发展》,陕西师范大学历史文献学专业硕士学位论文,2013 年。

50. 刘方玉:《王应麟〈困学纪闻〉研究》,哈尔滨师范大学中国古典文献学专业硕士学位论文,2013 年。

51. 马品:《〈三字经〉美学价值在王宝童英译本中的再现研究:翻译美学视角》,湘潭大学英语语言文学专业硕士学位论文,2013 年。

52. 宋玉琴:《翻译美学视角下〈三字经〉英译本对比研究》,西华师范大学翻译硕士专业学位论文,2013 年。

53. 陈雯萍:《〈三字经〉之启蒙价值及其运用》,台湾玄奘大学中国语文学系硕士在职专班硕士学位论文,2013 年。

54. 曹家欣:《王应麟〈词学指南〉研究》,华东师范大学中国古代文学专业博士学位论文,2014 年。

55. 董玉霞:《王应麟〈辞学指南〉散文理论研究》,山西大学中国古代文学专业硕士学位论文,2014 年。

56. 李海阳:《〈三字经〉应用于国际汉语教学的理论依据及教学实践 —— 以泰国董里府卡庞苏琳中学为例》,广西大学汉语国际教育硕士专业学位论文,2014 年。

57. 李会:《英国汉学家翟理斯〈三字经〉编译本研究》,上海师范大学语言学及应用语言学专业硕士学位论文,2014 年。

58. 张素月:《功能对等视角下王宝童〈三字经〉英译本研究》,河北师范大学英语语言文学专业硕士学位论文,2014 年。

59. 李天宇:《翟理斯〈三字经〉重译本研究》,河北大学英语语言文学专业硕士学位论文,2015 年。

60. 陈美吉:《翟理斯英译本〈三字经〉误译分析》,重庆师范大学语言学及应用语言学专业硕士学位论文,2015 年。

61. 李唯:《〈三字经〉与现行人教版小学语文教材的比较研究》,宁夏师范学院学科教育(语文)专业硕士学位论文,2015 年。

62. 韩庚君:《模因论视角下〈三字经〉汉英翻译策略研究》,大连海事大学英语语言文学专业硕士学位论文,2015 年。

63. 连雨:《〈玉海〉音乐史料研究》,河南大学音乐与舞蹈学专业硕士学位论文,2016 年。

64. 彭婵娟:《〈玉海 · 艺文〉所引宋代文献研究》,广西师范大学中国古典文献学专业硕士学位论文,2016 年。

65. 韩兴波:《〈玉海〉与南宋词科考试研究》,重庆师范大学中国古典文献学专业硕士学位论文,2016 年。

66. 于婷:《〈三字经〉英译本比较研究》,内蒙古大学翻译(英语笔译）硕士专业学位论文，2016 年。

67. 韩东方：《中国传统蒙学读物〈三字经〉的对外传播研究》，山西大学汉语国际教育硕士专业学位论文，2016 年。

68. 方姝琦：《中华吟咏经典翻译的韵律音系学研究——以〈三字经〉四个英译本为例》，江苏大学外国语言学及应用语言学专业硕士学位论文，2016 年。

69. 眭燕：《协调理论视角下的〈三字经〉英译本比较研究》，宁夏大学英语语言文学专业硕士学位论文，2016 年。

70. 邓嫣：《功能对等视角下〈三字经〉两个英译本对比研究——以翟理斯和王宝童译本为例》，西南交通大学外国语言学及应用语言学专业硕士学位论文，2016 年。

71. 林秋雅：《幼而学，壮而行——〈三字经〉的生成与传承》，台湾师范大学历史学系硕士学位论文，2016 年。

72. 张雪萌：《王应麟〈困学纪闻·评诗文〉研究》，东北师范大学中国古典文献学专业硕士学位论文，2017 年。

73. 朴孟军：《〈姓氏急就篇〉研究与整理》，东北师范大学中国古典文献学专业硕士学位论文，2017 年。

74. 韩杰会：《〈小学绀珠〉与王应麟童蒙教育思想研究》，西北民族大学中国古代史专业硕士学位论文，2017 年。

75. 罗建锋：《关联翻译理论视角下赵译〈三字经〉中文化缺省现象研究》，郑州大学外国语言学及应用语言学专业硕士学位论文，2017 年。

76. 李金明：《"三美"视角下〈三字经〉两个英译本的对比研究》，河北师范大学外国语言学及应用语言学专业硕士学位论文，2017 年。

77. 马静影：《阐释翻译理论下〈三字经〉英译的译者主体性研究》，

南京航空航天大学英语语言文学专业硕士学位论文,2017 年。
78. 赵清:《〈玉海〉引〈史记〉及注文辑校》,南京师范大学中国古典文献学专业硕士学位论文,2018 年。
79. 王猛:《〈玉海〉中的音乐文献资料研究》,南京师范大学中国音乐史学专业硕士学位论文,2018 年。
80. 胡元洋:《〈玉海 · 音乐〉所载宋代音乐史料考校》,西华师范大学中国古典文献学专业硕士学位论文,2018 年。
81. 彭晶晶:《风格标记理论视角下〈三字经〉英译本对比研究》,深圳大学外国语言文学专业硕士学位论文,2018 年。
82. 黄小艳:《接受美学视角下〈三字经〉译文对比研究》,长江大学外国语言学及应用语言学专业硕士学位论文,2018 年。
83. 杨帆:《〈三字经〉诵读与小学生人文素养的培育研究》,山西大学教育(小学教育)硕士专业学位论文,2018 年。
84. 张丹:《我国古代经典蒙学教材的文化向度研究 —— 以〈三字经〉和〈文龙影鞭〉为例》,延安大学课程与教学论专业硕士学位论文,2018 年。
85. 刘婷:《基于〈三字经〉的小学语文综合性学习活动设计》,海南师范大学教育硕士专业学位论文,2018 年。
86. 宋光耀:《〈三字经〉绘本交互式包装设计》,湖南工业大学艺术(艺术设计)硕士专业学位论文,2018 年。
87. 覃莎莎:《〈三字经〉与〈弟子规〉维译本译法研究》,伊犁师范学院语言学及应用语言学专业硕士学位论文,2018 年。
88. 李月霞:《生态翻译学视阈下〈三字经〉两个英译本的比较研究》,内蒙古大学外国语言学及应用语言学专业硕士学位论文,2019 年。
89. 汪周坤:《〈三字经〉泰国教学实践探索 —— 以 Makkasanpittaya

中学为例》，内蒙古师范大学汉语国际教育硕士专业学位论文，2019 年。

90. 朱丹丹：《评翟理斯和赵彦春的英译〈三字经〉》，华侨大学翻译（英语笔译）硕士专业学位论文，2019 年。

91. 锁子云：《王应麟的文学思想》，河南大学中国古代文学专业硕士学位论文，2020 年。

92. 侯雪琦：《〈三字经故事〉汉英翻译实践报告》，山东大学翻译（英语笔译）硕士专业学位论文，2020 年。

93. 张宇青：《国际传播视野下的〈三字经〉教学研究及案例设计》，湖南大学汉语国际教育硕士专业学位论文，2020 年。

94. 张婧宁：《中国古代蒙学典籍〈三字经〉在西班牙汉语教学中的传播与影响研究》，江苏大学汉语国际教育硕士专业学位论文，2020 年。

95. 叶宝琪：《〈三字经〉教学的个案研究》，上海师范大学教育（小学教育）硕士专业学位论文，2020 年。

96. 胡京京：《跨文化传播视角下〈三字经〉英译研究 —— 以赵彦春译本为例》，杭州电子科技大学英语语言文学专业硕士学位论文，2020 年。

三、著作、硕博论文中相关部分

1. （清）章学诚：《文史通义》卷二内篇二关于王应麟部分，商务印书馆 1926 年版，世界书局 1935 年版，古籍出版社 1956 年版，上海古籍出版社 2015 年版。

2. 郁东明、郑学溥编著：《浙江第一个商埠：宁波》第五章之二《宋代的博学者 —— 王应麟和黄震》，浙江人民出版社 1958 年版。

3. 华文轩:《古典文学研究资料汇编》第1卷关于王应麟部分,中华书局1964年版。
4. 张元:《宋代理学家的历史观》关于王应麟部分,台湾大学历史研究所博士学位论文,1975年。
5. 董金裕:《宋永嘉学派之学术思想》第八章《宋永嘉学派学术思想之影响》关于王应麟部分,台湾政治大学中国文学研究所博士学位论文,1977年。
6. 朱杰勤:《中国古代史学史》第十章第二节《王应麟与其他史学家》,河南人民出版社1980年版。
7. 刘懋君:《两宋文话述评》关于王应麟部分,台湾东吴大学中国文学研究所硕士学位论文,1981年。
8. (元)马泽修,(元)袁桷纂:《[延祐]四明志》卷五《人物考中·应麟》,台湾成文出版社1983年版,宁波出版社2011年版。
9. 徐仲林、熊明安、李定开、张藩编写:《中国教育家传略》中的《王应麟》,云南人民出版社1983年版。
10. 侯外庐、邱汉生、张岂之主编:《宋明理学史》第二编第十一章第六节《吕祖谦的后学王应麟》,人民出版社1984年版,人民出版社1987年版,人民出版社1997年版,人民出版社2001年版,西北大学出版社2018年张岂之修订版。
11. 王重民:《中国目录学史论丛》第三章第八节《郑樵的〈通志·艺文略〉、王应麟的〈玉海·艺文〉和马端临的〈文献通考·经籍考〉》,中华书局1984年版。
12. 阙勋吾主编:《中国古代史学家传记选注》中的《王应麟》,岳麓书社1984年版。
13. 张舜微主编:《中国史学家传》中的《王应麟》,辽宁人民出版社1984年版。

14. 张舜徽主编:《中国古代学者百人传》中的《王应麟》,中国青年出版社 1986 年版。

15. 徐季子、郑学溥、袁元龙:《宁波史话》二之(五)《宋三朝元老王应麟》,浙江人民出版社 1986 年版。

16. 宋鼎宗:《春秋宋学发微》中的《王应麟》,台湾文史哲出版社 1986 年版。

17. 王余光:《中国历史文献学》第二编第五章之二《洪迈与王应麟》,武汉大学出版社 1988 年版。

18. 伍杰编著:《中国古代编辑家小传》之四十九《王应麟编辑〈玉海〉》,中国展望出版社 1988 年版。

19. 罗孟祯:《古典文献学》第二编第三章第十三节《王应麟〈玉海 · 艺文〉》,重庆出版社 1989 年版。

20. 梅季:《古代学者百人传》之五十四《王应麟》,广州文化出版社 1989 年版。

21. 易蒲、李金苓:《汉语修辞学史纲》第六章第二节之六《文天祥、王应麟"修辞立其诚"说》,吉林教育出版社 1989 年版。

22. 金儒宗编著:《志气 · 骨气 · 正气 —— 浙江古代名人故事》中的《南宋大学者王应麟》,浙江少年儿童出版社 1990 年版。

23. 谭其骧:《中国历代地理学家评传》第 2 卷(两宋元明)中的《王应麟》(吴松弟撰),山东教育出版社 1990 年版。

24. (清)黄宗羲著,(清)黄百家辑,(清)全祖望修定:《宋元学案》卷八十五《深宁学案》,载沈善洪主编:《黄宗羲全集》第 6 册,浙江古籍出版社 1992 年版,2005 年版,2012 年版。

25. 吴怀祺:《宋代史学思想史》第九章第一节《〈困学纪闻〉和王应麟的史考、史论》,黄山书社 1992 年版。又见吴怀祺:《中国史学思想通史 · 宋辽金卷》第二编第十章第一节,黄山书社

2002年版。又见吴怀祺:《中国史学思想会通·宋辽金史学思想卷》第二编第十章第一节,福建人民出版社2002年版。

26. 中国学术名著提要·哲学卷编委会编:《中国学术名著提要·哲学卷》中的《困学纪闻·〔南宋〕王应麟》(洪波撰),复旦大学出版社1992年版。又见中国学术名著提要编委会编:《中国学术名著提要·宋辽金元编》,复旦大学出版社2019年版。

27. 日本静嘉堂文库编纂:《静嘉堂文库宋元版图录》关于王应麟部分,日本静嘉堂文库1992年版。

28. 管敏义主编:《浙东学术史》第三章第十节《王应麟及其深宁派传人》,华东师范大学出版社1993年版。

29. 谢励武、王予民:《中国蒙学精华研究》中的《王应麟童蒙教育观——〈三字经〉〈小学绀珠〉的综合教育》,河南大学出版社1993年版。

30. 张富祥:《宋代文献学散论》中的《王应麟与〈困学纪闻〉》,青岛海洋大学出版社1993年版,山东大学出版社2019年增订版。又见张富祥:《宋代文献学研究》第六章,上海古籍出版社2006年版。

31. 李万健:《中国著名目录学家传略》中的《开类书收辑书目之例的王应麟和〈玉海·艺文〉》,书目文献出版社1993年版。

32. 达良:《中华姓氏通书·王姓》第四章《宋明以来王姓的继续发展》中的《一代通儒王应麟家族——鄞县王氏》,海南出版社1993年版。

33. 葛荣晋:《中国实学思想史》上卷第一编第十二章《深宁学派及其实学思想》,首都师范大学出版社1994年版,1996年版。

34. 孙钦善:《中国古文献学史》第五章第八节《王应麟》,中华书局1994年版,中华书局2015年修订版。又见孙钦善:《中国古文献学史简编》,高等教育出版社 2001 年版。

35. 海外太原王氏联谊后援会编:《太原王氏》下编“太原王氏历史名人传 · 宋元”中的《王应麟》,北岳文艺出版社 1994 年版。

36. 贺挺主编:《风流七千年(上)》“古代名人篇”中的《王应麟著〈三字经〉》,宁波出版社 1995 年版。

37. 刘蔚华、赵宗正主编:《中国儒家学术思想史》第四编第三十六章第三节《王应麟及其思想主张》,山东教育出版社 1996 年版。

38. 张家璠、阎崇东主编:《中国古代文献学家研究》中的《王应麟》(布仁图撰),广西师范大学出版社 1996 年版。

39. 阎现章主编:《中国古代编辑家评传》(下)第四编中的《立志做通儒的编辑家王应麟》,河南大学出版社 1996 年版,2007 年版。

40. 张瑞贤、任志英编注:《中华人物传库(宋 · 卷)》中的《王应麟》,华夏出版社 1996 年版。

41. 高路明:《古籍目录与中国古代学术研究》第四章第四节之二《王应麟的〈玉海 · 艺文〉》,江苏古籍出版社 1997 年版。

42. 孙冬虎、李汝雯:《中国地名学史》第四章之五《地名考证的巨匠王应麟》,中国环境科学出版社 1997 年版。

43. 安树芬、彭诗琅主编:《中华教育历程》上卷第三编《五代至元朝时期》“人物风云”中的《儒家学者 —— 王应麟》,光明日报出版社 1997 年版。又见安树芬、彭诗琅主编:《中华教育历程》第 11 卷,远方出版社 2006 年版。

44. 宗廷虎、李金苓:《中国修辞学通史 · 隋唐五代宋金元卷》第三编第一章第三节之二《王应麟》,吉林教育出版社 1998 年版。

45. 钱茂伟:《浙东学术史话》之六《浙东文献考据学 —— 中国朴学的源头活水》中的《朴学鼻祖王应麟》,宁波出版社 1999

年版。
46. 华林甫:《中国地名学源流》第五章第四节《王应麟的地名学贡献》,湖南人民出版社 1999 年版,湖南人民出版社 2002 年第 2 版,人民出版社 2010 年版。
47. 易祖洛:《易祖洛文集》“史学散论”第十章第二节《王应麟与其他史学家》,海南出版社 2001 年版。
48. 汤勤福主编:《中国史学史》第六章第五节《宋辽金元时期的著名史家及重要史著》之十一《王应麟与〈玉海〉》,山西教育出版社 2001 年版。
49. 王永宽、白本松主编:《河南文学史》(古代卷)第五编第二章第四节《王应麟的诗文考评著作》,中州古籍出版社 2002 年版。
50. 李建树、董有华编著:《宁波》之三“地灵人杰,名人辈出”中的《〈三字经〉作者王应麟》,旅游教育出版社 2002 年版。
51. 杨古城、曹厚德:《四明寻踪》中的《同岙寻访王应麟》,宁波出版社 2002 年版。
52. 徐季子、周冠明:《千年月湖》之二“月湖人物”中的《王应麟》,宁波出版社 2002 年版。
53. 刘艳卉:《我国古代蒙学识字教材研究》关于《三字经》部分,河南师范大学课程与教学论(语文)专业硕士学位论文,2002 年。
54. 潘雨廷著,张文江整理:《读易提要》卷五《宋(下)》中的《王应麟〈周易郑康成注〉提要》,上海古籍出版社 2003 年版,2006 年版。又见潘雨廷著,张文江整理:《潘雨廷著作集·读易提要》,上海古籍出版社 2017 年版。
55. 陈叙:《〈诗〉地理学研究》第二章之二《诗地理考》,南京大学中国古代文学专业硕士学位论文,2003 年。
56. 郑宪春:《中国笔记文史》第六章五之(一)《沈括与王应麟的

学术笔记》,湖南大学出版社 2004 年版。
57. 何俊:《南宋儒学建构》第五章第四节《思想的学术化:王柏、金履祥、黄震、王应麟》,上海人民出版社 2004 年版,2013 年版。
58. 吕芹:《全祖望历史文献学研究》第二章《全祖望注释学成就》关于王应麟部分,北京师范大学历史文献学专业硕士学位论文,2004 年。
59. 沈冬梅、范立舟:《浙江通史 · 宋代卷》第九章五之(五)《王应麟的学术成就》,浙江人民出版社 2005 年版。
60. 甘桁:《斋名集观》关于王应麟部分,汉语大词典出版社 2005 年版。
61. 白百伶:《宋元之际朱陆异同论》第四章第一节之一《学为通儒的王应麟》,台湾中国文化大学中国文学研究所硕士学位论文,2005 年。
62. 张富祥:《宋代文献学研究》第九章第三节《王应麟的辑佚工作》,上海古籍出版社 2006 年版。
63. 陈战峰:《宋代〈诗经〉学与理学 —— 关于〈诗经〉学的思想学术史考察》第九章第三节之二《王应麟的〈诗经〉学转向》,陕西人民出版社 2006 年版。又见陈战峰:《宋代〈诗经〉学与理学》,载林庆彰主编:《中国学术思想研究辑刊》第二十编第 7—8 册,台湾花木兰文化出版社 2015 年版。
64. 白寿彝主编,吴怀祺著:《中国史学史》第 4 卷《五代辽宋金元时期:中国古代史学的继续发展》第七章第二节之二《〈困学纪闻〉的史考、史论》,上海人民出版社 2006 年版。
65. 虞浩旭:《智者之香:宁波藏书家藏书楼》中的《王应麟之汲古堂》,宁波出版社 2006 年版。
66. 杨古城、龚国荣:《南宋石雕》上篇之二中的《王应麟墓前石刻》,

宁波出版社 2006 年版。

67. 崔运富主编:《海曙撷英》中的《念书巷、〈三字经〉与王应麟》(王介堂撰),宁波出版社 2006 年版。又见宁波市海曙区档案局、宁波市海曙区文物管理所编:《古城寻贤 —— 海曙之名人与遗迹》,西泠印社出版社 2014 年版。

68. [日]笕文生、野村鲇子:《四库提要南宋五十家研究》关于王应麟部分,日本汲古书院 2006 年版。

69. 王建美:《南宋遗民的史学研究》第三章第二节之三《王应麟网罗文献与史学经世》,南开大学历史理论及史学史专业博士学位论文,2006 年。

70. 傅荣贤:《〈汉书 · 艺文志〉研究源流考》第五章第二节《王应麟〈汉书艺文志考证〉》,黄山书社 2007 年版。

71. 尹海江:《〈汉书 · 艺文志〉研究 —— 以〈六艺略〉为中心》第一章第二节《王应麟的〈汉艺文志考证〉》,浙江大学中国古典文献学专业博士学位论文,2007 年。

72. 杨亮:《宋末元初四明文士与诗文研究 —— 以舒岳祥、戴表元、袁桷为中心》附录《四明文士活动年表》关于王应麟部分,河南大学中国古典文献学专业博士学位论文,2007 年。

73. 简雪玲:《南宋浙东诸子之历史思想》关于王应麟部分,台湾中兴大学历史学研究所博士学位论文,2007 年。

74. 郑天蕙:《宋代蒙书分类研究》第四章第一节《综合性蒙书》之三《三字经》、之四《小学绀珠》、之五《〈千字文〉与〈三字经〉之比较》,台湾辅仁大学中国文学研究所硕士学位论文,2007 年。

75. 方勇:《庄学史略》第四章第九节之四《王应麟的〈庄子逸篇〉》,巴蜀书社 2008 年版。

76. 陈晓兰:《南宋四明地区教育和学术研究》第十章《南宋后期四

明地区的朱学》之四《王应麟》，凤凰出版社 2008 年版。

77. 孙冬虎：《地名史源学概论》第五章第六节《宋元之际王应麟的地名考证》，中国社会出版社 2008 年版。

78. 钱茂伟：《中国传统史学的范型嬗变》中编第十四章《用义理观照历史的〈困学纪闻〉》，黑龙江人民出版社 2009 年版。

79. 蔡克骄、夏诗荷：《浙东史学研究》第三章第三节《王应麟的史学成就》，知识产权出版社 2009 年版。

80. 蔡仁厚：《宋明理学 · 南宋篇》第八章第一节之五《黄东发与王深宁》，吉林出版集团有限责任公司 2009 年版。

81. 钱茂伟：《浙东史学研究评述》第四章之一《王应麟史学研究述评》，海洋出版社 2009 年版。

82. 李磊明主编：《璀璨的文化星空 —— 浙东学术文化名人》中的《博综文献开新风 —— 王应麟的学术成就》，宁波出版社 2009 年版。

83. 张如安等：《鄞县望族》中的《汲古传忠，文献世美 —— 甬上竹林王氏家族》之一《"耀其光彩"的文献大家王应麟》，浙江古籍出版社 2009 年版。

84. 傅璇琮主编，张伟、张如安、邢舒绪著：《宁波通史 · 宋代卷》第五章第四节之一《王应麟的〈玉海〉与〈困学纪闻〉》，宁波出版社 2009 年版。

85. 吴苏林主编：《三字经的教育智慧》第一部分《王应麟的教育思想》、第二部分《〈三字经〉的教育智慧》，新疆青少年出版社 2009 年版。

86. 康怀远主编：《中国传统文化经典导读》第八章第一节之一《〈三字经〉与作者》，中国铁道出版社 2009 年版。

87. 张方平：《我国古代蒙学教材研究》第三章《我国古代蒙学的代

表性教材》之（四）《三字经》，上海师范大学课程与教学论（语文）专业硕士学位论文，2009年。

88. 吕变庭：《南宋科技思想史研究》第五章第一节之三《王应麟科技思想概述》，人民出版社2010年版。

89. 乐爱国：《朱子格物致知论研究》第六章之四《黄震、王应麟、吴澄的格致论》，岳麓书社2010年版。

90. 安树芬、彭诗琅主编：《中华教育通史》第3卷第三编“五代至元朝时期”之“人物风云”中的《儒家学者——王应麟》，京华出版社2010年版。

91. 曾贻芬、崔文印：《中国历史文献学史述要》（增订本）中的《全祖望的史学与“七校”、“三笺”》之三《三笺〈困学纪闻〉》，商务印书馆2010年版。

92. 虞浩旭：《智者之香：宁波名贤名著》中的《王应麟之著述》，宁波出版社2010年版。

93. 宁波市鄞州区地方志编纂委员会编：《国史中的鄞县人》（上册）中的《王应麟》，西泠印社2010年版。

94. 任竞泽：《宋代文体学研究论稿》上编第三章《王应麟〈辞学指南〉暨〈玉海·艺文〉的文体学思想》，商务印书馆2011年版。

95. 曾志华、王明仓主编：《宋史解读》（下）之549《王应麟政绩、著述如何？》，云南教育出版社2011年版。

96. 辜筠芳：《宁波教育史》第一编第四章第四节《高闶、王应麟的教学活动与教育思想》，浙江大学出版社2011年版。

97. 南平市对外文化交流协会、武夷山朱熹研究中心、福建省环球标志文化研究中心编：《朱子文化大典》第三卷第一章第二节二之（四）《王应麟：思想表达方式视阈下的朱子学》，海风出版社2011年版。

98. 杨建新主编:《浙江文化地图》第3册《人文化成·浙江名人文化》中的《王应麟》,浙江摄影出版社2011年版。

99. 陶晓珊:《南宋史学批评研究》关于王应麟部分,北京师范大学史学理论及史学史专业博士学位论文,2011年。

100. 宋祥:《中国古代劝学文研究》关于王应麟部分,东北师范大学中国古代文学专业博士学位论文,2011年。

101. 慈平:《元代历史地理学研究》关于王应麟部分,西北大学历史学专业硕士学位论文,2011年。

102. 曹金发:《辑录体目录史论》第一章第二节之六《王应麟与〈玉海·艺文〉》,黄山书社2012年版。

103. 李致忠:《昌平集》卷八中的《玉海,词学指南,(宋)王应麟撰,元至元六年庆元路儒学刻元明递修本》,上海古籍出版社2012年版。

104. 曾枣庄:《中国古代文体学》上卷《中国古代文体学史》第五章第三节之十一《王应麟〈玉海〉等的文体论》,上海人民出版社、上海书店出版社2012年版。

105. 徐连达:《徐连达评说中国历史的205个细节》第五章中的《王应麟与〈困学纪闻〉》,上海大学出版社2012年版。

106. 宁波市文化广电新闻出版局编:《甬上风华:宁波市非物质文化遗产大观·海曙卷》第一章中的《王应麟与"乱话三千"》,宁波出版社2012年版。

107. 王长红:《宋人笔记所载易学资料述论》上篇第四章《王应麟治易方法与易学思想考论》,山东大学中国古典文献学专业博士学位论文,2012年。

108. 娄璐琦:《南宋四明地区的〈诗经〉学研究》第四章《黄震、王应麟的〈诗经〉研究》,宁波大学中国古代文学专业硕士学位论文,2012年。

109. 吴漫：《学术的体悟与穷究：宋明学术史论稿》中的《王应麟生平及〈困学纪闻〉之撰述》《〈困学纪闻〉版本流传考述》、《王应麟的历史思想》《王应麟的史学思想》《〈困学纪闻〉的注释特点》《〈困学纪闻〉的考据学成就》，大象出版社2013年版。

110. 尹海江：《〈汉书·艺文志〉辑论》上篇中的《〈汉艺文志考证〉版本研究》《〈汉艺文志考证〉的学术价值》，西南交通大学出版社2013年版。

111. 李建军：《宋代浙东文派研究》下编《浙东文派与中国文章学》第八章《浙东文派文话著述考论（下）》第二节《词科学与文化论名著——王应麟〈辞学指南〉》，中华书局2013年版。

112. 张如安：《南宋宁波文化史》第三章第三节《综罗文献，兼取百家：王应麟的史学成就》，浙江大学出版社2013年版。

113. 葛莹莹：《袁桷及其诗论研究》第二章第一节《早年在江南时期的交游》之二《王应麟》，扬州大学中国古典文献学专业硕士学位论文，2013年。

114. 王宁：《国学经典启蒙读物中历史教育问题研究》第五章《历史类国学经典启蒙读物〈三字经〉中体现的历史教育问题研究》，上海师范大学教育学硕士专业学位论文，2013年。

115. 张盛悦：《儿童文学视野下的宋代童蒙读物研究》关于《三字经》部分，华侨大学中国古代文学专业硕士学位论文，2013年。

116. 涂一园：《儿童读经教材与国小低年级教科书生字之比较研究》第二章第三节之贰《三字经》、之伍《"弟、三、百、千"结合的意义》，台湾台中教育大学语文教育学系硕士学位论文，2013年。

117. 李彩霞编著：《心灵独白——长江流域的室名与别号》第三章第一节之二《王应麟：汲古堂——春秋绝笔，瑞应在麟》，长江出版社2014年版。

118. 张露露:《南宋历史地理学研究》第二章第一节之二《〈通鉴地理通释〉与历史地理学》,西北大学历史地理学专业硕士学位论文,2014 年。
119. 崇景:《内藤湖南的中国史学史研究》第四章一之一《对王应麟的重视》,湖南师范大学历史文献学专业硕士学位论文,2014 年。
120. 李志斌:《三家〈诗〉与〈毛诗〉国风地理比较研究》第一章第三节之三《辑佚之作中的三家〈诗〉地理学》关于王应麟部分,西北师范大学中国古典文献学专业硕士学位论文,2014 年。
121. 倪红:《古代五种蒙学著作的用字与声律特征研究》关于王应麟部分,安徽师范大学汉语言文字学专业硕士学位论文,2014 年。
122. 吴根友、孙邦金等:《戴震乾嘉学术与中国文化》第三编第一章第一节之二《三笺〈困学纪闻〉与全祖望的文献考据学训练》,福建教育出版社 2015 年版。
123. 朱斐主编:《话说宁波历史文化》“历史名人与宁波的故事”中的《王应麟与〈三字经〉》,宁波出版社 2015 年版。
124. 中国民间文艺家协会组织编写:《中国民间故事丛书 · 浙江宁波 · 海曙卷》“人物传说”中的《王应麟与“乱话三千”的传说》,知识产权出版社 2015 年版。
125. 文建刚:《陆德明研究史略论》第二章二之(二)《五代宋元学者对陆德明的研究》关于王应麟部分,西华师范大学专门史专业硕士学位论文,2015 年。
126. 李杰:《鄞州本土文化语文校本课程开发和实施的研究》第三章三之一《“王应麟与鄞县”语文实践活动(面向高中)》,鲁东大学学科教学(语文)硕士专业学位论文,2015 年。

127. 杨斐心:《汉字识字教材编写分析研究》第三章《中国古代童蒙书的编写理念与特色》第一节《三字经》,台湾师范大学应用华语文学系硕士学位论文,2015 年。
128. 黄文杰:《书香月湖:江南士人的精神构建与历史流变》之二“月湖学脉”中的《王应麟与深宁学派》,宁波出版社 2016 年版。
129. 姚继荣、姚忆雪:《唐宋历史笔记论丛》之八《南宋历史笔记(下)》中的《王应麟与〈困学纪闻〉》,民族出版社 2016 年版。
130. 韦力:《书魂寻踪:寻访藏书家之墓》中的《王应麟墓》,国家图书馆出版社 2016 年版。
131. 姬美华:《宋代辑佚活动考述》第四章第二节《宋理宗时期(1225—1264)》关于王应麟部分,河北师范大学中国古典文献学专业硕士学位论文,2016 年。
132. 陈璐:《〈急就篇〉研究》第二章之一《王应麟注释〈急就篇〉引书目录考》,哈尔滨师范大学历史文献学专业硕士学位论文,2016 年。
133. 姜海军:《宋代浙东学派经学思想研究》第六章《宋元之际王应麟“集诸儒之大成”之经学》,齐鲁书社 2017 年版。
134. 宋洪兵:《韩学源流》第五章第四节之三《晁公武、高似孙、黄震、王应麟的“韩非论”》,法律出版社 2017 年版。
135. 陈红彦主编:《善本古籍掌故(二)》中的《元泰定二年庆元路儒学刻本〈困学纪闻〉》(陈红彦撰),上海远东出版社 2017 年版。
136. 罗志欢:《中国丛书综录选注》“汇编 · 独撰类”中的《玉海(又名王氏玉海)》,齐鲁书社 2017 年版。
137. 苏金侠:《汉代至宋代文献辨伪的发展》第五章第三节之二《王应麟的文献辨伪》,山东大学中国古典文献学专业博士学位论文,2017 年。

138. 潘磊:《南宋笔记中的诗文批评研究》关于王应麟部分,南京师范大学中国古代文学专业硕士学位论文,2017 年。

139. 管琴:《词科与南宋文学》第六章《〈词学指南〉与南宋后期的文章学观念》,北京大学出版社 2018 年版。

140. 光正(杨燚锋):《写给孩子的宁波历史故事》中的《大儒王应麟》,宁波出版社 2018 年版。

141. 徐璐莹:《宋元时期四明朱子学研究》第四章第二节《兼取诸家 —— 王应麟》,宁波大学中国史专业硕士学位论文,2018 年。

142. 宁波市鄞州区政协文史资料委员会编:《鄞州百人》上卷中的《一代鸿儒王应麟》(张骁飞撰),宁波出版社 2019 年版。

143. 何俊、李亭蔚:《成圣成贤》(十万个为什么 · 中华传统文化)之 136《为什么王应麟隐居二十载,所有著作只写甲子不写年号?》,浙江少年儿童出版社 2019 年版。

144.《国家图书馆宋元善本图录》编纂出版委员会编《国家图书馆宋元善本图录》第 6 册关于《通鉴地理通释》部分、第 9 册关于《六经天文编》部分,浙江古籍出版社 2019 年版。

145. 霍忠凯:《朱右曾〈诗地理征〉研究》第二章第二节《〈诗地理征〉对前代书籍体例的借鉴》关于王应麟部分,河北师范大学中国古代文学专业硕士学位论文,2019 年。

146. 邱凯莉:《宋代蒙学类书叙录与研究》第二章《宋代蒙学类书叙录》关于王应麟部分,西华师范大学历史文献学专业硕士学位论文,2019 年。

147. 陈梦圆:《传统蒙学理论背景下的小学语文识字教学研究》第一章第二节中的《古代经典识字教材 ——〈三字经〉》,云南师范大学课程与教学论(语文)专业硕士学位论文,2019 年。

148. 孙静、屠应超、陈可伟主编:《义乡鄞州》中的《王应麟:为国尽忠的一代硕儒》,宁波出版社2020年版。

149. 谢俊杰:《目录学视域下的宋代算书研究》第二章二之(三)《算书入小学类》关于王应麟部分,东北师范大学中国古典文献学专业硕士学位论文,2021年。

四、报刊和文集中部分

1. 许钧煊:《王应麟传》,《更生评论》1937年第12期。
2. [日]宇都宫:《〈杂录〉王应麟の政术观》,日本《东洋史研究》第5卷第1号,1939年10月。
3. 周法高:《汉堂读书记——焦循王先谦失引困学纪闻》,台湾《大陆杂志》1955年第11期。又见周法高:《中国语文论丛》,台湾正中书局1963年版。
4. 吴南星:《谈"三字经"》,《前线》1962年第1期。
5. 王重民:《王应麟的〈玉海·艺文〉》,《学术月刊》1964年第1期。
6. 吴子我:《试编新〈三字经〉》,台湾《训育研究》1967年第3期。
7. 张克明:《识文天祥于试卷中的王应麟》,台湾《中原文献》1970年第5期。
8. 吕美雀:《王应麟著述考》,台湾《故宫图书月刊》第3卷第1、2期,1972年。
9. [日]村上嘉英:《三字经について》,日本《天理大学学报》第23卷第5号,1972年3月。
10. 易仁森、张艮玉、汪新平:《〈三字经〉是什么货色》,《武汉大学学报》(哲学社会科学版)1974年第3期。
11. 南京师院工人理论骨干学习班、南京师范学院学生会(筹)大批判组:《〈三字经〉——孔孟复辟之道的"启蒙经"》,《南京师院学报》(社会科学版)1974 年第 4 期。

12. [日]斋藤秋男:《「三字经」今昔谈》,《アジア经济旬报》1974 年 9 月。

13. [日]斋藤秋男:《中国革命のなかの“启蒙读物”——「三字经」の继承と批判,“旧形式 · 新内容”をめぐって》,日本《专修人文论集》第 17 号,1976 年 6 月。

14. 甲凯:《王应麟〈困学纪闻〉》,台湾《中央月刊》1978 年第 10 期。

15. 钱穆:《王深宁学述》,载钱穆:《中国学术思想史论丛》(六),台湾东大图书公司 1978 年版,安徽教育出版社 2004 年版,生活 · 读书 · 新知三联书店 2009 年版,九州出版社 2011 年版。

16. 林天蔚:《从〈困学纪闻〉看王应麟史学》,香港珠海书院与新亚研究所合办的“宋史研讨会”论文,1981 年。

17. 林政华:《三字经详注易读》,台湾《国民教育》1982 年第 1 期。

18. 黄绍祖:《缩写本〈百科全书〉——〈三字经〉:兼论文化的意义,并建议教育部列为国小一年级国语教科书》,台湾《孔孟月刊》1982 年第 9 期。

19. 王文华:《王应麟辑佚书问题》,《史学史研究》1983 年第 1 期。

20. 陈光贻:《辑佚学的起源,发展和工作要点》,《史学史研究》1983 年第 1 期。

21. 许成章:《〈三字经〉考》,台湾《台湾文艺》1983 年 1 月号。

22. 乔衍琯:《玉海艺文部述略》,台湾《“中央图书馆”馆刊》新第 16 卷第 2 期,1983 年 12 月。

23. 梁亦佳:《浅谈王应麟的〈玉海〉》,《河南图书馆学刊》1984 年第 4 期。

24. 孙常叙:《扬州焦氏读〈诗地理考〉札记》(选载),《古籍整理研究学刊》1985 年第 2 期。

25. 丁志安:《〈玉海〉板刻及明、清修补考》,《文献》1986 年第 3 期。
26. 王文华:《王应麟及其〈困学纪闻〉》,《史学史研究》1986 年第 4 期。
27. 杨武泉:《民族史词语释引辨误二题》,《中南民族学院学报》(社会科学版)1987 年第 4 期。
28. 朱仲玉:《试论南宋浙东史学》,《浙江学刊》1988 年第 1 期。
29. 周子来、罗忼烈:《关于〈话柳永〉的学术通信》,《社会科学战线》1988 年第 3 期。
30. 王更生:《王应麟和辛处信〈文心雕龙注〉关系之研究》,载中国古典文学研究会主编:《文心雕龙综论》(以文心雕龙为中心的中国文学批评研讨会论文集),台湾学生书局 1988 年版。
31. 虞万里:《王应麟与〈玉海〉》,上海书店《古旧书讯》1989 年第 6 期。
32. 史树青:《王应麟跋文天祥书谢昌元〈座右辞〉书后》,《文物天地》1990 年第 4 期。又见史树青:《书画鉴真》,北京燕山出版社 1996 年版,2009 年第 2 版。又见《浙东文化》1997 年第 1 期。
33. 王文华:《王应麟辑佚书问题》,载张舜徽主编:《中国历史文献研究(三)》,华中师范大学出版社 1990 年版。
34. 杨正泰:《王应麟与〈通鉴地理通释〉》,载复旦大学中国历史地理研究所编:《历史地理研究(2)》,复旦大学出版社 1990 年版。
35. 李永忠:《王应麟书目著作评述》,《山东图书馆季刊》1991 年第 3 期。
36. 魏殿金:《王应麟学风简论》,载曲阜师范大学历史系编:《史学论集》,吉林大学出版社 1991 年版。
37. 王德毅:《王应麟的〈玉海〉之研究》,载邓广铭、漆侠主编:《国际宋史研讨会论文选集》,河北大学出版社 1992 年版。又见台湾《中国历史学会集刊》第 24 期,1992 年。

38. 顾顺莲:《中日对照〈三字经〉》,日本《神户学院大学人文学部纪要》第 5 号,1992 年 10 月。

39. [日]吉田寅:《「三字经」と入华宣教师の中国语布教书》,日本《立正史学》第 73 号,1993 年 3 月。

40. 张祝平:《王应麟〈诗考〉版本源流厘正》,《南通师专学报》(社会科学版)1994 年第 2 期。

41. 邱学青:《传统蒙书〈三字经〉》,《教育史研究》1994 年第 2 期。

42. 朱淳良:《儒家伦理思想与〈三字经〉的道德教育》,《高等师范教育研究》1994 年第 35 期。

43. [日]吉田寅:《「三字经」と入华宣教师の中国语布教书》,日本《立正大学东洋史论集》第 7 号,1994 年 3 月。

44. 刘宏起:《〈三字经〉简论》,《江苏教育学院学报》1995 年第 1 期。

45. 陆林:《漫话〈三字经〉》,《中国典籍与文化》1995 年第 1 期。

46. 魏殿金、杨渭生:《论王应麟的学术成就及其特点》,《浙江学刊》1995 年第 3 期。

47. 陈清岚:《〈三字经〉的教育思想及实现意义》,《川东学刊》(高教研究专号)1995 年第 5 期。

48. 张子开:《〈三字经〉成书年代小考》,《文史知识》1995 年第 8 期。

49. 顾顺莲、朱纯良:《「三字经」の道德教育における儒教的伦理思想》,日本《神户学院大学人文学部纪要》第 10 号,1995 年 3 月。

50. [日]吉田寅:《〈共同研究(B)中间报告〉中国の儿童教科书「三字经」の成立と发展(平成 6 年度定例会发表要旨)》,日本《立正大学人文科学研究所年报》,1995 年 3 月。

51. 欧阳光:《也谈〈三字经〉的成书年代》,《文史知识》1996 年第

2 期。
52. 刘凌如:《儿童启蒙的好教材——三字经》,《微电脑传真杂志》1996 年第 2 期。
53. 佳心仪:《王应麟及其〈三字经〉》,《宁波日报》1996 年 11 月 27 日。
54. 蒋秋华:《王应麟的〈诗经〉学》,《开封大学学报》1997 年第 1 期。
55. 王孟武:《请赋予三字经新生命》,《中国语文》1997 年第 4 期。
56. 布仁图:《筚路蓝缕开前人之所未开:谈王应麟在文献学方面的贡献和成就》,《内蒙古社会科学》(文史哲版)1997 年第 5 期。
57. 朱芙蓉:《〈三字经〉教育思想初探》,《邵阳师专学报》1997 年第 6 期。
58. 俞信芳:《略论王应麟的学术成就》,台湾《浙江月刊》1997 年第 6 期。
59. 张元:《试析王应麟的历史思想》,台湾《清华学报》新 27 卷第 3 期,1997 年 9 月。
60. 常惠雯:《试诠三字经的教育思想》,台湾《教育文粹》第 26 期,1997 年。
61. 徐清华、徐有富:《王应麟与〈玉海·艺文〉》,载来新夏、徐建华主编:《古典目录学研究》,天津古籍出版社 1997 年版。
62. 王双怀:《中国历史地理文献的类型及其特点》,《历史教学》1998 年第 10 期。
63. 张祝平:《"三家诗"辑佚研究的重要系列著作——〈诗考〉及其增校系列著作学术及版本源流考述》,载中国诗经学会编:《第三届诗经国际学术研讨会论文集》,香港天马图书有限公司 1998 年版。
64. 张显传:《也从〈三字经〉说到历史教育》,《史学史研究》1999

年第 1 期。
65. 梁其姿:《〈三字经〉里历史时间的问题》,载黄应贵主编:《时间、历史与记忆》(时间、历史与记忆学术研讨会),台湾“中央研究院”民族学研究所 1999 年版。
66. 张献文:《〈困学纪闻〉简介》,《档案天地》2000 年第 1 期。
67. 蔡若莲:《〈三字经〉与汉字识字教材》,《淮阴师范学院学报》(哲学社会科学版)2000 年第 2 期。
68. 蔡若莲:《古代识字教材〈三字经〉之研究》,《河北师范大学学报》2000 年第 3 期。
69. 朱芙蓉:《〈三字经〉的教育思想》,《湘湖论坛》2000 年第 3 期。
70. 林彩珍、陈丽娜、蔡玉仙:《〈三字经〉蠡探》,《语文教育通讯》2000 年第 20 期。
71. [日]井出静:《新旧〈三字经〉考》,日本《青山国际政经论集》第 49 号,2000 年 3 月。
72. 唐燮军:《论王应麟的蒙学》,《宁波大学学报》(教育科学版)2001 年第 2 期。
73. 周冠明:《王应麟题谢昌元〈座右自警辞〉跋探微》,《浙东文化》2001 年第 1 期。
74. [日]片野英一:《『三字经』类型本に关する基础的考察》,日本《アジア教育史研究》第 10 号,2001 年 3 月。
75. 汪春泓:《王应麟与〈文心雕龙〉》,《中国典籍与文化》2002 年第 2 期。
76. [日]片野英一:《朝鲜版『三字经』について——『真理便读三字经』と『新刊三字经』》,日本《アジア文化研究》第 9 号,2002 年 6 月。
77. [日]片野英一:《东アジアにおける『三字经』の普及に关する

一考察：その变迁を地域别に辿って》，日本《日本の教育史学：教育史学会纪要》第45号，2002年。
78. [日]鹤岛俊一郎：《东洋の学艺:『三字经』の江户期版本について》，日本《东洋文化》第89号，2002年9月。
79. [日]玉城要：《〈三字经〉译注》，日本《作新国文》第14号，2002年。
80. 徐季子：《王应麟》，载徐季子：《徐季子文选》，宁波出版社2002版。
81. 史秀娟：《〈三字经〉对儒家教育思想的体现》，《邢台学院学报》2003年第4期。
82. 孔妮妮：《论南宋后期的学术发展趋势》，《阜阳师范学院学报》（社会科学版）2003年第5期。
83. 蔡育婷：《浅析古代启蒙教材〈三字经〉的现代教育价值》，《福建教育学院学报》2003年第8期。
84. 佚名：《到底谁写了〈三字经〉》，《百姓》2003年第12期。
85. 孔维勤：《三字经是对话不是训话》，台湾《经典与人文》第1期（创刊号），2003年10月。
86. 宋伊霈：《〈三字经〉与儿童文学》，台湾《东吴中文研究集刊》第10期，2003年。
87. 贺广如：《冯登府的三家〈诗〉辑佚学》，台湾《中国文哲研究集刊》第23期，2003年9月。
88. 江干益：《博学深通的南宋思想家王应麟》，台湾中兴大学《博学》第1期，2003年。
89. [日]片野英一：《资料绍介：传王应麟撰『三字经』要译》，日本《アジア文化研究》第10号，2003年6月。
90. [日]片野英一：《十九世纪入华米英人が见た中国の传统的识字

教科书 ——Bridgman と Giles の『三字经』英译书を手がかりに》,日本《アジア文化》第 26 号,2003 年 9 月。
91. 周冠明:《一代硕儒王应麟》,《宁波通讯》2004 年第 1 期。
92. 方如金、陈欣:《王应麟的考据学理论及其对清代的影响》,《安徽师范大学学报》(人文社会科学版)2004 年第 2 期。又见方如金:《宋代两浙经济文化史论:兼及浙江古代经济文化研究》,河北大学出版社 2019 年版。
93. 王世萍:《简论〈三字经〉中教育的哲学意蕴》,《东疆学刊》2004 年第 2 期。
94. 陈永起:《〈三字经〉版本情况》,《教育研究》2004 年第 2 期。
95. 曾广开:《〈三字经〉的文化精神》,《湖北大学成人教育学院学报》2004 年第 3 期。
96. 吴漫:《从〈困学纪闻〉看王应麟的历史思想》,《史学理论研究》2004 年第 4 期。
97. 吴漫:《论王应麟〈困学纪闻〉的文献学价值》,《图书与情报》2004 年第 5 期。
98. [日]鹤岛俊一郎、董明:《〈三字经〉在日本的流传和日本的〈本朝三字经〉》,《北京师范大学学报》(社会科学版)2004 年第 4 期。
99. 李良品:《〈三字经〉的成书过程与作者归属考略》,《社会科学家》2004 年第 5 期。
100. 贺广如:《范家相〈三家诗拾遗〉及其相关问题》,台湾《汉学研究》第 22 卷第 2 期,2004 年 12 月。
101. 邓美玲:《用〈西游记〉讲〈三字经〉》,台湾《经典与人文》第 3 期,2004 年。
102. 王旭:《浅谈〈三字经〉在教育史上的地位》,《理论界》2005 年第 1 期。

103. 李良品:《〈三字经〉的作者究竟是谁》,《文史杂志》2005 年第 1 期。
104. 苏晓君:《约园善本〈困学纪闻〉考》,《中国典籍与文化》2005 年第 2 期。
105. 武利红:《王应麟与图书编撰学》,《山东图书馆季刊》2005 年第 3 期。
106. 张国银:《古代蒙学中的历史教育——以〈三字经〉的变迁为例》,《文山师范高等专科学校学报》2005 年第 3 期。
107. 赵茂林:《宋代疑经思潮与三家〈诗〉的辑佚》,《云梦学刊》2005 年第 6 期。
108. 于春秋:《浅谈识字教材"三、百、千"》,《达县师专学报》2005 年第 6 期。
109.[日]近藤一成:《宋代科举社会的形成——以明州庆元府为例》,《厦门大学学报》(哲学社会科学版)2005 年第 6 期。
110. [日]玉城要:《『三字经』を教材として用いた汉文の授业》,日本《作新学院大学人间文化学部纪要》第 3 号,2005 年 3 月。
111.[日]片野英一:《东洋の学艺:十九世纪入华欧米人による『三字经』英译について——Morrison Bridgman Giles Eitel の「序文」に着目して》,日本《东洋文化》第 94 号,2005 年 4 月。
112. [日]片野英一:《光复直后の台湾で刊行された『三字经』》,日本《比较文化研究》第 71 号,2005 年 12 月。
113. [德]苏费翔(Christian Soffel):《14 世纪初的出版奇迹:袁桷〈困学纪闻〉前言》,美国《宋元研究杂志》总第 35 期,2005 年。
114. 戴扬本:《〈玉海〉卷一八二"沈义伦任京西转运使"之说更论》,《中国史研究》2006 年第 1 期。
115. 展龙、吴漫:《〈困学纪闻〉版本流传考述》,《图书馆工作与研究》

2006 年第 1 期。
116. 李健明:《〈三字经〉作者考》,《图书馆论坛》2006 年第 1 期。
117. 陈叙:《诗地理考》(简介),《南京师范大学文学院学报》2006 年第 2 期。
118. 朱振武:《翻译活动就是要有文化自觉 —— 从赵彦春译〈三字经〉谈起》,《外语教学》2006 年第 5 期。
119. 徐梓:《〈三字经〉的渊源》,《报刊荟萃》2006 年第 11 期。
120. 许逸亭:《亲师生共学的教室 —— 我们都小看了〈三字经〉》,台湾《经典与人文》第 14 期,2006 年。
121. [日]千叶谦悟:《纳玻里中华书院藏版『三字经』について(中国の地域言语とテキスト)》,日本《中国古籍文化研究》第 4 号,2006 年 3 月。
122. [德]苏费翔(Christian Soffel):《南宋末儒家对异族侵犯的态度 —— 王应麟与蒙古人》,载张希清主编:《10—13 世纪中国文化的碰撞与融合》,上海人民出版社 2006 年版。
123. [德]苏费翔(Christian Soffel):《试论王应麟史学方法与历史背景》,载蒋秋华、冯晓庭主编:《宋代经学国际研讨会论文集》,台湾“中央研究院”中国文哲研究所 2006 年版。
124. 林嵩:《南宋〈通鉴〉注考论》,《古代文明》2007 年第 1 期。
125. 刘从义:《〈三字经〉〈弟子规〉—— 最好的蒙学教材》,《吕梁教育学院学报》2007 年第 2 期。
126. 杨古城:《宁波学术界纪念“王应麟与〈三字经〉”活动摘要》,《中共宁波市委党校学报》2007 年第 2 期。
127. 吴漫:《王应麟〈困学纪闻〉的史学思想》,《史学史研究》2007 年第 3 期。
128. 郑霖:《〈三字经〉中儒家教育思想的哲学意蕴》,《宁波工程学院学报》2007 年第 3 期。
129. 阿钟:《“〈三字经〉作者讨论会”在粤举行》,《广东社会科学》2007 年第 3 期。
130. 李刚:《从〈困学纪闻〉看王应麟的经学特点》,《四川文理学院学报》2007 年第 4 期。
131. 杨万兵:《王应麟〈汉书艺文志考证〉的文献学贡献》,《安庆师范学院学报(社会科学版)》2007 年第 4 期。
132. 吴光:《〈三字经〉的作者及文化意义管见》,《中共宁波市委党校学报》2007 年第 4 期。
133. 乐爱国:《王应麟著述中的科教学术思想探析》,《中共宁波市委党校学报》2007 年第 4 期。
134. 王殿卿:《〈三字经〉传承文化生命的载体》,《中共宁波市委党校学报》2007 年第 4 期。
135. 宁波市行政学院浙东学术所:《关于〈三字经〉的历史流传及其当代人文价值的研讨》,《中共宁波市委党校学报》2007 年第 4 期。
136. 戴松岳:《宋代鸿儒王应麟》,《中共宁波市委党校学报》2007 年第 5 期。
137. 赵宣:《简论〈玉海·艺文〉中主题目录的新方向》,《图书情报工作》2007 年第 8 期。
138. 李健明:《〈三字经〉作者细考》,《学术研究》2007 年第 8 期
139. 赵宣:《〈文献通考·经籍考〉与〈玉海·艺文〉“互见”法比较》,《图书馆理论与实践》2007 年第 8 期。
140. 伍星宇:《〈三字经〉在俄国》,《学术研究》2007 年第 8 期。
141. 郭长华:《从“三、百、千”看蒙学识字教材的科学价值》,《寻根》2007 年第 11 期。

142. 宁仁:《王应麟撰写〈三字经〉》,《海上宁波人》2007 年增刊第 1 期《鄞州专辑》。
143. 吴漫:《试论王应麟的文献学成就——以〈困学纪闻〉为例》,载中国历史文献研究会、大连图书馆编:《典籍文化研究》,万卷出版公司 2007 年版。
144. 杨万兵:《王应麟〈困学纪闻〉校勘方法举隅》,载安徽大学学报编辑部:《研究生论坛 2006》(哲学·历史学卷)“考古·文献”部分,安徽大学出版社 2007 年版。
145. 李健明:《王应麟有没有写过〈三字经〉》(上),《珠江商报》2007 年 3 月 31 日。
146. 李健明:《王应麟有没有写过〈三字经〉》(下),《珠江商报》2007 年 4 月 7 日。
147. 李晔:《文化遗产保护出现“抢祖宗”》,《解放日报》2007 年 4 月 19 日。
148. 叶琛琛、白林淼:《〈三字经〉被列入浙江非物质文化遗产名录》,《西部时报》2007 年 4 月 24 日。
149. 胡晴俐、谷晓敏:《〈三字经〉申遗之争谁是谁非》,《中国商报》2007 年 5 月 22 日。
150. 史芸飞、卢豪:《宁波举行王应麟与〈三字经〉学术研讨会》,《光明日报》2007 年 5 月 31 日。
151. 吴海霞:《鄞州深入打造王应麟学术文化品牌》,《鄞州日报》2007 年 6 月 2 日。
152. 柳霞:《为什么要重新修订〈三字经〉》,《光明日报》2007 年 11 月 8 日。
153. 卢豪:《〈蒙学之冠——《三字经》及其作者王应麟〉出版》,《联谊报》2007 年 11 月 29 日。

154. 曾育军、简中东:《70 专家抛出新证据,再辩〈三字经〉归属》,《南方都市报》2007 年 12 月 4 日。
155. 黄金美:《融入生活的古文教学 —— 以〈论语〉、〈三字经〉、〈弟子亲〉为例》,台湾《经典与人文》第 23 期,2007 年。
156. 肖朗、王鸣:《〈三字经〉满、蒙本及仿制本论述》,《浙江大学学报》(人文社会科学版)2008 年第 1 期。
157. 李健明:《〈三字经〉作者区适子》,《顺德职业技术学院学报》2008 年第 1 期。
158. 杨万兵:《〈玉海〉版本流传考述》,《大学图书情报学刊》2008 年第 2 期。
159. 吴漫:《论王应麟〈困学纪闻〉的注释特点》,《河南图书馆学刊》2008 年第 3 期。
160. 张骁飞:《〈困学纪闻〉元刻本考索》,《文史》2008 年第 3 期。
161. 马丽丽:《〈困学纪闻〉元刻本考述》,《古籍整理研究学刊》2008 年第 4 期。
162. 刁卫华:《〈三字经〉与历史教育》,《阜阳师范学院学报》(社会科学版)2008 年第 4 期。
163. 汪萍:《〈三字经〉的文化教育价值》,《长江大学学报》(社会科学版)2008 年第 5 期。
164. 秦晓惠:《三字经典,意味深远 —— 关于小学语文课本中的〈三字经〉的思考》,《现代语文》(教学研究版)2008 年第 6 期。
165. 李健明:《〈三字经〉主要版本内容研究》,《学术研究》2008 年第 8 期。
166. 顾月琴:《古代识字教材的比较 —— 杂字与“三、百、千”的相同之处》,《内蒙古师范大学学报》(教育科学版)2008 年第 9 期。
167. 吴漫:《论王应麟的考据学成就 —— 以〈困学纪闻〉为中心》,

《商丘师范学院学报》2008 年第 10 期。

168. 金建锋、马艳辉:《论王应麟的经学思想》,《商丘师范学院学报》2008 年第 11 期。

169. 徐梓:《〈三字经〉的渊源》,台湾《历史月刊》第 250 期,2008 年 11 月。

170. 徐梓:《〈三字经〉的流传》,台湾《历史月刊》第 251 期,2008 年 12 月。

171. 戴松岳:《一代鸿儒王应麟》,载杜建海、戴松岳主编:《鄞州人文读本》,浙江古籍出版社 2008 年版。

172. 俞信芳:《略论王应麟》,载《鄞州文史》编辑部编:《鄞州文史》第 5 辑,宁波市鄞州区地方文献整理委员会 2008 年编印。

173. 钱茂伟:《文献传播视野下的〈三字经〉作者问题》,载《鄞州文史》编辑部编:《鄞州文史》第 6 辑,宁波市鄞州区地方文献整理委员会 2008 年编印。

174. [日]近藤一成:《黄震墓志と王应麟墓道の语ること—— 宋元交代期の庆元士人社会》,日本早稻田大学东洋史恳话会《史滴》第 30 号,2008 年 12 月。又,[日]近藤一成:《从黄震墓志和王应麟墓道谈起 —— 宋元转换期的庆元士人社会》,载何忠礼主编:《南宋史及南宋都城临安研究(上)》,人民出版社 2009 年版。

175. 陈朝霞、章燕飞:《王应麟学术研究基地在鄞州揭牌》,《宁波日报》2008 年 5 月 7 日。

176. 佚名:《王应麟学术研究引起学界重视》,《光明日报》2008 年 5 月 26 日。

177. 龚延明:《南宋社会文化学家王应麟仕履官衔系年考释》,《国际社会科学杂志》(中文版)2009 年第 2 期。又见龚延明:《中国古代制度史研究》,浙江大学出版社 2013 年版。
178. 张如安:《历史上最早记载《三字经》的文献——〈三字经〉成书于南宋中期新说》,《北京大学学报》(哲学社会科学版)2009 年第 2 期。
179. 刘珺珺:《王应麟的词科学与文学》,《清华大学学报》(哲学社会科学版)2009 年第增 2 期。
180. 邹颖文:《晚清〈三字经〉英译本及耶教仿本〈解元三字经〉概述》,《图书馆论坛》2009 年第 2 期。
181. 张骁飞:《〈困学纪闻〉版本源流考述》,《中国典籍与文化》2009 年第 2 期。
182. 钱茂伟:《由隐居而出仕:王应麟及其后裔在元代的人生轨迹》,《宁波大学学报》(人文科学版)2009 年第 2 期。
183. 陈雪梅:《从〈三字经〉看古籍作者辨伪的主要方法》,《河南图书馆学刊》2009 年第 2 期。
184. 许然、卢莉:《略论〈三字经〉在海内外的传播》,《天中学刊》2009 年第 3 期。
185. 郑志明:《晚清〈三字经〉4 种英译版本特点及翻译特色》,《黎明职业大报》2009 年第 3 期。
186. 刘跃进:《〈玉海·艺文〉的特色及其价值》,《复旦学报》(社会科学版)2009 年第 4 期。人大复印报刊资料《历史学》2009 年第 4 期转载。
187. 钱茂伟:《韩国藏本〈三字经〉》,《文献》2009 年第 4 期。
188. 鞠岩:《〈玉海〉卷一二一"直中书郎"考辨》,《中国典籍与文化》2009 年第 4 期。
189. 赵南:《重温〈三字经〉:我国传统蒙学读物对幼儿园课程编制的启示》,《南京师大学报》(社会科学版)2009 年第 4 期。

190. 范秀娟:《浅谈〈三字经〉的文化价值及现实意义》,《铜陵职业技术学院学报》2009 年第 4 期。

191. 张大强:《三字经语言艺术特点与图形创意》,《民族艺术研究》2009 年第 5 期。

192. 李士奇:《〈三字经〉:传统启蒙教育的典范教材》,《现代语文》(文学研究版)2009 年第 12 期。

193. 傅佩荣:《哲思小品 ——〈三字经〉的第一句》,台湾《明道文艺》2009 年 12 月号。

194. [日]小野泽路子:《和刻本〈三字经〉目录解题》,日本二松学舍大学《日本汉文学研究》第 4 号,2009 年 3 月。

195. [日]白井顺:《三字经と医学 —— 三木荣遗稿》(1),日本《医谭》第 89 号,2009 年 5 月。

196. 白撞雨:《〈三字经〉作者王应麟的〈汉艺文志考证〉》,载白撞雨:《翕居读书录》第 1 册,石油工业出版社 2009 年版。

197. 钱茂伟:《王应麟的历史世界》,载陈荣主编:《浙江文化研究工程概览》(三),浙江大学出版社 2009 年版。

198. 钱茂伟:《明代〈三字经〉研究》,载《鄞州文史》编辑部编:《鄞州文史》第 7 辑,宁波市鄞州区地方文献整理委员会 2009 年编印。

199. 陈小明:《经典在今天有什么妙用? ——〈三字经〉指向孩子成功的基石》,载《福建省辞书学会第五届会员代表大会暨第十九届年会论文集》,福建省辞书学会秘书处 2009 年编印。

200. 王瑞杰:《中国古代的"疑古":以〈困学纪闻〉及〈考信录〉所见西周史考证为例》,载《史学与史识:王尔敏教授八秩嵩寿荣庆学术论文集》,台湾广文书局 2009 年版。

201. 朱军备、钱利娜:《王应麟学术研讨会在鄞州举行 ——14 种

248 卷王应麟著作和〈王应麟年谱〉、〈王应麟传〉等正在整理编撰之中》,《宁波日报》2009 年 3 月 30 日。
202. 佚名:《国破后隐居著述的王应麟》,《鄞州日报》2009 年 8 月 18 日。
203. 张三夕、杨毅:《论王应麟的学术渊源》,《浙江学刊》2010 年第 1 期。
204. 张骁飞:《王应麟〈四明文献集〉整理中的几个问题》,《浙江学刊》2010 年第 1 期。
205. 张骁飞:《南宋四明竹林王氏家族及其文学研究》,《殷都学刊》2010 年第 1 期。
206. 谭建川:《〈三字经〉在日本的流播与演变》,《西南大学学报》(社会科学版)2010 年第 1 期。
207. 马丽娟:《再现〈三字经〉之韵律美 —— 读王宝童先生〈三字经·千字文〉英译本有感》,《学生之友》2010 年第 1 期。
208. 傅璇琮:《〈王应麟著作集成〉总序》,《书品》2010 年第 3 期。又见傅璇琮:《〈王应麟著作集成〉总序》,《清华大学学报》(哲学社会科学版)2011 年第 4 期。又见《燕赵学术》2011 年春之卷。又见傅璇琮:《书林清话》下辑,大象出版社 2015 年版。又见傅璇琮:《中国当代名家学术精品文库:傅璇琮卷》,东北大学出版社 2015 年版。
209. 傅荣贤:《试论王应麟〈汉书艺文志考证〉的〈汉志〉研究得失》,《四川图书馆学报》2010 年第 4 期。
210. 张保见:《王应麟撰著考》,《安康学院学报》2010 年第 4 期。
211. 陈泽清:《巧用三、百、千,蒙童识字易》,《小学教学》(语文版)2010 年第 7 期。
212. 李英:《王应麟与辨伪学》,《魅力中国》2010 年第 11 期。

213. 陈鸿图:《试论王应麟〈汉艺文志考证〉在目录学史的地位》,台湾《书目季刊》第 43 卷第 4 期,2010 年 3 月。

214. 张之杰:《蒙书〈三字经〉、〈幼学琼林〉之科教意涵》,台湾《中华科技史学会学刊》第 15 期,2010 年 12 月。

215. 林素芬:《儒家博学传统中的经世实践——论王应麟学术进境》,台湾《鹅湖月刊》第 426 期,2010 年 12 月。

216. 徐季子:《王应麟的学术品格》,载徐季子:《畅堂文集》,宁波出版社 2010 年版。又见徐季子:《当代名家学术思想文库·徐季子卷》,万卷出版公司 2010 年版。又见徐季子:《季子序文集》,宁波出版社 2015 年版。

217. 龚成:《谒王应麟墓道》,载龚成:《席乡情》,宁波出版社 2010 年版。

218. 崔海波:《拜谒王应麟墓》,载陈佳强主编:《寻觅历史的印痕——宁波市第三次全国文物普查征文选集》,宁波出版社 2010 年版。又见李浙杭主编:《宁波当代作家散文选(二〇〇六—二〇一〇)》中卷,宁波出版社 2010 年版。又见崔纪大、崔海波:《石榴树》,宁波出版社 2012 年版。

219. 包伟民:《略论元初四明儒士的遗民心态》,《中国史研究》2011 年第 1 期。

220. 罗容海:《王应麟〈姓氏急就篇〉宋代姓氏学及姓氏教育》,《寻根》2011 年第 1 期。

221. 任竞泽:《王应麟的文体学思想》,《济南大学学报》(社会科学版)2011 年第 1 期。

222. 任竞泽:《真德秀的文体学思想》,《兰州学刊》2011 年第 2 期。

223. 陈晓兰:《"秋水双莲孕"——王应麟、王应凤兄弟孪生事迹考辨》,《中国典籍与文化》2011 年第 3 期。

224. 曾霞:《诗学视角下的文学典籍翻译——〈三字经〉英译的启示》,《宜宾学院学报》2011 年第 3 期。
225. 张建秀:《〈三字经〉翻译策略选择的跨文化视角研究——〈三字经〉英译的启示》,《宜宾学院学报》2011 年第 3 期。
226. 郑志明:《西方来华传教士与〈三字经〉西传》,《黎明职业大学学报》2011 年第 3 期。
227. 何静:《小议当代经典蒙童读物诵读——对有选择读〈三字经〉的思考》,《文艺生活》(文海艺苑)2011 年第 3 期。
228. 钱茂伟:《从〈困学纪闻〉谈国学与西学》,《国学学刊》2011 年第 3 期。
229. 钱茂伟:《真正的国学大师王应麟》,《宁波经济》(三江论坛)2011 年第 6 期。
230. 傅林祥:《通鉴地理通释》(简介),《清华大学学报》(哲学社会科学版)2011 年第 4 期。
231. 张三夕、杨毅:《〈汉制考〉、〈艺文志考证〉》(简介),《清华大学学报》(哲学社会科学版)2011 年第 4 期。
232. 徐梓、罗容海:《姓氏急就篇》(简介),《清华大学学报》(哲学社会科学版)2011 年第 4 期。
233. 赵汉青、徐梓:《小学绀珠》(简介),《清华大学学报》(哲学社会科学版)2011 年第 4 期。
234. 张骁飞:《四明文献集》(简介),《清华大学学报》(哲学社会科学版)2011 年第 4 期。
235. 王京州:《诗考》(简介),《清华大学学报》(哲学社会科学版)2011 年第 4 期。
236. 江合友:《诗地理考》(简介),《清华大学学报》(哲学社会科学版)2011 年第 4 期。

237. 郑振峰:《周易郑康成注》(简介),《清华大学学报》(哲学社会科学版)2011 年第 4 期。
238. 王京州:《通鉴答问》(简介),《清华大学学报》(哲学社会科学版)2011 年第 4 期。
239. 何林英:《六经天文编》(简介),《清华大学学报》(哲学社会科学版)2011 年第 4 期。
240. 袁传璋:《〈玉海〉征引〈史记正义〉佚文考索——宋人著作征引〈史记正义〉佚文考索之一》,《浙江师范大学学报》(社会科学版)2011 年第 6 期。
241. 赵辉、施建雄:《历史情怀与求真意识:王应麟的历史考证》,《廊坊师范学院学报》(社会科学版)2011 年第 6 期。
242. 许丹:《直掖垣登玉堂——论周必大与王应麟的两种同名作》,《新世纪图书馆》2011 年第 11 期。
243. [日]千叶谦悟:《19 世纪意大利的汉语课本〈三字经〉简介:兼论它的基础方言》,日本《中国语学研究・开篇》第 30 号,2011 年 9 月。
244. 刘亭秀、张仲明:《〈三字经〉的教育心理学思想探析》,载《增强心理学服务社会的意识和功能——中国心理学会成立 90 周年纪念大会暨第十四届全国心理学学术会议论文摘要集》,2011 年 10 月。
245. 俞信芳:《翁元圻注困学纪闻易拾遗——兼与孙通海君校点商兑》,载《宁波市社会科学界第二届学术年会论文集》,2011 年 11 月。
246. 张文胜:《寻访名人——王应麟》,《鄞州日报》2011 年 1 月 27 日。
247. 傅璇琮:《再现王应麟学术体系》,《光明日报》2011 年 4 月 11 日。

248. 郑纯方:《大儒王应麟的人生建树》,《宁波晚报》2011 年 7 月 10 日。
249. 钱茂伟:《从王应麟〈困学纪闻〉看国学》,《社会科学报》2011 年 8 月 18 日。
250. 王水照:《王应麟的“词科”情结与〈辞学指南〉的双重意义》,《社会科学战线》2012 年第 1 期。又见王水照:《走马塘集》,复旦大学出版社 2016 年版。
251. 张保见:《王应麟〈通鉴地理通释〉述评》,《唐山学院学报》2012 年第 2 期。又见程民生主编:《古史新探》,人民出版社 2013 年版。
252. 管琴:《南宋词科取士与制文之体关系论略》,《北京大学学报》(哲学社会科学版)2012 年第 2 期。
253. 张骁飞:《王应麟字号考释》,《中国典籍与文化》2012 年第 2 期。
254. 王长红:《王应麟易学思想研究》,《中州学刊》2012 年第 2 期。
255. 钟雪珂:《〈三字经〉〈千字文〉作为对外汉字教学教材的设想》,《文教资料》2012 年第 2 期。
256. 李香平:《论蒙学教材在青少年教育中的当代价值与理性继承——以〈三字经〉、〈弟子规〉为例》,《中国青年研究》2012 年第 2 期。
257. 王瑞:《学人个案与中国学术形态发展轨迹的相互观照——评〈王应麟与中国传统学术形态嬗变〉》,《宁波大学学报》(人文科学版)2012 年第 4 期。
258. 杨毅:《王应麟〈玉海〉与〈汉艺文志考证〉关系考略》,《图书情报知识》2012 年第 4 期。
259. 曾光光、孟蕴:《〈三字经〉原创作者争论之辨》,《兰台世界》2012 年第 4 期。

260. 刘琼:《女权主义视角下的〈三字经〉》,《现代交际》2012 年第 4 期。
261. 宫丽艳、刘经纬:《〈三字经〉的德育方法论》,《学术交流》2012 年第 5 期。
262. 金源云、李国强:《〈三字经〉社会化思想初探》,《黑河学刊》2012 年第 5 期。
263. 郝甜甜:《〈三字经〉与现代语言启蒙教育》,《文学教育》(中旬刊)2012 年第 7 期。
264. 唐灿、张映先:《论翟理斯的〈三字经〉英译本的翻译伦理观》,《北方文学》2012 年第 8 期。
265. 曹静:《译其形译其意——新批评视角下的〈三字经〉英译对比解读》,《英语广场》2012 年第 10 期。
266. 谭书琼:《文字浅显,意义深远——品读〈三字经〉有感之一》,《魅力中国》2012 年第 29 期。
267. 李莹莹:《教育学视野下的〈三字经〉》,《山西师大学报》(社会科学版)2012 年《研究生论文专刊》。
268. 胡瀚平、阎耀棕:《心学、理学、史学兼综之〈诗〉本义探寻——王应麟〈经〉学试析》,台湾《彰化师大文学院学报》第 5 期,2012 年 3 月。
269. [德]苏费翔(Christian Soffel):《"七体"历代转变与王应麟〈四明七观〉》,台湾《嘉大中文学报》第 7 期,2012 年 3 月。
270. [日]西尾和子:《北宋期における『太平广记』の受容形态:『玉海』太平广记条に见る王应麟自注の检证を中心に》,日本京都府立大学国中文学会《和汉语文研究》第 10 号,2012 年 11 月。
271. 张昊远:《钱茂伟著〈王应麟学术评传〉》,载杨共乐主编:《史学理论与史学史学刊》2012 年卷(总第 10 卷),社会科学文献出版社 2012 年版。
272. 马丽丽:《王应麟学术渊源考》,载姜锡东主编:《宋史研究论丛》第 13 辑,河北大学出版社 2012 年版。
273. 王更生:《王应麟和辛处信〈文心雕龙注〉关系之探测》,载李建中主编:《龙学档案》(中国学术档案大系),武汉大学出版社 2012 年版。
274. 盛元龙:《王应麟著三字经图(中国画)》,载沈剑波主编:《古韵新晖:纪念鄞州撤县设区十周年书画作品集》,浙江人民大学出版社 2012 年版。
275. 马丽丽:《王应麟与〈周礼〉》,载《中国古典文献学丛刊》第 8 卷,香港国际炎黄文化出版社 2012 年版。
276. [韩]朴兴洙:《〈三字经〉的教育特点》,载《第三届汉字与汉字教育国际研讨会论文集》,2012 年 8 月。
277. 徐梓:《〈三字经〉作者考》,载《中国教育学会教育史分会第十三届学术年会论文集》,2012 年 10 月。
278. 方列:《〈三字经〉或诞生于庆元》,《现代金报》2012 年 5 月 28 日。
279. 吴建军、范正民、张李杨、吴传城:《〈三字经〉或诞生于庆元》,《处州晚报》2012 年 6 月 1 日。
280. 林存阳、李立民:《溯源观流:王应麟的治学取向与淑世情怀》,《中国社会科学报》2012 年 6 月 29 日。
281. 龚延明:《"千品"解及其他 —— 王应麟〈小学绀珠・职官类〉札记》,《北京联合大学学报》(人文社会科学版)2013 年第 1 期。又见龚延明:《中国古代制度史研究》,浙江大学出版社 2013 年版;载辛薇主编:《南宋史及南宋都城临安研究(续下)》,人民出版社 2013 年版。。
282. 张礼永:《〈三字经〉与理想教科书 —— 九十年前的"三字经"

争论》,《基础教育》2013 年第 1 期。

283. 王莉珺:《中国古代蒙学教材对现代语言教育的启示——以〈三字经〉为例》,《金田》2013 年第 2 期。

284. 宫丽艳、刘经纬:《近年来〈三字经〉研究评述》,《宁波大学学报》(教育科学版)2013 年第 2 期。

285. 程蕾、施建雄:《宋代历史考证学的传承与衍变》,《陕西师范大学学报》(哲学社会科学版)2013 年第 2 期。又见《人文杂志》2013 年第 4 期。

286. 夏睿:《从"三美"视角看〈三字经〉的英译本——以王宝童译本为例》,《剑南文学》(经典教苑)2013 年第 3 期。

287. 张骁飞:《王应凤生卒年考》,《宁波大学学报》(人文科学版)2013 年第 4 期。

288. 赵利光:《宋元文人笔记校补书史三例》,《书法赏评》2013 年第 5 期。

289. 施懿超:《〈辞学指南〉所见之宋代骈文思想》,《柳州师专学报》2013 年第 5 期。

290. 张建秀:《〈三字经〉翻译策略选择的跨文化视角研究——以汉学家翟理斯的英译本为例》,《湖北第二师范学院学报》2013 年第 6 期。

291. 毕凌霄:《我国古代蒙学教材对当今教育的启示——以〈三字经〉为例》,《洛阳师范学院学报》2013 年第 9 期。

292. 陈宇思:《初论〈三字经〉在对外汉语教学中的作用——以梧州国外交换生为研究对象》,《青年文学家》2013 年第 10 期。

293. 刘圆圆:《〈玉海〉与〈文献通考〉实录著录比较研究》,《兰台世界》2013 年第 20 期。

294. 曹家欣:《王应麟〈词学指南〉对于现代阅读写作的启示》,《西江月》2013 年第 34 期。

295. [日]铃木正弘:《明治初期の「三字经」「千字文」关系书籍の刊行状况:『明治初期三都新刻书目』の考察》,日本《比较文化史研究》第 14 号,2013 年 1 月。

296. 马丽丽:《王应麟尊六经退四书探析》,载姜锡东主编:《宋史研究论丛》第 14 辑,河北大学出版社 2013 年版。

297. 杨毅:《王应麟〈汉艺文志考证〉考证特色分析》,载张三夕主编:《华中学术》第 7 辑,华中师范大学出版社 2013 年版。

298. 马志林:《〈困学纪闻〉之〈诗〉学研究》,载中国诗经学会、河北师范大学 2013 年编:《诗经研究丛刊》第 24 辑(中国诗经学会第十届年会暨国际学术研讨会论文集之一),学苑出版社 2013 年版。

299. 于文博:《王应麟著作集成》(简介),载王博主编:《哲学门》总第 27 辑,北京大学出版社 2013 年版。

300. 陈晓兰:《王应麟〈诗经〉学探析》,载漆永祥、王岚主编:《刊落浮词求真解 —— 孙钦善先生八十上寿纪念文集》,世界图书出版公司北京公司 2013 年版。

301. 叶敏:《特立独行的王应麟》,载宁波市文明办、宁波市作家协会编:《宁波历史名人道德故事》,宁波出版社 2013 年版。

302. 龚贻娇:《译者主体下〈三字经〉英译对比研究》,载《中国翻译学学科建设高层论坛摘要》,2013 年 10 月。

303. 吴海霞:《王应麟明代后裔居住在宁波》,《鄞州日报》2013 年 1 月 8 日。

304. 吴海霞:《品读大师的光芒 —— 当代学者畅谈王应麟学术思想》,《鄞州日报》2013 年 8 月 15 日。

305. 陈武耀:《去同岙拜访王应麟》,《鄞州日报》2013 年 12 月 16 日。

306. 钱志熙:《试论王应麟的学术思想与文学成就》,《求是学刊》2014 年第 1 期。
307. 蒋寅:《王应麟诗论的文本特征及其诗学史意义》,《上海大学学报》(社会科学版)2014 年第 1 期。
308. 杜周军:《从两种〈三字经〉英译本看归化与异化》,《四川文化产业职业学院(四川省干部函授学院)学报》2014 年第 1 期。
309. 刘巍:《唐宋学者有关〈孔子家语〉伪书理论之演成》,《社会科学研究》2014 年第 2 期。
310. 赵彦春:《〈三字经〉英译诘难与译理发凡》,《天津外国语大学学报》2014 年第 2 期。
311. 李春芳、徐晓晴:《基于“三美”论的〈三字经〉三译本评析》,《天津外国语大学学报》2014 年第 2 期。
312. 徐志红:《论〈三字经〉与儿童道德行为的培养》,《陕西学前师范学院学报》2014 年第 2 期。
313. 刘昊博、林玉娟:《翟理斯〈三字经〉重译本的忠实性评析》,《天津外国语大学学报》2014 年第 3 期。
314. 袁传璋:《宋人征引〈史记正义〉佚文考索及相关问题讨论》,《安徽师范大学学报》(人文社会科学版)2014 年第 3 期。
315. 程勇:《〈三字经〉作者和版本研究疑问辑录》,《浙江大学学报》(人文社会科学版)2014 年第 4 期。
316. 张保见:《王应麟〈三诗地理考〉述评》,《通化师范学院学报》(人文社会科学)2014 年第 4 期。
317. 张骁飞:《袁桷师事王应麟时间考辨》,《古籍整理研究学刊》2014 年第 5 期。又见张伟主编:《浙东文化研究》第 1 辑,浙江大学出版社 2014 年版。
318. 曹家欣:《从〈词学指南〉看宋代博学宏词科的考试》,《学术探索》2014 年第 9 期。
319. 高璐夷、储常胜:《〈三字经〉对外译介研究》,《作家》2014 年第 12 期。
320. 汪萍:《古代蒙学教材〈三字经〉的教育价值取向》,《课程教育研究》2014 年第 21 期。
321. 闫枫、李志远:《从〈三字经〉的英文译本差异看中华文化海外传播的演变》,《考试周刊》2014 年第 68 期。
322. 耿相新:《〈三字经〉与西方传教士》,载张西平主编:《国际汉学》第 26 辑,大象出版社 2014 年版。
323. 马昕:《三家〈诗〉研究在元明及清初的发展轨迹》,载四川省社会科学院、四川省人民政府文史研究馆主办:《国学》第 1 集,四川人民出版社 2014 年版。
324. 马丽丽:《王应麟"以朱变陆"辨析》,载中国历史文献研究会编:《历史文献研究》总第 33 辑,华东师范大学出版社 2014 年版。
325. 张骁飞:《简论〈困学纪闻〉中王应麟的儒家教育思想》,载贾磊磊、杨朝明主编:《第六届世界儒学大会学术论文集》,文化艺术出版社 2014 年版。
326. 弓少星:《王应麟:困学纪闻编玉海》,载弓少星:《人文理想》,海峡文艺出版社 2014 年版。
327. 马丽丽:《王应麟与伪〈古文尚书〉》,载《中国古典文献学丛刊》第 9 卷,香港国际炎黄文化出版社 2014 年版。
328. 黄忠慎:《从〈玉海〉、〈困学纪闻〉看王应麟的〈诗经〉文献学》,台湾《中国文哲研究集刊》第 45 期,2014 年 9 月。
329. 陈武耀:《拜访王应麟》,《宁波日报》2014 年 4 月 6 日。
330. 董铁柱:《〈诗经〉与心学之原 —— 从王应麟的论点出发》,《汕头大学学报》(人文社会科学版)2015 年第 1 期。

331. 郝润华:《宋代目录学研究的新突破——评〈玉海艺文校证〉》,《古籍整理研究学刊》2015 年第 1 期。

332. 郭晋宁:《〈三字经〉对小学教材编写的价值》,《太原大学教育学院学报》2015 年第 1 期。

333. 方姝琦、任晓霏:《〈三字经〉英译的专业规范研究》,《长春理工大学学报》2015 年第 1 期。

334. 赵庶洋:《王应麟佚文二则辑考》,《中国典籍与文化》2015 年第 2 期。

335. 韩兴波:《〈玉海〉成书考略》,《荆楚学刊》2015 年第 2 期。

336. 龚新年:《〈玉海·艺文〉——中国古代创立类书辑录书目之先》,《高校图书馆工作》2015 年第 2 期。

337. 张翠荣:《古代蒙学教材〈三字经〉的影响与教学价值》,《中国校外教育》2015 年第 4 期。

338. 王洋、王保令:《翻译生态学视角看英译〈三字经〉——以翟理斯英译本为例》,《校园英语》(教研版)2015 年第 5 期。

339. 韩兴波、刘源:《旧题王应麟〈论语郑注〉作伪考论》,《重庆三峡学院学报》2015 年第 6 期。

340. 王林知:《日本江户时代所刊宋人笔记三种叙录》,《兰州文理学院学报》(社会科学版)2015 年第 6 期。

341. 程勇:《〈三字经〉著作权争论及建议》,《中华文化论坛》2015 年第 9 期。

342. 赵凤玲:《〈三字经〉的西译历程——兼谈中国文化走向世界的现实途径》,《文化学刊》2015 年第 11 期。

343. 张燕:《略论〈玉海·艺文〉的目录学价值》,《文教资料》2015 年第 12 期。

344. 刘光梓:《治国、安邦、持家之经典——〈三字经〉的思想教育内涵》,《语文建设》2015 年第 15 期。

345. 曹晋婷:《王应麟〈汉艺文志考证〉校读札记》,《文教资料》2015 年第 36 期。

346. 黄忠慎:《辑录、考据与评论 —— 王应麟三家〈诗〉学探析》,台湾《文与哲》第 26 期,2015 年 6 月。

347. [日]松叶久美子:《元朝治下の王应麟とその思想》,《日本中国学会报》第 67 号,2015 年。

348. 马昕:《乾嘉学者对王应麟〈诗考〉的校、注、补、正》,载沈乃文主编:《版本目录学研究》第 6 辑,北京大学出版社 2015 年版。

349. 马昕:《论王应麟〈诗考〉对三家〈诗〉辑佚的开拓之功》,载北京大学中国古文献研究中心编:《北京大学中国古文献研究中心集刊》第 14 辑,北京大学出版社 2015 年版。

350. 朱天助:《现存〈古文尚书〉、〈古文春秋〉、〈古文论语注〉旧辑本检讨及其衍生问题之初探》,载北京大学《儒藏》编纂与研究中心编:《儒家典籍与思想研究》第 7 辑,北京大学出版社 2015 年版。

351. 杨永权:《〈三字经〉作者倾向王应麟》,《澳门日报》2015 年 11 月 10 日。

352. 王圣楠:《从〈汉制考〉〈困学纪闻〉探王应麟的经学思想》,《西昌学院学报》(社会科学版)2016 年第 1 期。

353. 刘茜:《〈鲁诗〉辑佚史考述》,《唐山师范学院学报》2016 年第 1 期。

354. 李建军:《〈辞学指南〉的词科学底色与文体论价值》,《武陵学术》2016 年第 1 期。

355. 吕变庭:《略论王应麟的运气思想》,《中原文化研究》2016 年第 2 期。

356. 张瑞君、丁娜:《〈困学纪闻〉中的文学思想》,《太原学院学报》(社会科学版)2016 年第 3 期。

357. 缑圆圆:《翻译美学视角下〈三字经〉两个英译本分析》,《现代语文》(语言研究版)2016 年第 3 期。

358. 赵彦春、吕丽荣:《国学经典英译的时代要求 —— 基于外文出版社出版的〈英韵:三字经 · 弟子规 · 千字文〉》,《外语教学》2016 年第 4 期。

359. 陈文忠:《论〈三字经〉的四重意蕴 ——〈三字经〉八百年传播阐释史考察》,《安徽师范大学学报》(人文社会科学版)2016 年第 5 期。

360. 翟娜:《〈三字经〉英译本的翻译美学研究 —— 从赵彦春译〈三字经〉谈起》,《外语教学》2016 年第 5 期。

361. 陆方野:《〈三字经〉之父 —— 王应麟》,《职业教育》(上旬刊)2016 年第 8 期。

362. 曹榕:《"儿童读经热"对当代语文教育的影响 —— 以〈三字经〉诵读为例》,《考试周刊》2016 年第 64 期。

363. 杨丽仙:《朗朗韵味话经典 —— 小学生背〈三字经〉的教学尝试》,《考试周刊》2016 年第 93 期。

364. [日]斋藤成治:《王应麟『困学纪闻』における「四书」解釈について》,日本《国学院中国学会报》第 62 号,2016 年 12 月。

365. 佚名:《王应麟和〈三字经〉的情缘》,《海曙通讯》2016 年 10 月 1 日。

366. 董喜宁:《元代释奠乐章考论》,《史学月刊》2017 年第 1 期。人大复印报刊资料《宋辽金元史》2017 年第 3 期转载。

367. 管琴:《词科之学与王应麟的通儒情结》,《国学研究》2017 年第 1 期。

368. 胡元洋、余作胜:《〈玉海〉所载三种宋代乐书辑考》,《南京艺术学院学报》(音乐与表演版)2017 年第 4 期。
369. 连凡:《〈宋元学案〉视域下浙东朱子学的源流与评价 —— 以金华朱学与四明朱学为中心》,《河池学院学报》2017 年第 4 期。
370. 戴路:《晚宋词科制度补考》,《中国典籍与文化》2017 年第 4 期。
371. 席晨冉:《我国传统蒙学读物在小学校本教材编制中的资源价值 —— 以〈三字经〉为例》,《语文知识》2017 年第 4 期。
372. 韩杰会:《从〈小学绀珠〉看王应麟的蒙学教育思想》,《人生十六七》2017 年第 8 期。
373. 张岩:《古代蒙学读物对当今童书出版的启示 —— 以〈三字经〉为代表》,《出版参考》2017 年第 12 期。
374. [日]中村昌彦:《中级中国语の音读トレーニング教材としての「三字经」》,日本《福冈大学言语教育研究センター纪要》第 16 号,2017 年 12 月。
375. [日]向野正弘:《民国期の传王应麟撰「三字经」の改订: ナショナル・アイデンティティ模索の一端》,日本《教育学研究纪要》第 63 卷第 2 期,2017 年。
376. [日]斋藤成治:《王应麟「困学纪闻」小考:「易经」を端绪にして》,日本《国学院大学大学院纪要》(文学研究科)第 49 号,2017 年度。
377. 杨晋龙:《元代学术视域下的王应麟:传播意义下的考征》,载《中国典籍与文化论丛》第 18 辑,凤凰出版社 2017 年版。
378. 钱茂伟:《王应麟学术评传》,载《千年海曙》编委会编:《千年海曙・第一辑:满庭风华(上)》,宁波出版社 2017 年版。
379. 刘彦:《从〈辞学指南〉看王应麟的科举文修辞思想》,《文学论丛》2018 年第 1 期。

380. 张保见:《王应麟〈通鉴地理通释〉所见历史军事地理学管窥》,《黑龙江社会科学》2018 年第 2 期

381. 鄢凤霞:《论蒙学教材〈三字经〉对当今基础教育的启示》,《中国校外教育》2018 年第 2 期。

382. 方媛、李圣华:《吕祖谦与宋代三家〈诗〉传承》,《兰州学刊》2018 年第 5 期。

383. 高一诺:《古代蒙学教材对当代语文教学的启示 —— 以〈三字经〉为例》,《文化学刊》2018 年第 6 期。

384. 高志敏:《〈三字经〉引用燕赵典故简论》,《邯郸学院学报》2018 年第 8 期。

385. 王雷:《〈小学绀珠〉与〈三字经〉异说管见》,《文学教育》(中旬刊)2018 年第 8 期。

386. 胡炀益:《〈三字经〉对当代小学语文教育的启示》,《基础教育研究》2018 年第 13 期。

387. 阎耀棕:《王应麟〈尚书〉学析论 —— 以诠释方法及其经典论述为考察中心》,台湾《东海大学图书馆馆刊》第 31 期,2018 年 7 月。

388. [日]向野正弘:《明治前期の传王应麟撰「三字经」翻刻の动向:「假字绘入三字经读本」を中心に》,日本《总合历史教育》第 52 号,2018 年 3 月。

389. 马丽丽:《论王应麟对毛、郑〈诗〉说的态度》,载中国历史文献研究会编:《历史文献研究》总第 40 辑,华东师范大学出版社 2018 年版。

390. 杨晋龙:《〈四库全书总目〉评论王应麟析探》,载邓秉元主编:《新经学》第 2 辑,上海人民出版社 2018 年版。

391. 杨晋龙:《王应麟著作在明代重要专著的传播 —— 以〈四库全书〉著录书籍为对象的探讨》,载邓秉元主编:《新经学》第 3 辑,

上海人民出版社 2018 年版。
392. 戴路:《王应麟词科程文的体式分析:以制、表为中心》,载华东师范大学思勉人文高等研究院编:《问学:思勉青年学术集刊》第 3 辑,复旦大学出版社 2018 年版。
393. 金姝:《善本〈玉海〉之版本溯源》,载金姝:《张垣印记 —— 金姝文辑》,中国言实出版社 2018 年版。
394. 陈贵英:《国学教材〈三字经〉走进小学语文课堂的思考》,《开封教育学院学报》2019 年第 3 期。
395. 李昕:《国学外译和文化自信的冲突与调适 —— 从〈三字经〉翻译出版的历史维度考察》,《科技与出版》2019 年第 5 期。
396. 朱承玲:《〈玉海〉之〈正义〉佚文是怎样被包装成司马迁生年"确证"的?》,《渭南师范学院学报》2019 年第 10 期。
397. 震江:《为〈三字经〉寻根:一个小镇的中华蒙学经典活化探索》,《国家人文历史》2019 年第 21 期。
398. 李亚星:《〈诗地理考〉版本源流》,《青年文学家》2019 年第 36 期。
399. 林岩:《管琴〈词科与南宋文学〉》,载包伟民、刘后滨主编:《唐宋历史评论》第 6 辑,社会科学文献出版社 2019 年版。
400. 金晓刚:《历史转型与学术变动 ——20 世纪以来王应麟研究述评》,载姜锡东主编:《宋史研究论丛》第 24 辑,科学出版社 2019 年版。
401. 毛超峥、赵帅:《〈三字经〉作者王应麟祖籍或为莼湖》,《奉化日报》2019 年 3 月 28 日。
402. 王福表:《王应麟:从"星屿"走出去的礼部尚书》,《奉化日报》2019 年 4 月 3 日。
403. 陈青、陈一鸣:《港博征集到王应麟书写墓志铭》,《宁波日报》

2019 年 5 月 29 日。

404. 陈顺:《或为王应麟晚年最后的手笔》,《北仑新区时刊》2019 年 7 月 2 日。

405. 范宇焜:《王应麟〈汉艺文志考证〉的史学价值》,《安庆师范大学学报》(社会科学版)2020 年第 3 期。人大复印报刊资料《历史学》2020 年第 12 期转载。

406. 王妮:《王应麟所读易学书籍及札记书写研究》,《山东图书馆学刊》2020 年第 3 期。

407. 杨万里:《以学术之眼切文学之脉 —— 评郭庆财新著〈南宋的学派之争与文学嬗变〉》关于王应麟部分,《山西师大学报》(社会科学版)2020 年第 4 期。

408. 祝尚书:《试论王应麟〈词学指南〉的价值》,载祝尚书:《宋代文学探讨集续编》,复旦大学出版社 2020 年版。

409. 朱凤玉:《蒙书的界定与〈三字经〉作者问题 —— 兼论〈三字经〉在日本的发展》,载《童蒙文化研究》第 5 卷,中华炎黄文化研究会童蒙文化专业委员会 2020 年编印。

410. 朱天助:《王应麟三种辑本与惠栋之关系再考证》,《清史研究》2021 年第 2 期。

411. 吴迪龙、宋玉露:《功能对等视域下蒙学典籍翻译归化与异化策略的选择 —— 以〈三字经〉英译为例》,《武陵学刊》2021 年第 2 期。

412. 史斌:《进一步推进王应麟及〈三字经〉蒙学文化发展的若干思考》,《宁波通讯》2021 年第 19 期。

413. 马楠:《〈玉海〉引〈国史艺文志〉考述》,载《中国典籍与文化论丛》第 24 辑,北京大学出版社 2021 年版。

414. 陈武耀:《一代鸿儒王应麟,忧国忘私留美名》,《鄞州日报》2021 年 4 月 18 日。

415. 林旻、王欣:《王应麟读书节“云开幕”——〈王应麟故事〉首发,艾伟等大咖学者携手推荐好书》,《宁波日报》2021 年 11 月 16 日。
416. 朱立奇、王欣:《第十一届王应麟读书节“云开幕”》,《宁波晚报》2021 年 11 月 16 日。
417. 吴海霞、贾嫣娜、王欣:《第十一届王应麟读书节“云开幕”——连环画〈王应麟故事〉首发式同步在线举行》,《鄞州日报》2021 年 11 月 16 日。
418. 梁大荣:《蒙学教材〈三字经〉对小学语文教学的启示》,《文学教育》(下旬刊)2021 年第 4 期。
419. 张国功:《白鹭洲 · 南康 · 南山 · 芙蓉楼 —— 兼论异地同名之问题》,《文史天地》2022 年第 1 期。
420. 戴松岳:《王应麟:旷代鸿儒,百世德泽》,《鄞州日报》2022 年 5 月 13 日。

2020—2022 年宁波历史文化研究论文提要

文 | 万湘容 李央琳（宁波图书馆）

1. 姚燮的诗学渊源与浙东“四明诗派”之建构

梳理姚燮早年在宁波枕湖吟社的诗歌活动及相关记载，不难发现姚燮、厉志、叶元阶三人在诗学方向上是保持一致的，且受到吴德旋的影响。因而，探究姚燮的诗学渊源问题，不妨首先联系厉志的《白华山人诗说》，其次进一步追溯到吴德旋乃至吴德旋的师法对象——宋大樽和姚鼐，再旁参其他枕湖吟社成员的诗话著述，即陈仅的《竹林答问》，由此可揭示出道光年间四明诗学的生成语境，其中根底落在“学古”二字。四明诗学的同质化特征，构成了“四明诗派”确立的一项关键性乃至根本性要素，又因四明诗学与格调诗学的源流关系，“四明诗派”在清诗史中的位置也较为清晰。（李晨、马亚中）

【来源：《文艺理论与研究》2020（01）】

2. 从儒将世家到地方士绅：再论鄞县万氏家族之门风转换

明代鄞县万氏家族之门风更迭，不仅是一个“由武入文”的家学演变过程，亦是从属于卫所体制系统的世袭军户家族，在国家制度的推力之下，逐渐融入地方社会，蜕变成为教化乡里、传承学术和培养人才之士绅望族的一则典型个案。（杨懿）

【来源：《宁波大学学报（人文科学版）》2020（01）】

3.清代浙东史学的文献特色与传承意识

清代浙东史学是中国学术史上的重要地域流派。本文致力于发掘支撑其传承发展的内在动力和精神理念，认为深厚的文献基础和自觉的传承意识，是清代浙东史学得以赓续发展的极为重要的因素。从清初开启新局的黄宗羲，继武其后的万斯同，承上启下的邵廷采和全祖望，至乾隆时期发扬光大的邵晋涵和为之总结扬厉的章学诚，都极为重视读书，重视文献史料的搜求、整理和鉴别，重视史事、人物、典制的记述，重视史学精神的坚守和史学要义的阐发。这种扎实的文献基础和自觉的传承意识，为清代史学的发展奠定了深厚的根基，注入了持久的活力，使之形成一个传承有自、特色鲜明的学派，并在清代史学史上占据一席之地，产生重要影响。（黄爱平）

【来源：《中国文化》2020（02）】

4.宋代明州航济亭设置时间考辩

两宋尤其是北宋时期对外交往活动不断，为了更好地接待外国使团，朝廷制定了一系列周到细致的外交接待与管理制度，其中就包括馆驿设置。北宋时期，为接待高丽使团来访，除京师常设驿馆之外，朝廷又于使者赴阙途中建立了诸多驿亭，明州作为熙宁以来高丽使团海泊来访接待第一站，所在驿亭之兴衰见证着宋丽两国外交关系的亲疏变化，具有典型代表意义。航济亭具体建于何时，值得探讨。（纪昌兰）

【来源：《中国文史研究》2020（02）】

5.《尺素频通》与清代甬闽台蔗糖贸易

清政府收复台湾后，台湾开发进程加速，经济作物尤其是甘蔗种植面积大幅度增长，随之而来的蔗糖产出亦呈井喷之势，大量“台糖”经由闽南转运至浙江、江苏乃至东北。随着“台糖”的输出，以“泉白”为代表的闽南蔗糖也输往浙江宁波等地，闽南糖商通过在宁波等地设立商行等代理机构，运销闽台地区的蔗糖。《尺素频通：晚清宁波与泉州、台湾之间的贸易文书》一书以书信形式较为详细记录了晚清甬闽台蔗糖贸易情况，反映了清代闽台海商集团建构沿海贸易通道的努力，是浙闽台统一市场进一步稳固的典型体现。（王万盈）

【来源：《中国社会经济史研究》2020（03）】

6. 明初瑜伽寺来源考 —— 以宁波地区为中心

宋元时期的佛教思源一般分为禅、教（或作“耕”）、律三种，明朝建立后，明太祖一改前代的分类惯例，将寺院分为禅、讲和瑜伽；与此相应，佛教僧侣也被分为禅僧、讲僧和专门操办佛教仪式的瑜伽僧。这一变化是中国佛教史和宗教社会史上的一大关节。本文对宁波府寺院入明前后的分类的变化进行研究后发现，明初这一佛教改革并不是传统所认为的瑜伽寺对律寺的简单取代，而是涉及禅、讲、律寺的大规模变迁。总体上看，宁波府的瑜伽寺来源广泛，主要来自前代的讲寺，其次是甲乙律院；其成立过程与洪武、永乐时期寺院归并政策的施行和松动有着密切关系。（韩艺丹）

【来源：《世界宗教研究》2020（05）】

7. 宋代舟山进士史料考订 —— 以清光绪《定海厅志·选举表》为中心

古方志中大多设有“选举”一目，按科年记录本地进士等科举人物，对研究区域科举史和文化史具有很高的史料价值。目前记载舟山进士信息最为详备的是清光绪《定海厅志·选举表》，但受限于当时的历史条件，该志记载的宋代舟山进士信息存在一些错讹，如误收非昌国籍进士，科年讹误、人名讹误等，而且没有区分宋代正奏名进士与特奏名进士。本文依据相关历史文献资料和今人研究成果，对《定海厅志·选举表》中记载的宋代进士名录进行考订。（石一民）

【来源：《浙江海洋大学学报（人文科学版）》2020（04）】

8. 由“鄞县”到“临安”：两宋之际四明史氏的崛起道路

本文以南宋时期曾任宰相的史浩及其家族为研究对象。四明史氏家族的早期渊源带有后世再建构的色彩，其中信史部分至多只可上溯到两宋之际。新发现的《徐氏夫人墓志》与《史师仲墓志》反映除了这一时期史氏家族成员在培养子弟、经营生计等方面所做的努力。史氏家族的第四代、第五代成员促进了史氏家族向士人家族的转型进程，在该家族发展史上起到承前启后的巨大作用。至南宋时期，家族成员史浩又得到了宋高宗的信任，成为宋孝宗的老师，并参与协调了两代帝王之间的关系，这在很大程度上提升了四明史氏的地位和声望。此外，当时的宋人已热衷于通过墓志、神道碑的书写探讨史氏家族的早期发家史。而他们普遍认为，史氏家族的兴盛是其早期家族成员的遗德所致，这种看法是当时社会主流思潮的一种反映。（游彪、龙耀祥）

【来源：《人文》2020（01）】

9.1940年宁波鼠疫“敌机散毒”考

1940年侵华日军731部队利用“雨下法”在浙江鄞县、衢县和金华三地实施鼠疫战，致使三地暴发鼠疫，造成人员伤亡、财产损失。对此史学界几成定论之侵华日军鼠疫战史实，有学者认为系“建构”而非“历史的真实”。通过爬梳、比较和考证1940年《时事公报》《宁波民国日报》刊载的新闻报道、日军战俘伯力城审讯记录、《井本日志》、《金子顺一论文集》、国民政府卫生部门调查等史料，本文证实1940年侵华日军在以鄞县为代表的浙江三地“敌机散毒”是无可辩驳的史实。民国时期的媒体、国民政府各级卫生防疫人员、日本军医和作战参谋、日军决策层和细菌战执行者没有说谎。所谓抗战时期和当下史学工作者基于“民族主义”建构了侵华日军细菌战的说法，既不尊重历史本身，也是对史学界长期研究侵华日军细菌战同道的不尊重，更是对遭受侵华日军细菌战同胞及其后人的侮辱与伤害。（周东华）

【来源：《史林》2020（06）】

10. 制度如何成为手段：吴潜在庆元府治理中对财政制度的运用

南宋财权分配制度中地方政府所得财权常不足以应付事权责任，需要采取多种手段筹措财力。吴潜利用其庆元知府兼沿海制置使一身两职的不同职权和责任，充分运用财政制度。以领属定海水军名义将负责中央财政征调的通判部分财权，如经总制钱征调转移到沿海制置司并加大力整顿，同时沿袭以往扩大地方财权的多种手段，应付其庆元知府的职责，取得显著治绩。南宋不同地方政府的财政状况存在差异，但吴潜对财政制度的运用反映了地方官员应财政制度，实施地方治理的某些共性。（黄纯艳）

【来源：《中国社会经济史研究》2021（04）】

11.论宋代四明文学景观中的“众乐”书写

北宋诗文革新中存在着“乐”主题发展的过程，四明文学景观中的“众乐”书写，也是北宋诗文革新中“乐”主题发展的反响。四明文学景观中的“众乐”书写借由“众乐亭”唱和而提出，经由西湖十洲的吟咏达到鼎盛，而在南宋实现转型，由凸显政绩、循吏转向摹写老百姓的民和年丰。四明文学景观中的“众乐”书写，体现出对范仲淹、欧阳修所提倡的忧乐先于天下、乐道以忘忧思想的践行，是对士林风气与诗文革新的积极相应，平衡了四明文人的出世与入世矛盾，推进四明园林景观向民众开放共享。四明物质基础的相对富庶、地方管理相对优越的从政条件以及优游道艺的文化土壤，使“众乐”书写在文学景观中贯穿始终。（林晓娜）

【来源：《西南民族大学学报（人文社会科学版）》2021（09）】

12.1940年宁波鼠疫“敌机散毒”补考

1940年侵华日军731部队对浙江鄞县、衢县和金华发动细菌战，致使三地鼠疫流行，平民生命和财产遭受巨大伤亡和损失。对此，学术界利用中日双方档案文献，已有相当研究，确证这是侵华日军731部队有预谋的暴行。具体到1940年宁波鼠疫“敌机散毒”问题，学术界也有相当成果论证了侵华日军731部队“敌机散毒”的方式、时间、暴行伤害程度等，但对此次“敌机散毒”的确切时间、敌机散毒暴行实态、鼠疫爆发确切时间、华美医院的鼠疫因应等问题，尚未能根据第三方档案文献等展开论证。美国哥伦比亚大学馆藏华美医院1940年年报与书信、侵华日军731部队杭州给水防疫部队士兵会议录《从军记》等档案文献，显示731部队至少在1940年10月5日和10月27日两次对宁波实施“敌机散毒”

作战，宁波鼠疫确切大规模暴发日是10月30日，华美医院的鼠疫防控是731部队细菌战暴行的确切证据。（周东华 苏相宜）

【来源：《日本侵华南京大屠杀研究》2021（03）】

13.宋元时期舟山社会发展的繁荣及原因探析——以“宋元四明六志”相关记载为基础

宋宝庆《四明志》、宋开庆《四明续志》、宋延祐《四明志》、宋至正《四明续志》及宋乾道《四明图经》和元大德《昌国州图志》，是宋元时期涉及舟山的六部重要志书。梳理和挖掘相关文献记载，有助于了解和认识宋元时期舟山海洋社会发展的情况。本文主要考察其中的海洋经济和儒学繁荣方面的有关信息，并探索其原因。从志书的相关记载来看，宋元时期舟山海洋经济十分活跃。这不但有力支持了整个庆元（宁波）的经济和儒学的发展，也直接推动了舟山经济和教育的发展，使得舟山海岛文明程度有了很大的提高。（倪凌焉、韩伟表）

【来源：《浙江海洋大学学报（人文科学版）》2021（05）】

14.唐元和诗人邢允中辨误

职官制度对古籍整理与研究意义重大，《剡川诗抄》直至《全唐诗续拾》相继制造的“唐元和诗人邢允中”，即因未及究细北宋武阶官左班殿直，而将北宋邢允中误作唐人。历代学者未能详绎虞世美《护国院记》碑形成的三个不同历史时间（这通刻立于南宋嘉定十一年的纪念碑，保存了一篇唐代佚文《护国院记》），从而导致这一错误知识的产生、流传。（王建勇）

【来源：《中华文史论丛》2021（04）】

15. 黄宗羲“诗史相表里”思想论析 —— 史学本位的考察

在明清易代特殊历史背景下，黄宗羲发展了传统的“诗史”观，提出了“诗史相表里”的重要命题，具体包括以诗记史、以诗补史、以诗证史、寓史识于诗作四个方面的内涵。黄宗羲将诗、史打通，突出“史”在“诗史”论中的本体论地位与意义，认为在社会离乱、历史记载缺略的情况下，是个不仅具有记录历史和叙述时事的作用，而且还可以补史之缺，完善历史记载。同时，诗歌还可以匡正历史记载之误。黄宗羲寓史识于诗作中，他的诗学观深受自身史学理论的影响，他的诗歌创作也隐含着深刻的褒贬寓意和对明亡的痛切反思。（王珏）

【来源：《史学史研究》2022（01）】

16. 南宋的折帛钱与淮衣再探 —— 以庆元府、临安府为例

折帛钱为南宋重要的杂税窠名，指将夏税、和买绸买绢帛的一部分折变纳钱。南宋庆元、临安府两地的折帛钱均以绍兴十六、十七年的诏令为基础，按“绢折三分、绵折五分”折变比例和“绢绸正税7贯/匹、和买6.5贯/匹；绵0.4贯/两”的价格折纳折帛钱，这一折变比例、价格延续至宝庆乃至南宋末年。临安府承袭北宋的高额和买绢在南宋初年虽然被摊派到两浙其他州府，但以北宋和买绢数为基准折纳的折帛钱却并未随之摊派，被摊派各州府的“认临安府和买绢”只纳本色，折帛钱与“摊派的和买绢”相分离。此外，“淮衣”至迟至乾道五年，在庆元府需要折纳“折帛钱”，折变比例、价格与夏税相同。乾道以后，“夏税折帛”“淮衣折帛”并未随着税额的增长而增长，呈现出“定额化”的特征，而“和买折帛”则仍旧随着和买数额的增长而增加。（刘世梁）

【来源：《中国社会经济史研究》2022（01）】

17. 虞世南及其书学思想

本文通过虞世南早年所受之学在经史上的突出见解和才能，兼及佛、道思想，推见其广博学问的大致结构，观照其传世文献记载中的书迹，指出学与书的关联性。通过对学问、书迹以及书论的考察，尽量完整地还原其书学思想的形成脉络，以期呈现虞世南更加完整的士大夫形象。（丁筱）

【来源：《中国书法》2022（02）】

18. 辑抄之间：郑真《四明文献集》文本源流考述

浙东地区，文化渊薮。自宋元明清以来，文教昌盛，士夫聚游，也成为藏书、刻书的重镇。郑真为明初士人，其编纂之书《四明文献集》是一部广为搜集宋元时期宁波乡贤文章的地方性文学总集，保存了大量南宋时期的重要史料。尤其是涉及三代为相的史氏家族文献，涵盖了奏章、制书、书信、诗文诸方面，对我们了解四明史氏的家族史以及南宋中后期的政治史大有裨益。目前学术界对郑真所辑《四明文献集》一书，关注甚少，甚至该书收入的文篇，也未为《全宋文》所收录，殊为可憾。由于郑真所辑之书与王应麟五卷本的《四明文献集》关系重大，而学者关注也多在王书，鲜及郑书，纵有涉及，仅以四库馆臣在《四库总目提要》中的断语为绳，未做深究。本文希望在此基础上进一步考述郑真《四明文献集》一书的版本流传情况，并简要论述郑集之性质。（屈武亮）

【来源：《新宋学》2022（01）】

19. 王阳明“良知见在”说与儒家时间意识的突破

王阳明的“良知见在”不同于阳明后学的“良知现成”，宜从时间意识的维度并在儒释道互动的大背景下加以探讨。良知不是超越时间的本体，而是有时间性的。良知典型地表现为道德意识对凡俗的私意计度的时间意识的斩段；“良知见在”不是理论陈述，而是实践的指点，也即让学生专注于当下的、非功利的道德实践，放下对过去与未来的执着与算计。“见在”在阳明用语中大多数应当理解为“尚存”，“良知见在”即“良知尚存”，虽不完满，但蕴含着缺而待圆的动势。此语警策人们：当下一念良知醒觉就该行动，沉浸在非功利的时间体验中从事道德实践。阳明论“良知见在”时还说“过去未来事，思之何益”，可见它与意念管理有关，钱德洪、邹守益、孙应奎与王畿等阳明后学都点出了这种关联。在时间体验上，道家与佛教对儒家构成了挑战：庄子有“无古无今”、郭象有“忘先后之所接”、禅宗有“前后际断”和“无念”。阳明点出“良知见在”，化用了禅宗的斩截的时间体验工夫，以工夫论之“断”求本体论之“续”，才使儒家从佛道的威胁中突围，而觅得新的工夫进路。（郑泽绵）

【来源：《文史哲》2022（02）】

20.清乾嘉时期《困学纪闻》传布研究

《困学纪闻》自元大德年间初次刊刻后，开始较为广泛地在士人、学者间传布，至乾嘉时期大放异彩。《困学纪闻》的传布离不开特定的文化环境及传布者，而不同的传布者各自的传布目的也不尽相同，或是为传承王氏之学，或是为表彰地方先贤，或是为考据所用。总体而论，《困学纪闻》援引广博，内容深奥，在乾嘉时期主要被学术水平较高的官僚士大夫或感兴趣的私家学者所传布。在史学传布的动态过程中，传布者与受众的学术素养史影响该书传布的重要因素之一。（邢益明）

【来源：上海师范大学2022年硕士论文】

21. 王阳明“良知之学”辨原

明代学者王阳明创立的“良知之学”，远源于孟子的良知与性善之说，近源于宋代陆九渊的心学。他以良知为本性之善，求至善之用即是亲民，主体切实知善即是知行合一；由良知推己及人，视国如家，则天下可治。其知行不仅在于主观意念之内完成，而必然又与社会现实政治相关联。他的事功卓著，有助于封建社会统治政权的维护，却与其所提倡的良知、亲民、性善之说相背离，使其具有统治思想意识性质的知行，在政治事功中得以合一。我们对于其“良知之学”及事功有必要做出重新评价。（谢桃坊）

【来源：《中华文化论坛》2022（02）】

22. 新历史学派视野下的晚清中国城市经济研究：周毅卿的《中国宁波的商业形态》

1909年留学德国图宾根大学的周毅卿获得经济学博士学位，他是中国第一个在欧洲获得博士学位的经济学博士，其博士学论文《中国宁波的商业形态》运用德国新历史学派的经济理论与方法，对晚清宁波商业的诸形态作了系统、深入研究，是中国历史上第一部运用现代西方经济理论研究中国经济问题的学术著作，在中国经济思想史上具有开创性意义。它也是德国历史学派在东方传播的早期重要成果，受到包括马克思·韦伯在内的西方学术权威的高度关注，在世界经济思想史上亦有独特的价值。（邹进文）

【来源：《中国社会经济史研究》2022（03）】

23.《鄞江送别图》再探

《鄞江送别图》所绘是康熙十八年（1679）甬上证人书院诸学友及子弟为万斯同、万言叔侄将北上修《明史》而饯别之事。饯别席上郑梁被嘱托绘《秋郊饯别图》以留念，最终未能完成。《秋郊饯别图》恐非《鄞江送别图》的旧称。“鄞江送别”的命名中蕴含了万斯同对自身北上修史的期许。他计划以一幅《鄞江送别图》为始，一幅《都门送归图》为终来总结自己这段修史生涯。鄞江的地理位置，恰是万斯同舍“西郊”“秋郊”等名称而取“鄞江”的原因。（郭媚媛）

【来源：《宁波大学学报（人文科学版）》2022（02）】

24. 论史浩对《尚书 · 泰誓》之“泰”的解释

南宋史浩撰写《尚书讲义》一书，注释及讲解《尚书》中每一篇的篇名、书序和内容。其解析《泰誓》篇名不但从《尚书》誓体文篇名命名的规律进行推求，而且结合书中各篇章及其序言的内容，吸收、借鉴前代及同时代的经、史文献以及诸家学者的解说，认为《泰誓》由姜太公所作，伐纣之谋源于太公，太公在讨伐商纣王一事上居首功，从而提出了“泰誓”之“泰”意指“太公”之“太”的观点。该阐释虽具有一定局限性，但却从另一个视角折射了宋代理学家的解经特色和风貌，以及姜太公的形象、地位与作用。（邓梦园）

【来源：《宁波大学学报（人文科学版）》2022（02）】

25. 略谈《四库全书》抄写所用套格纸——以天一阁所藏五种《四库全书》零本为中心

抄写《四库全书》所用的雕版印刷而成的套格纸由武英殿制作，北四阁用金线榜纸，南三阁用太史连纸，南三阁纸质量稍次，且纸幅略小。天一阁所藏五种六册《四库全书》零本为南三阁藏书，其中三种当为文渊阁藏书，一种或为文宗阁或文汇阁藏书，一种不明。六册书所用套格纸共由19块雕版印刷而成，每册书用纸大多不止一版，全书所用雕版数量可能相当大。其套格纸在印

刷中有时会留下一部分栏线不引，采用更灵活的绘制方式以适应版面需要。（李开升）

【来源:《中国典籍与文化》2022（02）】

26.贺知章生平再审视——以历官与交游为中心

贺知章作为唐代著名诗人，其生平、交游以及文学成就世所熟知，学界对此也展开了充分的研究，似乎题无胜意，但分析传世文献中有关贺知章本人的点滴记载以及近年来出土的十方出自其手笔的唐人墓志，却可发现贺知章八十余年人生经历中不为人知的一面：其在五十岁之前仕途并不顺利，而在睿宗时代却凭借着姑表兄弟陆象先之力平步青云。此后他屡有机会出任更为清要的官职，却最终因各种原因止于学术官僚，遂成就了其为我们所熟知的疏诞性格。而贺知章所撰写的墓志展示了其与深陷政治漩涡中的人们皆有过私人交往，而作为他们凶险经历的旁观者以及历任太子、皇子的僚属侍读，贺知章晚年的疏诞其实也有着全身远害的意味。（唐雯）

【来源:《复旦学报（社会科学版）》2022（05）】

27.明日朝贡贸易视域下的宋素卿及其结局

明嘉靖二年（1523）自日本前来朝贡的大内与细川使团先后到达浙江宁波，双方互争真伪，引发冲突。大内方追杀细川方使者，拒敌官军，掳走宁波卫指挥袁琎。这一时间国内学界称为“宁波争贡”，日本学界称为“宁波之乱”。事后未能逃脱的日人遭到羁押，细川方使臣宋素卿也在此列。嘉靖四年（1926），宋素卿以谋反罪论处。多数文献的记载仅止于此，而《明世宗实录》《明史纪事本末》等称宋素卿即时就戮，《殊域周咨录》《明史》等则认为其瘐死狱中。既往成果多引述上述史籍中的某种说法，对于素卿的结局没有深究。根据浙江巡抚朱纨《哨报夷船事》中的说法，宋素卿一直羁押狱中，直到嘉靖二十六年（1547）死去。山崎岳注意到了这一信息，但表示没有此外的官方记录可以佐证。小文拟在前人研究的基础上，进一步考察宋素卿赴日与出使时的经历以及在宁波争贡后续处理中的相关问题。（牛震宇）

【来源：《史学月刊》2022（07）】

28. 南宋明州砂岸买扑制与沿海社会秩序的重构

砂岸买扑制是南宋中后期明州地方政府为应对财政困境，将买扑制度引入海物采捕场域的一种新机制。地方权势之家以买扑的方式取得明州砂岸承租之权，随即以垄断之势向使用砂岸的民众征收赋税，并随意扩大征税范围，进而任意干涉地方事务，破坏了明州沿海的社会秩序。为此，宋廷、明州地方政府皆有罢砂岸买扑之举，并据此重构沿海社会秩序，但均遭到赖砂岸租维持日常用度诸司的阻挠，以及私占、承佃砂岸的既得利益集团的抗争。由砂岸买扑制引起的沿海社会秩序破坏活动，终南宋一代未能得到消除。（张宏利）

【来源：《史学集刊》2022（05）】

29. 胡三省“司马师杀张后”说探微

曹魏皇后张氏为功臣张既之后，其父张缉加入夏侯玄、李丰等人反对司马氏的阵营，密谋诛杀司马师，事败被诛。张缉和张后与曹魏的政治有密切的关系，但《三国志》并没为他们立传，相关记载甚少。张缉被诛后，正史仅记载张后于次月被废，未再有相关记载。对此，胡三省认为张后是被司马师所杀，其观点在后世史家中存在争论。胡氏之说依据何在？张后之死与当时的政治有何关系？何以当朝史书未见有张后被杀的记载？因相关的史料较少，诸问题不易引起学人注意，故笔者就此略抒管见，以就教于方家。（黄树林 曾庆环）

【来源：《中国史研究》2022（04）】

30.近代传统城市形态变迁中的路网改造——以宁波城厢为例

清末民初，随着西方市政观念传入以及租界城市建设的示范，近代意义上的市政建设逐渐在中国的传统城市中展开。作为宁波城厢市政建设重点的路网改造始于20世纪20年代，20世纪30年代初取得明显成效。通过拆城筑路、填河扩路、规划拆让等手段，传统城市的内部空间形态发生了极大变化。相较于通过筑路来引导城市空间发展的租界模式，宁波等中国传统城市虽力求以租界为范本，但实际只能因地制宜。城市型政区的设立不一定能够促进市政建设的大发展，反而有可能因为巨大的市政经费来源问题而导致城市的近代化转型举步维艰。（张珮 徐建平）

【来源：《历史地理研究》2022（04）】

31.《全宋文》补目十三篇——兼述宋代四明李氏家族的兴替

从清道光间李慧等修《三江李氏宗谱》，可以辑录《全宋文》未收墓志、行状、记、序等十三篇。撰写者既有《全宋文》已收名士重臣如王伯庠、宣缯、张虙、袁甫、郑清之、袁商、王应麟等，也涉及漏收作者如张嗣良、张仲房、袁徽等。这些佚文不仅可资补正相关著述的阙略、错谬之处，而且有助于探索当时士人的婚宦、交游情况，更能借以观察宋代科举制度下四明奉化李氏家族的兴衰历史，以为宋代家族研究增添一则典型个案。（王建勇）

【来源：《宋史研究论丛》2022（31）】

32. 南宋鄞县真率会及白居易诗歌接受——以楼钥《攻媿集》为中心

真率会起源于白居易的九老会，始创于司马光，并在后世流行开来。南宋中期汪大猷、楼钥等人的明州鄞县真率会，因规模之大、时间之长，成为宋代著名的真率会之一。楼钥在《攻媿集》中详述了真率会的起源、主持者、成员、意图、会规等情况，生动描写了家族内部的作会情形，亦可见出南宋中期仿九老会风气之一斑。汪、楼二人不仅热衷于举办、参与、颂扬仿九老会，对白居易充满追慕的情怀，在诗歌风格上也带有明显的白体倾向，即以通俗浅易的语言书写淡泊闲适的生活及心境，在宋代白居易接受史上理应占有一席之地。（庞明启）

【来源：《铜仁学院学报》2022（04）】

编后记

宁波作为地方文献生产、流通、典藏和研究的重镇，已有不少地方文史研究类的刊物发行，可谓资源丰厚，平台广阔。但长期以来，尚缺少一类针对文献本体研究的专题性刊物。有鉴于此，2018年，我们曾内部编印一本《宁波文献》，作为补白性的尝试。《宁波文献》收录了15篇有关宁波地方文献述介和研究的文章，并附一篇《研究论文提要选录》。尽管发行量和发行范围有限，还是在地方文化圈引起了一定反响，常有询问和索要者，这给了我们继续办好刊物的信心。

四年多来来，受人力、疫情等主客观因素影响，刊物的组稿、编辑工作有所延宕，这也给了我们更多筹备和策划的时间。其间，我们也多次组织专家论证研讨，明确了办刊方向。最终确定，在《宁波文献》的基础上，重新打造《宁波文献研究集刊》，通过正式出版物的形式发行论文集，以提升办刊水平，吸引更多优质稿件。

《集刊》秉持“促进地方文献整理研究，推动港城文化发展繁荣”的办刊宗旨，以发掘、呈现、整理和研究宁波及周边地区文献资源为立足点，努力打造宁波与浙东文献、文化研究的重要学术阵地，传承浙东学术文脉，提升城市文化传播力和影响力。本辑《集刊》收录了14篇文章，分“版本稽考”“汲古辨新”“旧椠新刊”和“目录提要”四个栏目。当然，我们的用稿范畴不止于此，只要是对宁波各时代、各类型文献进行有价值、有创新的揭示、探索和研究，都是我们所欢迎的稿件。

整理研究地方文献和编印相关刊物是提升公共图书馆学术水平，进而打造研究型图书馆的有效途径和重要抓手。当前，有不少地区将地方文献丛书的编纂和地方学研究刊物的编辑工作挂靠在当地公共图书馆，为培养人才、吸引资源提供了优质平台。我们也希望通过《集刊》的编辑出版，组建起一支研究专家队伍，搭建起一个研究交流平台，为特藏文献资源建设提供更加有用的蛛丝马迹，从而有力推动宁波图书馆地方文献征集、整理、保存、研究和传播，留存宁波历史文化记忆。

作为一个呱呱坠地新生儿，《集刊》的编辑出版得到许多专家学者在选题、稿件、审校等方面的大力支持和帮助，在此谨致谢忱。由于编者的能力和经验有限，刊物或多或少存在各种问题，希望得到读者的批评指正。也欢迎从事宁波地方文献搜集、典藏和研究的专家学者不吝赐稿或赐教，帮助我们办好《集刊》。

编者

2023年5月

《宁波文献研究集刊》征稿启事

一、刊物介绍

《宁波文献研究集刊》是宁波市文化广电旅游局主管、宁波图书馆主办的学术刊物。本刊秉持“促进地方文献整理研究，推动港城文化发展繁荣”的办刊宗旨，以发掘、揭示、整理和研究宁波及周边地区文献资源为立足点，努力打造宁波与浙东文献、文化研究的重要学术阵地，提升城市文化传播力和影响力。

二、用稿范围

1. 稀见、新见及域外所见宁波文献的揭示、整理与研究；
2. 宁波文献的编著刊刻、版本目录及流传典藏等专题研究；
3. 宁波方志家谱、书画报刊、金石碑刻等专题文献研究；
4. 宁波地方文献重要学人述评研究；
5. 其他与宁波地方文献相关的专题性研究。

三、来稿要求

1. 本刊稿件要求原创且未正式发表，严禁抄袭、剽窃他人研究成果，禁止一稿多投，引用照片、地图、数字资源等需注明出处。

2. 文章需符合学术论文撰写的一般格式规范，全文包括标题、摘要、关键词、正文、注释、参考文献等部分。

3. “注释”是对文章内容的补充说明，采用文内脚注，并在正文相应处上标①②③ ……；“参考文献”采用文末尾注，并在正文相应处上标 [1] [2] [3] ……，格式请参考本书文章。

4. 本刊采取专家匿名评审制。文章一经刊用，稿酬从优，奉赠样书 2 册。

5. 来稿请提供作者姓名、性别、出生年月、工作单位、职务职称、研究方向及联系方式等信息。

四、投稿方式

本刊仅接受电子邮箱投稿，文章请以 word 文件形式发送，标题采用“作者 +《文章名》”格式。投稿邮箱：nbwx2018@qq.com